机·智

从数字化车间走向智能制造

朱铎先 赵敏 ◎著

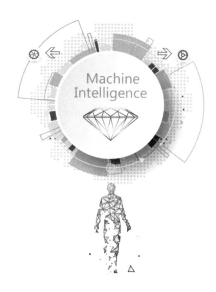

图书在版编目（CIP）数据

机·智：从数字化车间走向智能制造/朱铎先，赵敏著．—北京：机械工业出版社，2018.10（2024.1 重印）

ISBN 978-7-111-60961-2

I. 机… II. ①朱… ②赵… III. 数字技术 – 应用 – 制造工业 – 车间管理 – 研究 IV. F407.406.6

中国版本图书馆 CIP 数据核字（2018）第 215528 号

机·智：从数字化车间走向智能制造

出版发行：机械工业出版社（北京市西城区百万庄大街 22 号　邮政编码：100037）	
责任编辑：王　颖	责任校对：殷　虹
印　　刷：固安县铭成印刷有限公司	版　次：2024 年 1 月第 1 版第 11 次印刷
开　　本：170mm×230mm　1/16	印　张：21.75
书　　号：ISBN 978-7-111-60961-2	定　价：79.00 元

客服电话：（010）88361066　68326294

版权所有·侵权必究
封底无防伪标均为盗版

序一

Machine Intelligence
机·智

摆在我面前的是"走向智能丛书"的第二本,《机·智:从数字化车间走向智能制造》。如果说智能时代是人类社会未来形态的大海,经济社会各个领域的智能化过程则是形成大海的百川。

制造领域的智能化是百川中的江河。《机·智:从数字化车间走向智能制造》的作者描绘了制造业智能化的趋势和路径,对走向智能时代理论和方法进行了一次具体化的探索,这是在《三体智能革命》基础上,描述制造业这个重要领域智能化的力作。

之所以说制造领域智能化是汇成智能社会大海的大江大河,一是因为制造业在其他领域智能化过程中的基础性作用,二是因为制造业智能化对全社会智能化在基础理论和方法论的贡献。不从理论上总结制造业智能化的理论和方法,就不可能形成走向智能时代整体的理论和方法论。制造业智能化是《三体智能革命》所阐述的"物理实体、意识人体、数字虚体"构成的"三体智能模型"最有说服力的实证。

《机·智:从数字化车间走向智能制造》以"取势、明道、优术、利器、实证"五大篇章,全面介绍了以实现智能制造为实践重点的制造业智能化过程,不仅对制造企业的智能制造实践具有重要的指导作用,更重要的是对走向智能时代的理论思考带来了很多影响深远的启迪。于我而言,有三点尤为突出。

一是关于数字孪生的讨论。书中指出:"数字虚体与物理实体在形与态的彼此相像属于'数字孪生'","数字孪生是在产品全生命周期中每一个阶段都存在的普遍现象，大量的物理实体系统都有了数字虚体的'伴生'"。生物智能基于遗传基因而延续，人类智能的各种产物和成果基于各种工具和记录的信息而传承。智能时代的传承和延续，与生物智能和人类智能的结晶相比有何特征？如果数字孪生超越产品的生命周期，那么这个特征就是数字孪生，数字孪生是智能时代智能的遗传基因。显然，数字孪生是可以超越产品的生命周期的。

二是关于智能制造的物理实体与其数字孪生的数字虚体之间，信息实现了双向传输，也就是数据的自动流动。这是智能制造的重要特征，也是领域智能化进程中的重要环节，更是赛博物理空间的基本特征，成为走向智能时代的一个标志性产物。

三是关于生产车间的工业数据是车间的重要资产的论述。信息资源是经济社会发展的基础性战略性资源，大数据是有价值的资产，这样的概念很多人挂在嘴上，但很少落实到管理中、制度中、帐本中。本书关于车间数字资产的讨论，具体地、有说服力地阐述了数据的资源和资产性质。

走向智能时代是一份时代的试卷。《三体智能革命》和《机·智：从数字化车间走向智能制造》从两个不同的视野给出了作者们的回答，既有理论阐述，也有实践落地。我们期待更多的学者和实际工作者参与其中，给出更多的答卷，引导时代变革期的发展理性。

是以为序。

杨学山

2018 年 7 月 10 日于杭州到北京的复兴号上

序二

Machine Intelligence
机·智

制造业是国民经济的主体，是立国之本、兴国之器、强国之基。推进制造业做大做强是实现我国工业转型升级、推进供给侧结构性改革的重要途径和必由之路。

《中国制造2025》明确指出我国制造业发展的战略是"坚持走中国特色新型工业化道路，以创新发展为主题，以促进制造业提高质量增加效益为中心，以加快新一代信息技术与制造业深度融合为主线，以推进智能制造为主攻方向"。

对制造企业而言，智能制造如何做，企情不同，路径也不尽相同，我认为该书提出的"从数字化车间走向智能制造"是一条很务实的路径。

该书从东方文化的视角，以"取势、明道、优术、利器、实证"为主线，剖析了智能制造浪潮发生的根源，对比了德、美、日、中不同国家有关智能制造的理念及路径，对CPS赛博物理系统、工业互联网等智能制造的重要使能技术进行了深入阐述，并提出了"智巧工厂"等令人印象深刻的概念。

后半部分的数字化车间建设是该书的重点。作者以"六维智能"为主线，分别从数字化车间建设内容、建设原则以及设备物联网、预测性维护、MES制造执行系统、工业大数据等方面进行了详尽讲解，对MES发展方向、虚拟现实/增强现实、人工智能等一些前沿技术作了有意义的探讨，在书的最后还结合青岛海尔模具等四个实际案例，对智能制造在企业与学校中的应用进行了介绍，具有很好的借鉴价值。

我对书中很多观点产生了很强的共鸣，特别是书中提出的"人机网三元战略"、"以人为本的智能制造落地之道"等一些十分重要的观点。通过航天科工集团近年来在云制造及智慧云制造等方面的研究与实践，我们认识到智能制造的实施绝不是简单的"机器换人"，智能制造的实施是一项系统工程，它以新一代信息技术与制造业深度融合的数字化、网络化、云化、智能化的技术手段，促使制造全系统及全生命周期活动中的人／组织、技术／设备、管理、数据、材料、资金（六要素）及人流、技术流、管理流、数据流、物流、资金流（六流）集成优化，进而实现高效、优质、节省、绿色、柔性地制造产品和服务用户，达到提高企业市场竞争能力的目标。

该书是两位作者的第二次合作，在2016年，包含两人在内的九位作者出版了《三体智能革命》一书，提出了"三体智能"等理论，在智能制造界产生了很好的反响。经过近两年的辛勤付出，两位作者又基于"三体智能"的理论基础，结合智能制造最新理念及实践，以微观的视角，从企业的范畴，按落地的路径，撰写了该书。

我在很多年前就认识两位作者。朱铎先先生从20世纪90年代起曾在航天单位工作多年，后来创建了北京兰光创新科技有限公司，为航空航天等数百家企业提供了数字化车间／智能制造解决方案，具有丰富的制造信息化实战经验。赵敏先生20世纪80年代在清华大学执教，我与他在参与国家863计划"现代集成制造系统（CIMS）"主题的科研工作中相识。他近十年出版了多部专著并擅长为企业解决技术问题，是国内著名的创新方法与智能制造专家。

该书凝聚了两位作者多年的理论研究与实践经验，相信该书会对制造型企业的智能化转型升级具有很强的借鉴与参考价值。

李伯虎　中国工程院院士
2018年7月16日于北京

前言

Machine Intelligence
机·智

以新一代信息技术与制造业深度融合为特征的智能制造正在全球引发新一轮工业革命。

2015年5月19日,国务院正式发布了《中国制造2025》。"以提质增效为中心,以加快新一代信息技术与制造业深度融合为主线,以推进智能制造为主攻方向。"这个行动纲领发出了向制造强国进军的动员令,吹响了向智能制造发起主攻的冲锋号。

自2014年起,为了探讨智能系统的原理、方法与实现路径,本书作者与其他七位专家一起花费两年多时间研讨与撰写,于2016年9月出版了"走向智能丛书"之《三体智能革命》,该书奠定了一种颇具中国特色的智能理论基础和构建智能系统的方法论,首次提出了"物理实体、意识人体、数字虚体"的"三体智能模型",并以"状态感知、实时分析、自主决策、精准执行、学习提升"的"二十字箴言"作为评判智能系统的基本特征。《三体智能革命》出版后,在业界获得了普遍的好评并得到了中国工程院等权威机构的认可,对国内智能制造的研究与应用起到了积极的推动作用。

如果说《三体智能革命》是站在社会的宏观视角,以各行各业智能系统演进的大视野对智能理论进行了深入研究和比较宏观的论述,那么本书则是站在企业微观视角,将三体智能模型中的基本逻辑用于对智能制造的深入研究。我们的理解是,正是因为数字虚体与其他两体的交汇与融合,才让机器有了智能,才有了今天的智能制造。于是,"走向智能"就有了一个非常具体的延伸——"从数字化车间走向智能制造"。

《三体智能革命》是"走向智能丛书"的开篇之作，而本书则是"走向智能丛书"的续篇。因此在本书撰写过程中，承袭和沿用了《三体智能革命》中的若干学术观点和术语。本书也是两位作者的第二次合作写作。

本书以"取势、明道、优术、利器、实证"五大篇章，深入剖析智能制造的根源、本质、技术路径与发展趋势，全面探讨中国制造企业应该如何制订智能制造战略和战术，重点阐述离散行业数字化车间的建设及注意事项等实战内容，并给出若干实施案例，力图体现战略结合战术，理论结合实践。

"取势篇"重点介绍企业实施智能制造前，需先深刻了解智能制造产生的大背景及未来发展趋势。要点在于我们应该如何发挥自身优势，既"师夷之长"，又扬长补短，在这次制造业转型升级中少走弯路并取得成功。其中第一章是在德、美、中、日这些工业强国和大国都不约而同地提出了相近的智能制造战略，掀起史上最大的智能制造浪潮大背景下，深入剖析了其背后深层次的原因及发展趋势。第二章指出我们既要积极学习德国工业4.0的先进理念以及其构思精巧的"工业4.0参考架构模型（RAMI 4.0）"，同时也要了解其恰当的应用场景。第三章介绍了美、德、日、中智能制造战略齐头并进，各具特色，同时对这些不同战略进行了分析、比较与要点提炼，特别对"一智各表"的现象进行了分析，力图说明"智能"一词的不同内涵。

"明道篇"强调人始终是智能制造的主导因素。制造企业在制订智能制造落地战略时，不仅要在先进技术和设备上有所突破，更应该充分挖掘人与管理的价值与潜力，才能确保智能制造的成功落地。其中第四章论述了"人机网三元战略"、"三体智能模型"和"人－信息－物理系统"，以及中国"以人为本"的东方哲学思想与西方先进技术如何实现交汇与融合。第五章阐明在向智能化转型升级的关键阶段，比设备、软件更重要的是企业的经营战略以及与智能制造相适应的企业文化。

"优术篇"深度剖析CPS（赛博物理系统，也称为信息物理系统）、工业互联网等先进概念的本质、缘起、发展方向及如何在制造企业中的落地。其中第六章重点介绍了源于美国、兴于德国的 CPS 技术。欲做好智能制造和工业 4.0，必先了解 CPS，更是创造性地提出了"二维九格"定义法。第七章讲述了工业互联网作为智能制造关键基础设施，催生了新技术、新业态、新模式，同时对工业互联网的属性、意义及实现路径等方面进行了剖析。

"利器篇"把重点放在了车间的数字化建设上。智能制造的纵向集成发生在企业里，车间是企业将各种图纸转变为产品的主要场所。车间强则企业强，车间智则企业智。其中第八章以离散制造行业为例，基于"六维智能理论"，探讨了智能制造如何在车间实施与落地。第九章介绍了车间设备的互联互通，尤其是用数字化手段治理"聋、哑、傻"设备，通过实时采集设备运转数据而实现设备的可视化、智能化管理和预测性维护，并介绍了实施过程中的注意事项。第十章讲述了 MES 系统对生产过程中的计划、排产、物料、工具、设备、质量等进行全面的精细化管理。第十一章以工业大数据为主线讲述了高级排产、虚拟现实/增强现实及新一代人工智能等前沿技术在数字化车间的应用及其前景展望。

"实证篇"强调了一个最浅显的道理：知易行难。各种理念、理论最终的目的都是为了在企业落地，智能制造不能只停留在理论层面，成功的案例对于正在考虑智能制造实施方案的企业有很大的借鉴价值。其中第十二章收录了海尔模具、宁夏共享集团等四个智能制造的典型案例。宁夏共享集团被李克强总理比喻为"傻大黑粗"转型升级成为了"窈窕淑女"，被称赞是"展示了'中国制造 2025+互联网'的融合，是新旧动能转换的生动体现。"

值得说明的是，本书希望能够首开严格区分"智能"程度与所对应术语之先河，对"Smart、Intelligent"两个术语所描述的两种不同"智能"现象加以较为严格的区分，期待能够避免乃至消除业内一直存在的"一智各表"的不利现象。作者在本书中自我约定并尽量做到：凡是涉及到数字化网络化"Smart"级别的"智能"，皆称作智巧；凡是应用了新一代人工智能所形成的"Intelligent"级别的"智能"，直接称作智能。如此，英文术语与中文术语之间形成一一对应，看到英文，就知道中文是什么，看到中文，也随即知道英文是什么。希望从本书开始，在中文术语上消除对"智能"一词在理解和应用上的混淆。作者不求最好、最准确，但求"智能"无歧义。

智能制造，任重道远。工业互联，方兴未艾。宏微并举，注重落地。数字车间，务实起步。这正是本书想带给读者的主要信息。

受理论水平和资料获取范围所限，难免对迅猛发展的智能制造相关理论与技术存在阐述不到位甚至有不确切之处，希望广大专家及读者批评指正，不吝赐教，以利后期校正与修订。

作者

2018 年 6 月 18 日于北京

目录

Machine Intelligence
机·智

序一
序二
前言

取势篇　大势所趋，全球工业体系大转型

第一章　智能制造，风从何处来 ┊ 2

德、美、日、中这些工业强国和大国都不约而同地提出了相近的国家战略，掀起了全球史上最大的智能制造浪潮。这并非是因为突然有什么颠覆性的技术突破，而是因为在当前全球制造业严峻形势下，各国结合自身问题及特点，在快速增长的数字经济发展进程中，希望借助自动化、数字化、网络化、智能化等新技术寻求突破，解决存在的实际问题，提升制造业竞争力，推动本国制造业的发展。

制造业面临四个难题 ┊ 3
寄希望于新技术体系 ┊ 11
新常态下的中国制造 ┊ 12
数字经济扛鼎新动能 ┊ 14

第二章　务实战略，客观认识德国工业 4.0 ┊ 19

越是时髦、喧嚣的热潮，越需要冷静、独立的思考。我们既要积极学习德国工业 4.0 的先进理念，也要看清楚其战略本质，不要照搬照抄，一定要结合国情与企业情况，制定出积极、有效的应对策略，才能在这场全球工业革命中取得主动，助力企业的健康发展。

内忧外患，德国制造不乐观 ┊ 20
工业 4.0，绝地反击利器 ┊ 25
中小企业，转型升级立潮头 ┊ 42
对工业 4.0 的四个认知误区 ┊ 47

第三章　同场竞技，美、德、日、中各显身手 | 54

作为制造企业，不仅要深入研究与借鉴德、美、日等国家先进理念，博采众长，为我所用，还要深刻理解"中国制造2025"的战略意义及实施路径，在中国智能制造发展战略"三范式"指导下，抓住稍纵即逝的历史发展机遇，积极推进智能制造在企业的落地，促进企业智能化转型升级。

美国借助"巧实力"重归制造业 | 54
日本工业价值链颇具价值 | 60
中国以智能制造独辟蹊径 | 67
"一智各表"，内涵有别 | 76

明道篇　因势利导，走中国道路的智能制造

第四章　以人为本，智能制造战略落地之道 | 82

从"人机网三元战略""三体智能模型"到"人–信息–物理系统"，反映出了中国"以人为本"的东方哲学思想与西方先进技术的交汇与融合，让中国这样一个人口大国在以智能为标识的新工业革命中，明确自己的特色，找到自己的定位，推出适合本国国情的智能制造发展战略。

多国竞合，智造路径各不同 | 82
智能制造，终须以人为本 | 88
历次工业革命，"人"是核心要素 | 95
三元战略，中国企业制胜之策 | 101

第五章　审时度势，经营战略再定位 | 111

在向智能化转型升级的关键阶段，外部经营环境发生了很大变化，企业不能墨守成规，固守以往的"成功经验"，贻误战略发展机遇，应该内外兼修，不仅要有过硬的硬实力，也要有深厚的软实力。在瞬息万变的发展中，企业的经营战略和文化等需要根据形势的变化而调整。

企业经营战略的选择与制订 | 112
智能制造的"新四化" | 121
文化，企业无形竞争力 | 131

优术篇　技术使能，智能制造的落地战术

第六章　CPS赋能，智能制造的核心驱动力 ｜ 138

　　CPS被认为是"德国工业4.0"的核心技术，美国也将其列为八大关键的信息技术之首。既然CPS如此重要，我们就需要追根溯源，广泛地求证、深入地学习与思考，然后实地力行。只有深入理解CPS，并以之为抓手，才能促进它在企业智能制造中落地。

- 众说纷纭，共话赛博渊源 ｜ 138
- 划层分级，CPS一统江湖 ｜ 143
- 数字孪生，CPS构建基础 ｜ 150
- CPS织网，数据自动流动 ｜ 153

第七章　工业互联网，"换道超车"新机遇 ｜ 159

　　工业互联网是以数字化、网络化、智能化为主要特征的新工业革命的关键基础设施，通过物联网、大数据、云计算等技术手段，构建基于海量数据采集、汇聚、分析的服务体系，对产品、设备、人力、知识、信息等实现资源、能力的共享与协作，是汇众智、用众力的新型商业模式。

　　加快其发展有利于加速智能制造发展，更大范围、更高效率、更加精准地优化生产和服务资源配置，促进传统产业转型升级，催生新技术、新业态、新模式，为制造强国建设提供新动能。

- 互联革命，经济发展驶入新赛道 ｜ 160
- 工业互联网平台，新工业体系操作系统 ｜ 164
- 工业互联网，既"姓工"也"姓公" ｜ 168
- 重塑制造业，新范式开始发力 ｜ 171

利器篇　数字化车间，智能制造主战场

第八章　从数字化车间走向智能制造 ｜ 178

　　《中国制造2025》明确指出："推进制造过程智能化，在重点领域试点建设智能工厂/数字化车间。"数字化车间建设是智能制造的重要一环，是制造企业实施智能制造的主战场。

前面我们一起探讨了智能制造的一些原理与方法，本章将以离散制造行业为例，探讨数字化车间建设时应该遵循什么样的基本原则，采取什么样的灵活策略以及系统选型方面的注意事项，确保智能制造在车间沿着正确方向推进。

| 数字化车间的定义与建设主线 | 178

| 数字化车间实施策略 | 188

| 数字化车间实施效果 | 193

| 数字化车间系统选型原则 | 195

第九章　设备互联，机器不再"聋哑" | 198

再先进的设备，单机工作也是潜力有限。需要改变传统的设备孤岛式生产模式，发挥生产设备集群化的生产潜能，在网络化通信的基础上，实时采集生产设备的关键运转数据，对设备进行可视化、智能化管理以及预测性维护，并通过与信息化系统进行深度集成，实现设备网络化、集群化、智能化的生产管理模式，为促进企业智能制造落地打下坚实基础。

| 数字化车间从设备"治哑"开始 | 198

| 互联互通，设备携手变聪明 | 205

| 预测性维护，打造无忧生产 | 220

| 设备物联网建设注意事项 | 225

第十章　MES 赋能，智造精益双落地 | 233

市场竞争越来越激烈、客户要求越来越高、人力与生产资源成本不断上涨，企业既需要进行宏观的统筹与规划，又需要对具体事项进行"精打细算"。

车间有众多设备、设施、物资及人员，还有大量的生产任务，且产品属性不同、交货期不同、紧急程度不同，做到精细、精准、精益的管理，难度很大。

"君子生非异也，善假于物也"。MES 就是帮助企业解决这些问题的信息化系统，可以帮助企业实现生产管理数字化、生产过程协同化、决策支持智能化，可有力地促进精益生产落地及企业智能化转型升级。

| MES 有关概念 | 234

| MES 模块组成 | 240

MES 模块功能简介 | 243
理念需要与时俱进 | 267

第十一章 大数据赋智，车间走向新时代 | 277

不同于设备、物料等有形的物理实体，无形的数据是企业的一种新资产、新资源和新生产要素，是企业正常生产的基础，是企业进行智能化管理的关键。对这些数据进一步挖掘，以量化、可视化等方式，定位生产中存在的问题并进行优化，对提升企业竞争力有非常重要的意义。

数字化车间不只是智能制造的主战场，也是工业大数据的富矿，是新一代智能制造的测试床。采集、存储、挖掘、使用好这些工业大数据，可为企业智能制造提供源源不断的新动能。

工业大数据，车间的无形资产 | 277
APS，MES 智能化的源头 | 284
3D 可视化，制造新境界 | 293
人工智能，智能制造新引擎 | 299

实证篇 知行合一，智能制造重在落地

第十二章 各具特色，数字化车间案例集锦 | 306

古人说，知易行难。

实践是检验真理的唯一标准。智能制造一定要产生有效的经济与社会价值，一定要能切实推动传统企业的智能化转型升级。

2016 年 2 月 2 日，李克强总理视察宁夏共享集团，将该企业比喻为"傻大黑粗"转型升级成了"窈窕淑女"，称赞是"展示了'中国制造2025+互联网'的融合，是新旧动能转换的生动体现。"

海尔模具：设备互联 效益明显 | 307
中信戴卡：精益为魂 智造典范 | 311
宁夏共享：数据流动 新旧转换 | 314
西安交大：虚实融合 教学创新 | 318

后记 | 321
参考文献 | 323
参考资料 | 328

Part
取势篇

大势所趋,全球工业体系大转型

善战者,求之于势。

——孙子

欲实施智能制造,必先全面了解智能制造产生的大背景及未来发展趋势,必须深刻理解德、美、日等国为什么要这么做,它们面临什么问题,它们是怎么思考的,它们想怎么解决,它们的解决方案有哪些是值得我们参考与借鉴的,哪些是它们自身的特殊情况,我们不宜照搬。同时,我们又应该如何发挥自身优势,既"师夷之长",又"扬长补短",在这次制造业大转型升级中少走弯路并取得成功呢?

——作者

第一章
Machine Intelligence

智能制造，风从何处来

凡阅义理，必穷其原。

——宋·朱熹

德、美、日、中这些工业强国和大国都不约而同地提出了相近的国家战略，掀起了全球史上最大的智能制造浪潮。这并非是因为突然有什么颠覆性的技术突破，而是因为在当前全球制造业严峻形势下，各国结合自身问题及特点，在快速增长的数字经济发展进程中，希望借助自动化、数字化、网络化、智能化等新技术寻求突破，解决存在的实际问题，提升制造业竞争力，推动本国制造业的发展。

制造业是国民经济的主体，是立国之本、兴国之器、强国之基。

2015 年，我国工业增加值总量达到 23.65 万亿元人民币，占 GDP 比重的 34.3%，工业制成品占进出口总额的 85.4%，制造业为我国提供了 8000 多万的就业岗位。制造业是拉动投资与消费的主要力量，是增加就业的重要领域，是科技创新的源泉，是事关国家兴衰的关键要素。

现在，越来越多的地方政府和制造企业将智能制造确定为重要的战略发展机遇，开始规划与实施智能制造工程，一些地区还开展了声势浩大的"机器换人"与"工业互联网"工程，智能制造正在神州大地如火如荼地推进着。重视并积极推进智能制造战略，促进制造业的智能化转型升级，这是十分值得肯定的事情。但在这个过程中，很多企业对智能制造的认识并不清晰，不能够深刻地理解智能制造的背景、意义及路径，有些企业是为了智能制造而智能制造，还停留在购买高档机床、工业机器人以及 MES 软件这些硬软件工具上，过于表面化与工具化，盲目性很大，实质上就是一种跟风行为。这种做法除了透支企业有限的财力之外，并不能显著地提升企业竞争力，不能有效促进企业的转型升级，甚至与智能制造战略的初衷是背道而驰的。

古人云：善弈者谋势，不善弈者谋子。我们在实施智能制造之前，一定要全面了解智能制造产生的大背景及未来发展趋势。要深刻理解德国、美国这些国家为什么要这么做，它们面临什么问题，它们是怎么思考的，它们想怎么解决，它们的解决方案有哪些是值得我们参考与借鉴的，哪些是它们自身特殊情况，是我们不能照搬的，哪些又是它们"私心"所在，需要有所警惕与应对的。同时，我们又应该如何发挥自身优势，扬长补短，如何在这次制造业大转型升级中少走弯路并取得成功呢？这些问题都值得我们深入思考。

制造业面临四个难题

在本轮智能制造热潮中，除了德国的"工业 4.0"、美国的"先进制造业国家战略计划"、中国的"中国制造 2025"、日本的"机器人新战略"等大家耳熟能详的国家级战略以外，英国、法国、韩国、印度、俄罗斯等众多国家也推出了一系列战略，虽然名称、时间点、侧重点各不同，但智能制造是这些国家战略的共同核心，各国都期望借助于自动化、数字化、网络化、智能化手段，减少对人的依赖，实现各自国家向高质、高效、高端、绿色、高竞争力方向发展。

值得我们思考的是，为什么这些国家都不约而同地制订类似战略，它们又面临着哪些共同问题？我们是否也有这些问题？这些都需要我们进一步剖析。

难以提升的经济增长

近些年来，世界经济陷入低迷，老牌工业国家一蹶不振，被寄予厚望的新兴工业国家发展速度也开始放缓，全球经济很难找到有效的快速发展途径。图 1-1

是世界银行于2013年发布的1960～2010年世界发展指标,从中可以看到,无论是发达经济体还是世界经济,发展速度都趋向放缓。

图 1-1　1960～2010年世界发展指标(来源:世界银行)

被称为"金砖四国"的中国、印度、巴西、俄罗斯,曾是拉动与支撑世界经济增长的中流砥柱,为世界经济起到了巨大的支撑作用。但近些年来,"金砖四国"逐渐分化成了两个阵营。失去光芒的俄罗斯、巴西,GDP增速已呈现负增长;作为世界人口第一、第二大国的中国与印度表现还算不错,但也逐渐下降到了6%左右的中速发展水平。如图1-2所示。

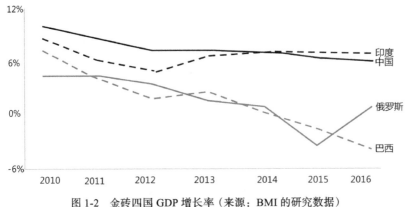

图 1-2　金砖四国GDP增长率(来源:BMI的研究数据)

2008年金融危机以来,中国经济也遇到了很大的下行压力,特别是制造业,一直苦苦挣扎在盈亏之间。尽管如此,中国的发展速度仍然远远领先于世界经济的平均发展速度,被很多国家羡慕,由此,可想象到世界经济的低迷。

世界著名投资大师吉姆·罗杰斯在2011年曾说:"从美国、欧洲,还有亚洲的两个大国中国和印度的情况看,世界经济普遍存在问题。毫无疑问,世界经济已进入了全球低增长时期,目前正处于全球经济放缓的周期循环之中。"

在2016年中国世界经济学会年会上,500名专家与学者经过交流研讨,对世界经济未来走势达成了共识:世界经济已经陷入了结构性、持续性的低迷,寻求世界经济增长的新动力至关重要。

近些年来,经济复苏乏力、增长动力不足、贸易投资低迷等问题,是众多工业国家必须面对的困难,也是"寻求世界经济增长的新动力"、推动全球智能制造浪潮的一个大背景。

难以消化的全球产能

从全球视角来看,一方面,经济增长乏力,但另一方面,产能严重过剩。说起产能过剩,大家可能马上想到钢铁、水泥等传统行业,特别是钢铁行业的产能最为典型。

图1-3是世界钢铁协会统计的中国相对全球钢铁产量的占比情况,中国钢铁在2000年以后,产能如脱缰野马,一路狂奔,直线上升,即便是2008年金融危机过后,产能也在持续增长。在中国耀眼的光芒下,老牌工业国家英国的钢铁产能一路走低,形成了鲜明的对比。

产能过剩的结果必然是价格的直线下降,这让钢铁企业叫苦不迭,整个行业进入了恶性竞争的低迷期。图1-4为中国螺纹钢市场价格走势示例。

图 1-3 中国相对全球钢铁产量占比（来源：世界钢铁协会）

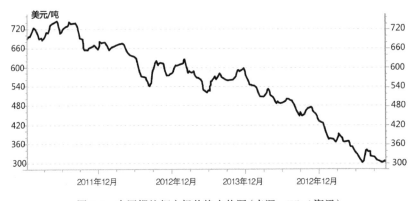

图 1-4 中国螺纹钢市场价格走势图（来源：Wind 资讯）

也许有人会说，钢铁是个别行业的情况。但作者说，错，产能过剩是一个普遍问题，是绝大部分企业正在面临或即将面临的问题，请看法国第二大银行 Natixis 的统计。从图 1-5 中可以看到，尽管生产有波动，但全球制造业产能几乎是在直线上升，特别是 2008 年金融危机之时，产生了有史以来产能与实际生产最大的落差，让全球感受到了经济危机的残酷。自 2008 年以后，产能与实际生产的差距还一直很大，这就意味着很多企业的产品卖不出去，生产设备不能满负荷生产，市场竞争越来越激烈，制造业的利润越来越低，全球制造企业的生存与发展都面临着极大的压力。

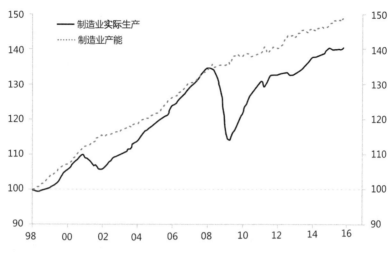

图 1-5　制造业实际生产与产能的对比图（来源：Datastream,Natixis）

实际上，多年以前，著名管理大师德鲁克就指出："20世纪人类的主要贡献是使手工工作者的劳动生产率提高了50倍。"杰里米·里夫金在《零边际成本社会》一书中以纺织工人的效率为例，认为与50年前相比，每名工人的产出增至以前的120倍。即便是按照德鲁克的50倍计算，再加上产业工人人数的增加，产能最少增加了100倍，绝大部分产业的产能早已远远超过了人类自身的需求，供过于求将是常态。

将来制造业中的绝大部分企业，将面临着产能过剩，并且情况会越来越严重，这是一种"新常态"，是我们企业在制订相关经营战略时不得不考虑的另一大背景。

难以逆转的老龄化趋势

困扰当今经济的另一大因素就是全球老龄化趋势进一步凸显。我们正感受到企业招人难、用工难，中国制造业的人口红利在逐渐丧失，实际上，这才是刚刚开始，很多国家已经被这个问题困扰很长时间了。

根据联合国的定义：65岁以上老年人口比例达到7%的人口结构称为老龄化社会，当65岁以上人口比例超过了14%的时候，这种更严重的老龄化社会叫作"老龄社会"。作为世界老龄化最严重的日本，1970年进入老龄化社会，1994年进入老龄社会。现在，日本年满65岁者占人口总数四分之一以上，老龄化形势异常严峻。据日本国土交通省预计，到2050年，日本老龄化情况将更加严重，近40%的人口将在65岁以上。人口少，老龄化严重，这就是日本积极开展"机器人新战略"的重要原因。日本是全球采用工业机器人数量最多的国家，全球有超过60%的工业机器人在日本。

截至2010年，在德国8180万居民中，65岁以上老年人口占总人口的20.4%，仅次于日本的22.7%，均远远超过14%的老龄社会标准。现在，尽管德国有大量移民，包括难民涌入，但德国人口总数依然持续下降，到2030年将少于八千万。德国将面临着人口数量减少，老龄化愈发严重的尴尬局面，这极大地制约着德国经济的发展。

美国面临的老龄化虽不像德国、日本那样严重，但在美国社会中，65岁以上老年人口占比14%，也进入了老龄化社会。预计到2050年，美国65岁人口的比重会上升至20.7%，将进入老龄社会。

这些国家不仅面临着严重的老龄化，而且还面临着生育率下降、人口总量减少的问题。图1-6是美国、英国、德国、法国、日本、意大利等主要工业发达国家人口增长率的统计与预测，从中可以看到，人口下降的趋势非常明显，这对于这些国家的未来经济发展来说，可谓雪上加霜。

德鲁克在《创新与企业家精神》㊀一书中指出，创新的来源主要有七个，而人口数量、年龄分布等人口结构变化是促进创新的一大重要来源。在《21世纪的管理挑战》㊁中，德鲁克进一步强调："在所有发达国家，所有机构的战略从现在起必须更多地建立在完全不同的假设的基础上，即人口不断萎缩，特别是年轻人口。"

今天，严峻的老龄化与低生育率已经导致了人口结构的重大变化，在客观上

㊀ 本书已由机械工业出版社出版，书号为ISBN 978-7-111-28065-1。——编辑注
㊁ 本书已由机械工业出版社出版，书号为ISBN 978-7-111-28060-1。——编辑注

倒逼着社会的变革，包括制造业新战略的制订与推出，这也是上述国家制订智能制造战略的另一个重要原因。

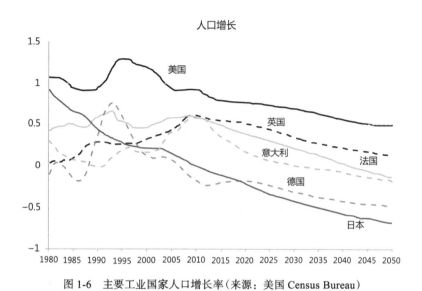

图 1-6 主要工业国家人口增长率（来源：美国 Census Bureau）

难觅世外的全球化竞争

自 20 世纪 90 年代以来，随着互联网技术的迅猛发展，经济突破了国界，全球经济越来越融为一体，逐渐形成了市场、信息、货币、物流、研发、生产、服务等多方位的全球化，全球化为广大企业提供了更宽广的舞台，但也进一步加剧了市场竞争。以前是区域性经济，竞争者多为区域性同行，只要产品还可以，企业的日子就能过得有滋有味。但现在市场是全球的，信息是全球的，消费者不需两分钟，就能搜集到不计其数的国内外相关产品或服务信息，以前小富即安，悠哉的日子已经一去不复返了。赫尔曼·西蒙教授在《隐形冠军》一书中写道："今天的国际货物交换量几乎是 100 多年前的 2000 倍。"全球化竞争可谓越来越明显。同样，以前发达国家靠高质、高价、高利润，将低端产品和工作转移到低收入国家，它们的工人不紧不慢，不用加班，这种日子随着全球化的发展将面临着极大的挑战。

在中国等新兴工业国家，勤劳的人们为解决温饱问题，数以亿计的农民从农村进入城市，成为产业工人的一员，他们不畏艰辛，任劳任怨，加班加点，在恶劣的工作环境中年复一年，日复一日地努力工作着。随着时间的推移，随着产品质量的提升，在满足本国市场需求的情况下，新兴工业国家的产品走向了世界，逐渐替代了发达国家的产品。与西方发达国家以中小企业居多的情况不同，新兴工业国家动辄数千人甚至数万人的工厂规模，形成了庞大的生态化生产模式。更让发达国家谈虎色变的是，一旦新兴工业国家掌握了关键技术，突破了质量问题，接下来就是巨大的产量以及匪夷所思的低价，产品将以排山倒海之势席卷全球，华为、中兴、海尔等国际性品牌也从中诞生，成为西方企业强劲的竞争对手。于是，西方国家以前看不上眼的低端市场被占领，庞大的中端市场也不再是它们的天下，富有上进心的新兴工业国家开始进军中高端市场。最后，处于金字塔顶端的西方发达国家蓦然发现，市场已经被颠覆了。

自20世纪80年代后期，德国、美国、日本、法国这些发达国家在全球的出口份额，整体呈现下降态势，与之形成鲜明对比的是，中国则是在快速增长，特别是2000年以后，一直处于高速增长中，请见图1-7。

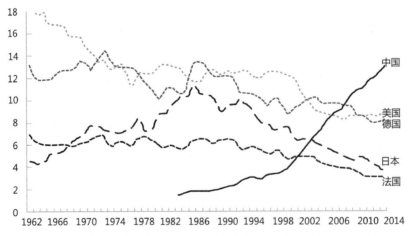

图1-7 主要工业国家出口在全球出口份额中的比重（来源：联合国和国际货币基金组织）

随着2008金融危机爆发，美国率先意识到实体空心化带来的危害，启动了"再工业化"战略，企图将高端制造业吸引回美国。随后，日本等国也认识到制造业形势的巨变。日本经济学家野口悠纪雄在其著作《日本的反省：制造业毁灭日本》一书中写道："在世界经济这场游戏中，由于中国的加入，游戏条件发生了很大的变化。在价格竞争这场对抗中，日本终究没有胜算。因此，日本应该做的不是和中国扭打在一起，而是应当将注意力集中在智慧的比拼上。"因此，如果站在工业发达国家的角度看，在全球经济一体化进程中，不只是中国制造业，德国、美国、日本等发达工业国家也都面临着很大的全球化竞争压力。

寄希望于新技术体系

面对低迷的经济、老龄化严重的现实以及中国等新兴工业国家的竞争，如何重振昔日雄风，至少保证目前状况不再进一步"恶化"，德国、美国、日本等各国都制订了相应战略，以应对当前的困局。

由俭入奢易，由奢入俭难。习惯了高收入、高品质生活的发达国家的人们，不可能无怨无悔地加班加点，也不可能牺牲环境和身体健康而工作，他们希望在不增加额外劳动的情况下，企业更有竞争力。

劳动人口少，老龄化严重，人工成本高，环境要求苛刻……，发达国家遇到了史上最大的难题……怨天尤人解决不了问题，靠天靠地不如靠自己。经过苦思冥想，这些国家最终不约而同地把目光聚焦在了新技术上。

随着物联网、云计算、3D打印、移动互联、机器人、大数据、人工智能等新技术的发展与应用，可以衍生出更多的商业模式，使得商业、生产、服务更加智能、更有效率，通过工业互联网等新理念打造智能制造的生态圈，重新定义制造业，有望占据制造业的制高点，甚至形成颠覆式的竞争力。

以数控机床机器人为代表的自动化，可以很大程度地减少对人的依赖，将人们从重复、枯燥的生产中解放出来，人们可以从事更有价值的工作，明显提升工作品质与生活质量。通过数字化、网络化、智能化，使人的脑力得到解放，并明显提升生产、服务效率与质量，企业乃至国家的竞争力。

古人说:"穷则思变,困则谋通。"于是,这些富有忧患意识、前瞻性的国家先后启动了相应的国家战略。

2011年6月,美国启动"先进制造伙伴关系"(AMP)计划,将聚合工业界、高校和联邦政府,为可创造高品质制造业工作机会以及提高美国全球竞争力的新兴技术进行投资,这些技术将帮助美国的制造商降低成本、提高品质、加快产品研发速度,以及提供更多的就业机会。

2013年4月,德国政府正式推出"工业4.0"战略,希望通过工业4.0革命性的变革,升级国内的工业体系、保持其在全球的领先地位。

2015年1月,日本政府发布了"机器人新战略",希望保持"机器人大国"的优势地位,在各个领域推进机器人,大幅度提高作业效率和质量,增强日本制造业、服务业等竞争力,解决"少人化和老龄化"带来的一系列问题。

当然,这些国家的相应战略与措施很多,限于篇幅,作者只挑选了几个最具有代表性的战略。

分析到这里,大家就应该能够深刻地理解这些国家推出以上战略的背景及决心。

新常态下的中国制造

相对这些传统工业国家,中国似乎处于比较看好的上升通道。中国人有着勤劳敬业的光荣传统、庞大的消费市场、全球最完善的工业体系,以及相对丰富的土地资源、生产资源、人力资源与强有力的政府等,这些是很多国家不具备的。但是,中国制造业也正面临着巨大的压力。对外,面临着高端制造业回归美国等发达国家,低端制造业向东南亚等低成本国家转移的"双重挤压"。对内,面临着人力成本快速上升,人口红利逐渐消失、产业结构不合理以及粗放型发展模式不可持续等问题。中国以往高速增长的三驾马车:投资、内需与外贸,也都面临着严峻的问题,概括起来就是内需不振、外贸低迷、投资谨慎。经济下行压力非常大,中国进入了一个由高速发展到中低速发展的"新常态"。

近些年来，随着中国人力成本的快速增长，与其他工业国家相比，中国的成本优势几乎不复存在。从图1-8上可以看到，近十年来，中国劳动力成本在翻番地增加，而美国基本没有变化。牛津经济研究院经过评估后认为，在单位劳动力成本方面，中国只比美国微弱领先4%。

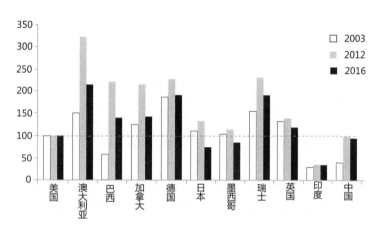

图1-8　中国单位劳动力成本与美国的比较（来源：牛津经济研究院）

让中国制造企业倍感苦恼的是，一方面中国人工成本快速提升，但另一方面，在人均产出上却远低于美国、日本、德国等发达国家，甚至低于巴西、印度等发展中国家，请见图1-9。两者形成利润剪刀差，严重地挤压了中国制造业的发展空间，这也是近些年来，很多中国制造企业一直苦苦挣扎在生死线上的一个重要原因。

与工业发达国家相比，中国制造业成本优势正在逐渐丧失，而与泰国、印尼、菲律宾等东南亚国家相比，人工成本已经成了制约中国制造业发展的一个不利因素。近些年，很多制造业纷纷向这些低成本国家转移。

据中国财政科学研究院发布的《降成本：2017年的调查与分析》报告显示，在调查的14 709家样本企业中，这些企业近三年总成本费用占营业收入的比重超过100%，这表明企业成本已经超过收入，利润空间已经被挤压到极限，企业经营状况堪忧。

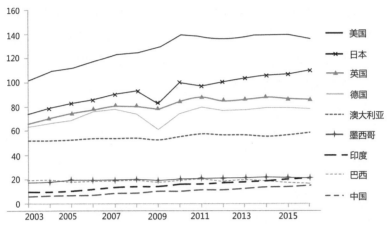

图 1-9 制造业人均产出（来源：牛津经济研究院）

在老龄化方面，这个问题也将在我国进一步凸显。2014 年，中国 65 岁及以上人口数为 1.37 亿人，占比 10.1%，据世界卫生组织预测，到 2050 年，中国将有 35% 的人口超过 60 岁，成为世界上老龄化最严重的国家。中国的老龄化将拥有两个世界第一，第一个是老龄人口数量世界第一，第二个是老龄化速度世界第一。这对以劳动密集型产业为主的中国制造业，是非常不利的因素。

中国经济面临着巨大的压力，寻找经济发展新动能，实现新旧动能转换，实现传统制造业转型升级，是中国经济迫在眉睫的大事，是事关国计民生的大事。

数字经济扛鼎新动能

经济发展的新动能在哪里？一些权威研究机构的经济研究报告给出了答案。

中国信息通信研究院在《中国数字经济发展白皮书（2017）》中给出了如下定义：数字经济是以数字化的知识和信息为关键生产要素，以数字技术创新为核心驱动力，以现代信息网络为重要载体，通过数字技术与实体经济深度融合，不断提高传统产业数字化、智能化水平，加速重构经济发展与政府治理模式的新型经济形态，数字经济是继农业经济、工业经济之后的更高级经济阶段。

中国信息化百人会发布的《2017中国数字经济发展报告》认为，在全球信息化进入全面渗透、跨界融合、加速创新、引领发展新阶段的大背景下，数字经济长足发展，正成为创新经济增长方式的强大动能。举例来说，2016年全球发达国家（美、日、德、英）数字经济占GDP比重为50%左右，美国数字经济规模排在全球首位，已超10万亿美元，占GDP比重超58%。

随着近些年来信息通信等技术，特别是互联网和物联网的快速发展，数据呈现爆发式增长，每年增长50%，海量的数据已成为社会基础性战略资源，为经济发展带来了巨大的新动能。联合国贸易和发展会议秘书长基图伊指出："数字经济以超出我们预测的速度呈指数比例在扩张，仅在2012~2015年，数字经济的规模从1.6万亿美元增长到2.5万亿美元。"2016年9月，杭州G20峰会通过《二十国集团数字经济发展与合作倡议》，将"数字经济"列为创新增长蓝图的一项重要议题。

现在，各国普遍认为数字经济是世界经济的未来，大力发展数字经济成为共识，并在积极推动数字经济建设。主要工业国家数字经济增长趋势请见图1-10，各国均呈明显的增长趋势，与前面所描述疲软的GDP增长形成明显的对比。

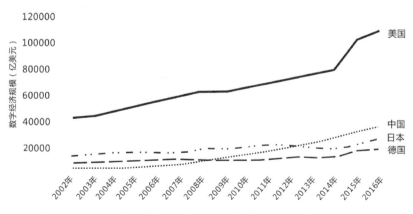

图1-10　主要工业国家数字经济增长趋势（来源：中国信息化百人会）

十八大以来，我国高度重视数字经济发展，数字经济已经逐渐上升为国家战略。2016年10月，在中央政治局第三十六次集体学习上，习近平总书记指出，要做大做强数字经济，拓展经济发展新空间。2018年4月，习近平总书记在"全国网络安全和信息化工作会议"上再次强调："要发展数字经济，加快推动数字产业化，依靠信息技术创新驱动，不断催生新产业新业态新模式，用新动能推动新发展。"

在国家大力推动与企业积极努力下，中国数字经济也得到了快速发展，2017年中国数字经济同比增长超过20.3%，占GDP的32.9%，总额达到27.2万亿人民币，数字经济已成为我国经济发展的重要引擎，有力地提升了国民生产与服务效率、质量，优化了产业结构，对我国经济健康发展起到了积极的推动作用。

据麦肯锡研究院在2017年发布的《中国数字经济如何引领全球新趋势》报告，过去十年来，中国已在多个领域成了全球数字经济引领者。以电子商务为例，十年前中国的电商交易额还不到全球总额的1%，如今占比已超过40%，据估算已超过英、美、日、法、德五国的总和。2016年，中国与个人消费相关的移动支付交易额高达7900亿美元，相当于美国的11倍。中国2016年互联网用户已达7.31亿，超过了欧盟和美国的总和。中国还拥有6.95亿移动互联网用户，远超欧盟的3.43亿以及美国的2.62亿。中国现在每年毕业近800万高校毕业生，也成为支撑数字经济的重要基础。

虽然中国在数字经济方面进步很大，但相比一些发达国家，数字经济无论是在GDP中的占比还是绝对总量，仍然存在比较大的差距。

2016年，美国、德国、英国数字经济占GDP比重均超过50%，日本、韩国数字经济占GDP比重也超过40%，中国仅是GDP的30.3%。请见图1-11。

从经济规模上看，2016年美国数字经济规模高达10.8万亿美元左右，遥遥领先其他国家，约是中国的3.2倍、日本的4.7倍、德国的5.3倍、英国的7.1倍、法国的11.3倍。

从以上数字来看，尽管中国数字经济近些年来增长迅速，但仍与全球第二大经济体的地位不匹配，也说明了中国数字经济的发展潜力巨大。

数字经济与传统经济范式不同，具有信息的零边际生成成本、复制无差异性、实时性强等特征，颠覆了农业经济和工业经济中物质、能量要素的独占性、排他性。未来在制造业中,通过无所不在的联接,无所不在的数据,无所不在的信息,无所不在的软件,带来了无所不在的智能,实现研发、装备、生产、产品、服务、管理的泛在联接、全局最优,从而不断优化资源的配置效率,提升生产率,培育基于数据驱动的经济发展新动能。

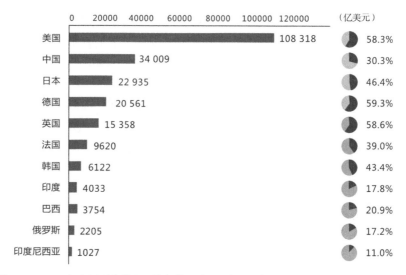

图 1-11　2016 年主要国家数字经济规模及占比(来源:《2017 中国数字经济发展报告》)

除了可以极大地促进经济发展,推进供给侧结构性改革以外,数字经济在提供就业、提升就业品质方面也具有重大的意义。

2017 年,我国数字经济领域就业人数达到 1.71 亿人,占总就业人数的 22.1%,其中当年数字经济新增就业人数约为 552 万人,约占新增就业的 40.9%,数字经济已经成为当前吸纳就业的主动力。

作为数字经济的重要组成部分,数字化转型对制造企业的转型升级尤为重要。2017 年,普华永道思略特德国公司对 200 名来自德国大型工业及制造业领域内的企业高管进行了市场调研,调查结果显示,91% 的工业企业正投资数字化工厂,98% 的受访者认为投资数字化工厂可以提升生产效率。

通过实施数字化转型,很多企业已经取得了很好的成效。2017 年,Gartner 公司对 388 名 CEO 调研后发现,有 56% 的受访 CEO 表示,他们已经在数字化方面进行了改进并取得了提升利润的效果。有 22% 的 CEO 表示，支撑公司产品、服务和业务的数字化已经变成核心竞争力，并成为新的商业模式。

《福布斯》和麻省理工学院对全球 400 多家大型主流企业的调研表明，实施数字化转型的企业比传统企业具有更大的优势，数字化转型企业的盈利能力比行业平均水平高出 26%，并且效率更高。数字化转型对制造企业而言，并不仅仅是应用新的 IT 技术，而是代表着打造更能盈利、更有价值的商业模式。Gartner 的专家预言："数字化商业竞争力的缺乏将导致 25% 的企业失去竞争力。"

相对美国、德国等发达国家的企业，我国制造企业在对数字化转型认识及行动方面仍然有比较大的差距。麦肯锡的一次调查结果显示，尽管中国企业对工业 4.0 抱有极大的热情和期望，但只有 6% 的中国企业制订了明确的实施路径，远低于美国的 22%、德国的 22% 和日本的 31%。当前，我国经济已由高速增长阶段转向高质量发展阶段，正处在转变发展方式、优化经济结构、转换增长动力的攻关期，通过数字化转型，抓住数字经济发展机遇，以提质增效为中心，紧紧围绕创新驱动、智能转型、绿色发展目标，全面推进实施制造强国战略，促进企业的智能化转型升级，提升企业效率与竞争力，实现制造业由大变强的历史跨越，是当前中国制造业转型升级的必由之路。

本章分析了德、美、中、日等国都不约而同地提出相近的国家战略从而掀起全球史上最大的智能制造浪潮的背景和要因。在全球当前制造业严峻形势下，各国结合自身问题及特点，在快速增长的数字经济发展进程中，希望借助自动化、数字化、网络化、智能化等新技术寻求突破口，解决存在的实际问题，提升制造业竞争力，推动本国制造业的发展。

第二章

Machine Intelligence

务实战略，客观认识德国工业 4.0

> 三人行，必有我师焉；择其善者而从之，其不善者而改之。
>
> ——孔子

越是时髦、喧嚣的热潮，越需要冷静、独立的思考。我们既要积极学习德国工业 4.0 的先进理念，也要看清楚其战略本质，不要照搬照抄，一定要结合国情与企业情况，制定出积极、有效的应对策略，才能在这场全球工业革命中取得主动，助力企业的健康发展。

德国工业 4.0 恰逢中国企业转型升级之际，再加上各种媒体、论坛的推波助澜，工业 4.0 在中国一度炙手可热。很多企业对工业 4.0 寄予厚望，希望抓住工业 4.0 的机遇，全面提升企业自身的竞争力，从而实现企业的跨越发展。

在这种热潮下，我们需要冷静、独立的思考。我们既要积极学习德国工业 4.0 的先进理念，但也要看清楚其战略的本质，不要盲从，要结合企业的实际情况，制定出积极、有效的应对策略，才能在这场全球的工业革命中取得主动，助力企业的健康发展。

"工业 4.0"被德国学术界与产业界认为是以智能制造为主导的第四次工业革命，德国希望通过工业 4.0 革命性的变革，升级国内的工业体系、保持其在全球的领先地位。现在工业 4.0 已经上升到德国国家战略。

德国为什么要实施工业 4.0 战略？有人说，是德国为了抗衡美国、压制中国，最直接证据就是 2014 年 6 月 24 日，德国机械协会主席在日本说，德国和日本携手应对中国制造业的挑战。德国《世界报》网站也报道称"中国机械制造业严重威胁德国。"如果理解成这样，就是一种典型的主动进攻战略，但作者认为，恰恰相反，本次工业革命的根本原因，是源自德国沉重的内忧外患，是德国人采取的一种被动应对战略。

内忧外患，德国制造不乐观

尽管在 2008 年金融危机后，德国经济一枝独秀，成为欧洲最耀眼的经济明星，但如果站在德国的角度来看，实际上是内忧外患，内外交困。

无法承受的外患

失去的过去

德国总理默克尔指出，目前 90% 的创新在欧洲之外产生，欧洲不能错失下一代工业技术变革。默克尔对德国制造业能否及时与现代的信息和通信技术实现对接，保障德国制造业在世界上的领先地位也表示担忧。

这是国家层面的考虑。我们再具体看企业层面。

2015 年，世界最高市值科技公司前十名依次排名为：苹果、微软、谷歌、阿里巴巴、脸谱、三星电子、甲骨文、IBM、腾讯、亚马逊。名单中没有欧洲公司，美国占 7 家，中国占 2 席。

2016 年，全球市值大的十大互联网企业中依然没有欧洲企业，中国有 5 家。成立于 1999 年的阿里巴巴，现在的市值估测为 5000 亿美元，远超成立于 1938 年、市值不到 1000 亿欧元的德国大众汽车公司，更比排在大众之后的戴姆勒奔驰、宝马汽车多出一个数量级。日前，据 MKM Partners 分析师 Rob Sanderson 预测，阿里巴巴到 2020 年可能会实现 1 万亿美元的市值。届时，德国公司更将望尘莫及了。

可以说，错过互联网机遇，包括德国在内的整个欧洲失去了宝贵的发展机会。

危险的现在

在制造业领域，德国有两个强大的竞争对手，一个是在"蚕食"它们市场的新兴发展中国家，一个是可以随时"鲸吞"它们传统产业的美国跨界巨头。

近些年来，中国正成为德国制造业的一个强劲对手，中国企业以高效的大规模生产、较低的成本、不断提升的技术与质量，正从传统的低端产业向机床、汽车、高铁等高附加值行业挺进。以机电商品出口为例，据联合国1996～2012年数据显示，我国机电商品出口逐渐赶超美国、德国和日本，成为机电商品第一大出口国。2006年，我国机电商品国际市场占有率超过日本，上升到世界第三位。2009年超过美国和德国，我国一跃成为世界第一大机电商品出口国，见图2-1。

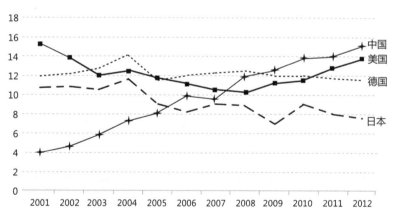

图2-1　1996～2012年机电商品出口的国际市场占有率（来源：联合国统计资料）

作者与很多企业家交流时，他们经常自豪地说，我们的产品产量全球第一了，我们在欧洲设厂了，我们并购德国企业了，这些振奋人心的好消息不绝于耳。从2010年起，我国首次超越美国成为世界第一制造大国，制造业产出占世界的比重超过20%，500种主要工业品中有220多项产量居世界第一，中国已成为名副其实的"制造大国"。一方面，我们应该为中国制造业取得的巨大成绩而骄傲；另一方面，如果换位思考，站在德国的角度，就是它的市场被慢慢蚕食。对德国而言，尽管很残酷，但这就是市场规则，近乎一种零和游戏，对手成长起来了，自己的市场必然会受到影响。

如果说中国等新兴国家的竞争是蚕食，尚且可以承受的话，那么美国动辄的跨界颠覆，就是鲸吞了。且不说，一个苹果公司颠覆了多少软硬件企业，包括欧洲引以为豪的诺基亚手机在睡梦中被革了命。近些年，特斯拉等公司又突然杀向汽车制造产业——你不是有上百年的历史积累吗？不要紧，我直接推出新能源汽车，你的发动机我不需要了，变速箱我也可以不用，汽车在美国人眼里，不再是传统意义上的汽车了，而是一个会移动的计算终端，发动机等技术我不用，汽车再好，也不过是为移动计算终端所用的一个附属机构而已。而且基于新能源汽车的研发与生产模式，上下游产业链都正在重组，新技术、新模式、新业态也在不断产生。

颠覆、鲸吞，步步紧逼，一招接着一招，令传统汽车业感到紧张和窒息，作为汽车创始国，德国沉淀了百余年的汽车武功忽然面临全部废掉的危险，甚至有可能沦落为一个给他人打杂的苦力。

新能源汽车颠覆的还不只是一个汽车行业。

据有关统计，作为机床行业的第一客户群，汽车行业对机床的需求已经占到机床行业消费总量的40%。如果大量的汽车改为新能源汽车，德国人引以为豪的大量复杂、精密、高端的数控机床将失去用武之地，从制造角度看，现在的电池生产只是简单的加工与组装，并不需要高精密切削机床，市场对机床的需求量将大幅度下降，这又将严重打击德国另一个优势产业——以精密机床为代表的装备制造业。

如果汽车制造业与装备制造业被颠覆或者被边缘化了，整个德国的经济将受到重大打击。一个特斯拉就会使德国如此紧张。在美国政府"再工业化"的大旗下，IT与制造业巨头居然联手了，以GE（通用电气）为核心，联合了思科、

IBM、AT&T、英特尔等五家企业成立了工业互联网联盟（简称IIC），它们企图在技术、标准、产业化等方面做出联合行动，帮助美国实现"再工业化"革命。现在IIC的规模迅速扩大，2017年年初就已经发展到268个成员机构，遍布全球33个国家。站在德国人的角度上看，美国的再工业化革命或者叫第三次工业革命，其实革的就是欧洲的命，革的就是德国工业的命！

未知的将来

过去难以回首，当前充满忧虑，遗憾的是，未来也不那么乐观。

2008年经济危机之后，美国、英国、法国、日本、韩国等国纷纷制订了一系列规划和行动计划，实施制造业回归战略，中国也大力推进制造强国计划。各国都聚焦在了制造业，并且都想向德国占据优势的高端制造业上发展。对手越来越强大，毕竟市场容量有限，僧多粥少，德国企业面临的竞争就会加剧。

同时，美国掀起的第三次工业革命，以及工业互联网、工业大数据、云计算、工业机器人、增材制造等新技术层出不穷，中国当时正在规划中的智能制造、数字化网络化制造等一系列发展理念和发展模式，对工业界来说，都是机遇，但如果德国抓不住，很可能又成了下一个互联网机遇的错失，又会陷入被动之中。

这是外部压力。对德国来讲，内部压力同样也不小。

难以言表的内忧

企业员工严重老龄化

在第一章我们讲过，德国老龄化程度非常严重，在全球仅次于日本。在德国许多制造公司中，员工的平均年龄超过四十岁，年轻员工的数量在不断减少。

2007年3月，德国联邦议院和联邦参议院先后通过了法律，决定自2012年起将退休年龄提高到67岁，将来可能达到70岁。管理大师德鲁克更是在《21世纪的管理挑战》中预测到："在未来的二三十年中，发达国家的退休年龄将不得不提高到79岁，在平均寿命与健康方面，79岁这个年龄相当于1936年的65

岁"（第 39 页，机械工业出版社出版，2016 年）。在中国，很多企业工人 50 多岁就可以内退，在德国，白发苍苍的老人还得被迫上班，这是何其无奈！

作者和德国等多家欧洲公司合作十多年，每当欧洲客人在北京中关村软件园看到络绎不绝的人群，几乎都耸耸肩说两句话，第一句是："这么多人！"第二句就是"那么多年轻人！"仔细品来，里面除了惊讶，更多的是羡慕。

当我们徜徉在慕尼黑等德国城市时，大街上的人流稀疏，并且老年人居多，这与国内熙熙攘攘的人群，成群结队的年轻人，形成了巨大的反差。在人口少、老龄化严重的德国，企业招不到人，企业里的员工很多是高龄职工，在这种情况下，不提高自动化程度、不提高智能化程度，还有别的办法吗？

综合生产成本不断攀升

众所周知，在德国，劳动力成本非常高，2016 年德国人均工资换成人民币是 32 万元 / 年，是中国的 5 倍、泰国的 10 倍。德国各种假期也非常多，造成了单位时间成本的居高不下，在价格上难以与中国产品竞争，随着中国产品质量的提升，这种困扰会越来越明显。

2018 年 2 月，德国冶金行业工会（IGMetall）赢得了一份"前所未有的协议"——允许满足条件的工人在某段时间内，将工时缩减到每周 28 小时，并且德国西南部工业区约 50 万名劳工将加薪 4.3%（最初工会要求涨薪 6%），同时每位员工将收到 100 欧元的奖金。在这次罢工结果的刺激和影响下，德国很多行业工会都向资方提出了类似的加薪、缩短工时的要求。按照这个趋势发展下去，"德国制造"的成本在进一步加高，产品竞争力也在进一步恶化中。

中小企业难成国际主角

据统计，德国约有 360 万家注册的中小企业，占德国企业总数的 99.7%，德国有 2100 万人在中小企业工作，占德国总就业人数的 79.6%。德国有很多优秀的中小企业是被称为"隐形冠军"，其产品行销世界，在很多细分领域中位居前三。但是，从另一角度来讲，这些中小企业参与国际竞争也是实属无奈。德国的国土面积在欧洲居第七位，不及两个广东省大，人口不及一个广东省多，国内市场狭小，这些小企业从创建之初就必须面对国际市场，就必须面对国际竞争。尽管这些企业产品非常精良，富有竞争力，但面对全球市场，因为规模小而显得力不从心，只能以"配角冠军"的身份出现和生存，成为国际主角的可能性微乎其微。

如何将这些优秀的中小企业联合起来，通过分散式生产，实现社会化合作，形成合力，共同参与全球竞争，这是德国政府所必须考虑的。

工业4.0，绝地反击利器

在讲述德国工业4.0战略之前，我们先看一下德国人对四次工业革命的代际划分，请见图2-2。

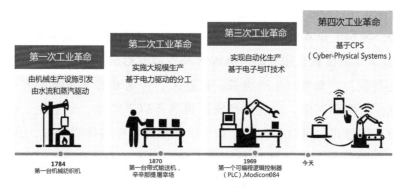

图2-2 工业革命的四个阶段

第一次工业革命是机械化革命，诞生于18世纪晚期，瓦特改良蒸汽机后，1784年问世的珍妮纺织机实现了生产的机械化，从而催生了车间、工厂这种新型生产组织模式，大量农民与手工业者成为产业工人，机械化革命成就了英国日不落帝国的传奇，也促使人类从农耕文明走向了工业文明。

第二次工业革命是电气化革命，标志事件是1870年，美国辛辛那提屠宰场的自动化生产线建成，企业能够大批量、流水线式生产，该时期以福特汽车为代表，工业进入了大批量的生产阶段。

第三次工业革命是信息化革命，是20世纪70年代开始的，核心技术就是PLC（可编程逻辑控制器）以及后来的互联网等信息化支撑下的自动化得到进一步发展。进入信息化革命后，人们可以从繁复的劳动中得到初步解放，从而将更多精力投入到创造性工作当中。从这以后，技术进步呈加速状态，新兴技术转化为产品的周期越来越短。

第四次工业革命就是现在进行中的工业4.0，通过赛博物理系统（Cyber-Physical Systems, CPS）实现物理世界在数字世界的精确映射，打造"数字孪生"，实现物理实体与数字虚体之间的互联、互通、互操作，最终将智能机器、存储系统和生产设施融入整个生产系统中，人、机、料等能够相互独立地自动交换信息、触发动作和自主控制，实现一种智能的、高效的、个性化的、自组织的生产与服务方式，推动制造业向智能化转型。

工业4.0是以分散式智能制造为方向的全新生产管理模式，是将来的一种发展趋势。德国工业4.0小组在《德国工业4.0战略计划实施建议》中这样描述："工业4.0将在制造领域的所有因素和资源间形成全新的社会—技术互动水平。它将使生产资源（生产设备、机器人、传送装置、仓储系统和生产设施）形成一个循环网络，这些生产资源将具有以下特性：自主性、可自我调节以应对不同形式、可自我配置、基于以往经验、配备传感设备、分散配置，同时，它们也包含相关的计划与管理系统。作为工业4.0的一个核心组成，智能工厂将渗透到公司间的价值网络中，并最终促使数字世界和现实的完美结合。"

在德国人的愿景中，工业4.0是一种基于自动化、数字化、网络化的智能化生产模式。工厂内，人、机、料自主协同，自组织、高效运转；工厂外，通过端到端集成、横向集成，实现价值链的共享、协作、效率、成本、质量、敏捷性都得到了质的飞跃。虽然处境很困难，但德国也并非没有机会。基于其成熟、雄厚的工业化基础，德国制造业还是很有机会的，完全可以扬长补短，突出重围。

下面从三个方面，分析德国制订工业 4.0 战略的基础。

扬长补短，战略领先

众所周知，德国具有雄厚的工业基础与全球领先的制造业，如机床、汽车等行业，占据绝对的领先优势。另外，在嵌入式计算机技术、工业软件等，均处于全球领导者的位置，这是德国实施工业 4.0 的技术基础。通过将嵌入式计算机技术、工业软件、自动化设备等这些德国的优势技术结合起来，形成以 CPS 为代表的工业 4.0 战略核心，帮助德国获得制造业的极大优势，引领全球制造业发展。

善于借鉴，CPS 出神入化

CPS 源于美国，在制造业应用却兴于德国。

2007 年 7 月，美国总统科学技术顾问委员会在《挑战下的领先——竞争世界中的信息技术研发》报告中列出了八大关键的信息技术，其中 CPS 位列首位。

美国人将 CPS 作为科学技术来进行研究，而德国人则把 CPS 拿来作为使能技术进行实用。工业 4.0 将 CPS 定位为核心技术（见图 2-3），既是技术发展的需要，也是德国基于自身优势建立起来的技术堡垒，CPS 对德国工业 4.0 战略来说，具有攻防兼备的功能。

事实上，根据国内知名智库——走向智能研究院的研究结论，CPS 不仅是德国工业 4.0 的关键使能技术，也是诸如美国的工业互联网、日本的工业价值链以及中国的智能制造等不同工业发展范式的"最大公约数"。没有 CPS，几乎就没有这一轮以智能为标识的新工业革命的产生。

发挥高素质劳动者的优势

一提起德国工人，大家马上会想到敬业、严谨、技术精湛，这些都是现代工业所必须要具备的基本素质。在产业工人素质方面，德国人在全球是首屈一指，其主要原因就是德国抓住了人才培养与使用的"两头"。

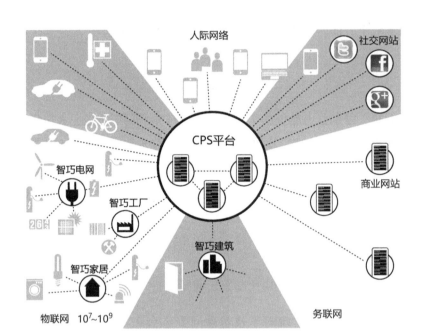

图 2-3　CPS 在工业 4.0 的位置（来源：德国工业 4.0 工作组）

首先，其独特的双元制在培养年轻的产业工人和工程师方面发挥了极其重要的作用。所谓双元制，就是让接受职业教育的学生，在学习过程中经过企业和学校双重培训，必须有 3~4 年学徒经历，确保学生专业性与技能性，这是一种实习和学习相结合的教育模式，非常有利于操作技能和工匠精神的传承。

在德国，熟练的技师与学术型人才一样重要，收入很高，在社会上也很受尊重，因此很多学生会选择职业教育的道路。双元制教育为德国制造业储备了大量的熟练产业工人和实践性强的工程师，造就了德国制造业竞争的人才优势。

其次，在人才的超龄使用方面也做到人尽其用。德国人力资源匮乏、老龄化严重，在其高度自动化设备的基础上，人的智力以知识的形式进入机器，形成强大的数字生产力，实现了数字化、网络化、智能化生产，由此而大大减少了体力劳动，对劳动者的反应敏捷度等方面要求也将大大降低。在这种工作环境中，体力将不再是问题，而知识积累、诀窍经验则显得更加重要。于是，这些老龄劳动者在数字生产力的协助下可继续工作，延长他们的职业生涯，他们丰富的工作经验与良好的敬业精神，将有助于提升产品创新、产品质量与市场竞争力。

成熟的社会化协作优势

通过 200 多年来的工业革命，德国形成了政府、企业、研究机构、高校等多层次成熟的协作体制及协作能力，这也是促进德国创新的重要动力。比如工业 4.0 战略的发起者之一弗劳恩霍夫协会，在德国有 69 个研究机构，约 24 500 名员工（截至 2017 年 5 月），2016 年预算约为 21 亿欧元，一年可为 3000 多企业客户完成约 10 000 项科研开发项目，为企业，特别是中、小企业开发新技术、新产品、新工艺，协助企业解决自身创新发展中的组织、管理问题。

德国具有成熟的社会化协作，这些被称为创新聚集带的合作模式，是指各相关类型企业、大学以及研究机构所组成的开放创新网络，根据各自优势在链条上的不同阶段工作。各方可以进行知识、信息的共享，既有消费者、供应商与企业之间纵向共享，也有在同一产业企业之间的横向共享。

这是将来德国实现"三项集成"，实现社会化生产，特别是端到端、横向集成的社会基础。虽然在全球竞争面前，德国具有老龄化、中小企业居多等不利因素，但德国可以通过技术手段的改造，将技术、人才、社会协作化等方面的竞争优势整合起来，转劣为优，形成自己的整体竞争优势。例如，德国绝大部分企业是家族型的中小企业，它们非常注重品牌与长期竞争力，在产品研发、质量保障方面投入非常大，企业具有很强的技术、质量与速度优势，很多是行业的隐形冠军，可称之为商海中的快艇。但由于这些企业规模不大，参与全球竞争方面会面临着心有余而力不足的尴尬。

德国人发现，在成熟的社会化分工、协作基础上，通过技术手段，这些缺点就可以基本被避免。可按照产品链或者生态圈的概念，通过纵向集成、端到端集成、横向集成的三种集成方式，将相关企业进一步紧密集成在一起，快艇连接成了航母，企业既具有高度的灵活性与创新能力，又保证了在国际上的竞争能力。通过个性化的、分散式的生产，就可与中国等新兴工业国家集中的、大规模生产的传统生产模式相抗衡，德国劣势将会变为优势。

重大新技术研究并不逊色

德国几十年来一直是欧洲经济发展的引擎,属于高科技研发领先国家。

中国驻德国大使馆经济商务参赞处的统计报告显示,汽车、机械制造、电子电气和化工是德国的四大支柱产业。近年来,德国在可再生资源、纳米技术、生物技术和环保技术等高科技领域也取得了突飞猛进的发展:在风电和光伏太阳能领域,德国不论在产量还是在技术水平上,都处于国际领先水平;在无公害食品行业,废弃物处理和再循环,土地、大气和水污染治理等环保技术方面德国优势较大,每年环保专利技术登记,德国公司稳居世界头名;纳米技术居世界领先地位,特别是在研究水平方面,其论文和专利数量与美、日处于同一层次;在航空复合碳纤维轻质材料、航空发动机、大型运载火箭和地球遥感等方面的研发具有一定优势;在新材料研发方面处于国际先进行列,与新材料研发相关度较高的研发密集性产品占了世界市场份额的18%。

除此之外,德国SAP、西门子等工业软件占据了全球工业软件的较大的份额,是工业 4.0 的推手之一。在当今几个热点技术面前,如 CPS、物联网、云计算、大数据、人工智能、机器人、增材制造等,德国的研究与应用也并不逊色。

高新技术研发是德国经济发展不可分割的一部分。德国是许多国际知名科研机构的中心,例如戈特弗里德·威廉·莱布尼兹科学会、弗劳恩霍夫协会和马克斯·普朗克学会等组织,都是德国科研的中坚力量。通过持续的努力,德国完全有可能抓住这些重大技术机遇,从而引领世界。

基于以上分析,无论是德国的传统优势领域,还是当前略呈劣势的方面,乃至将来发展的重大新技术面前,只要制定科学、合理的战略,德国就完全有能力突出重围,从而"确保德国制造业的未来"。

三项集成,各有侧重

在工业 4.0 中,最具技术含量和看点的是三项集成。三项集成,各有侧重,既发挥了德国自身领先的工业化优势,又借助数字化、网络化的助力彼此很好地构织在一起，打造了德国工业 4.0 的稳定而厚重的"金刚之身"，如图 2-4 所示。

图 2-4　工业 4.0 的三项集成

纵向集成

智巧工厂（Smart Factory）是工业 4.0 的基本组成。

纵向集成的全称为"纵向集成和网络化制造系统"，其实质是"将各种不同层面的 IT 系统集成在一起（例如，执行器与传感器、控制、生产管理、制造和执行及企业计划等不同层面）"（摘自《德国工业 4.0 战略计划实施建议》），也就是说将企业内不同的 IT 系统、生产设施（以数控机床、机器人等数字化生产设备为主）进行全面的集成，目的是建立一个高度集成化的系统，为将来智巧工厂中数字化、网络化、智能化、个性化制造提供支撑，其范围远超过信息化系统之间的集成。有些人将纵向集成理解成了 ERP、MES 等信息化系统之间的集成，这是不全面的，如图 2-5 所示。

从图 2-5 上看，该图可理解为由三部分组成：

左上角，在云丛之中有三个服务器，表示信息化系统以及信息化系统之间的集成关系，并说明将来这些系统有可能部署在云端，这点大家都能看出来。但在这个图的中央，用更大的篇幅展现了各种现场生产设备，并且用显眼的 Wifi 符号表明了这些设备是具有网络通信功能的数字化设备。在图的右侧是一个计算机，表明这是信息化系统，而计算机内的设备之间用虚线连接起来，明确地告诉我们，这些设备之间具有通信，甚至是采集、分析、决策、执行等功能，是一种网络化制造系统。

图 2-5　纵向集成和网络化制造系统（来源：德国工业 4.0 工作组）

因此，纵向集成可理解为三个层面：

- 企业内部 ERP/PLM/MES/SCADA 等信息化系统的深入应用及系统之间的深度集成；
- 通过设备联网，将各种数字化设备建成集中管控的设备网络化管理系统；
- 信息化系统与设备层之间，具有指令下发、状态反馈、动态调整等功能，体现信息技术与物理设备之间的深度集成。

另外值得指出的是，图中车间内的物理实体内容，与计算机屏幕上的数字虚体内容，构成了数字孪生，彼此之间是精确映射的。

端到端集成

端到端的集成是指"通过产品全生命周期（价值链）和为客户需求而协作的不同公司，使现实世界与数字世界完成整合"（摘自《德国工业 4.0 战略计划实施建议》）。也就是说，通过产品的研发、生产、服务等产品全生命周期内的一系列工程活动来实现全价值链上所有终端/用户的集成。典型的例子是汽车、手机厂商围绕产品的企业间的集成与合作。图 2-6 是端到端的集成示意图，右边的链式箭头表示产品全生命周期（价值链），中间表示的是数字化产品、流程、设备和工厂以及所有参与者。

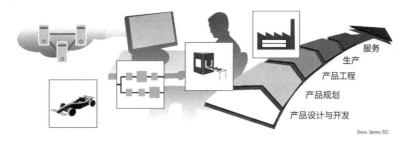

图 2-6　端到端的集成（来源：德国工业 4.0 工作组）

横向集成

横向集成是指"将各种使用不同制造阶段和商业计划的 IT 系统集成在一起，这其中既包括一个公司内部的材料、能源和信息的配置，也包括不同公司间的配置（价值网络）"（摘自《德国工业 4.0 战略计划实施建议》）。也就是以价值网络为主线，实现不同企业间的三流合一（物流、能源流、信息流），实现一种社会化、生态化的协同生产，例如航母的生产与配套，见图 2-7。

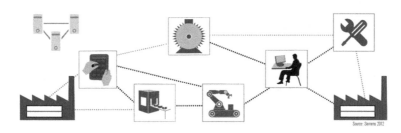

图 2-7　横向集成（来源：德国工业 4.0 工作组）

三项集成的概念梳理

经常看到有些文章中说，工业 4.0 有三项集成：纵向、横向和端到端，说起来朗朗上口，但实质上出现了顺序不对的问题。"纵向、端到端、横向"集成的顺序不能错，正反两个方向说都可以，德国人倾向用"横向、端到端、纵向"，由大到小的顺序，这与工业 4.0 白皮书是个规划性的文件，概念先大再小有关。

中国人喜欢说成"纵向、端到端、横向",是由小到大,由简单到复杂的顺序,符合我们循序渐进的传统思想。但如果将"端到端"放到最前或者最后,从严格意义上来说是有问题的。

简单地讲,纵向集成是一个企业内部的集成,包括企业内部信息化系统之间、信息化系统与生产设备之间的集成,是点的概念,是其他两个集成的基础;端到端是围绕产品生命周期企业间的集成,是产品价值链的集成,是线(或叫链)的概念;横向集成是以价值网络为主线,不同企业间之间的集成,是社会化合作的重要基础,是生态圈的概念。

德国工业 4.0 战略希望通过以上三个集成,全面打通企业内部(信息化系统及生产设备)、企业之间、社会化的集成、协同,实现敏捷、高效、智能化、个性化、社会化的生产及服务。

顶层设计,三维展现

为了实现工业 4.0,德国电工电子与信息技术标准化委员会(DKE)给出了工业 4.0 组件参考架构模型(RAMI 4.0),这是一个深度聚焦于制造过程和价值链的生命周期、基于高度模型化的理念而构建的三维架构体系,如图 2-8 所示。

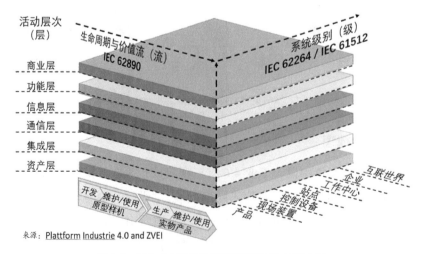

图 2-8　工业 4.0 组件参考架构模型(RAMI 4.0)

对于复杂系统的参考模型架构，一般都选择三维模型。这是因为二维模型不足以表达复杂对象，而大于三维的模型（例如四维）又难以用直观的图形表达。因此，德国 RAMI 4.0、工业互联网 IIRA、日本 IVRA 以及中国工程院的智能制造总体架构等都是三维模型，因为对此等复杂的系统进行描述，除了三维别无选择。

三维架构，组件搭建

RAMI 4.0 通过三个维度——垂直维"层"（Layer）、左水平维"流"（Stream）、右水平维"级"（Hierarchy Level），构建并连接了工业 4.0 最重要的元素"工业 4.0 组件"，该组件是一个描述 CPS 详细特性的基本单元模型。基于这个三维架构，可以对工业 4.0 技术进行系统的分类、细化与构建。任何级别的企业，都可以在这个三维架构中找到自己的业务位置——一个或多个可以被区分的管理区块（若干工业 4.0 组件的集合）。

从术语翻译来看，对于左水平维"流"（Stream）的翻译，一般无异议。对于右水平维"级"（Hierarchy Level）的翻译，大部分人采取了直译为"层次结构"或"层次"，不易区别于垂直维"层"（Layer）的翻译。其实，如果仔细看右水平维上所描述的具体内容，就知道"Hierarchy Level"在此处意译为"级"比较合适，表示系统集成和控制的级别，符合该维度国际标准 IEC 62264（用于企业 IT 和控制系统的国际标准系列）的规定，而垂直维"层"（Layer）则规范了企业管理的内涵与层次。

认识这个三维架构，从三个角度出发，就很容易理解整个工业 4.0 体系。例如上图中的这个三维多层的立体结构，通常可以理解为是一个企业的"智巧工厂"。

在 RAMI 4.0 的指导下，企业可以将物理资产/物件（Thing）逐步建设成为"工业 4.0 组件"，即某个系统级别的 CPS，而每个 CPS 都至少是一个自治的智巧单元。CPS 是一种在工作场景中的真实物理实体，通过与其数字虚体和过程进行联网通信所形成的具备智巧能力的系统。在研发与生产环境中，从生产系统、机械装备到装备中的各类具体模块，只要具备了上述智巧特性，不管是硬件基本单元还是软件基本单元，都可以认为具备和符合了工业 4.0 要求的能力。

多个工业 4.0 组件可以搭建成更大尺度的"管理区块"，也即更大尺度（或更高系统级别）的 CPS。如果这种搭建达到了一个企业的规模，就构成了工业 4.0 的最小单元——智巧工厂。一个智巧工厂，必定是一个复杂系统，同时也是一个"系统的系统"级别的 CPS。

生命周期，两大阶段

左水平维（流）生命周期遵从 IEC62890 标准，主要描述了工业过程测量控制和自动化系统和产品生命周期管理。在价值流的维度上，生命周期被分成了"原型"（Type）和"实物"（Instance）两大阶段，分别是"开发→维护/使用"和"生产→维护/使用"。

对生命周期两大阶段的划定，很好地解决了在企业划分研发与生产的两大阶段，所有在研发阶段进行的概念设计、详细设计、样件/样机制作过程，都可以归类在"原型"阶段，即对产品定型前的所有的"结果"或交付物，无论是纸质文档/计算机文件、油泥模型/数学模型/数字模型/物理样机等，都需要边维护边使用；而与生产有关的都可以归类在"实物"阶段，往往是在产品定型/图纸发放之后，可以开始对产品的批量生产，此时对于生产过程中的所有纸质文档/计算机文件、数字模型/物理样机等，仍然需要有各种维护与使用。

系统级别，由简到繁

右水平维（级）遵从 IEC 62264 和 IEC 61512 标准，主要描述了企业控制系统集成和批量控制。

在系统级别维度上，以"产品、现场装置、控制设备、站点、工作中心、企业、互联世界"对系统的级别进行了划分，这种划分与国内企业经常使用的术语有所不同。"产品"是一个泛称，在 RAMI 4.0 中，所有定义的产品都应该是智巧的。理论上，自"产品"往右水平排列的词汇都可以被认为是一种产品或者系统，但是该系统的在整个智巧工厂中所处的级别或尺度是不一样的。现场装置一般被认为是一个组件或部件，控制设备可以认为是一台完整的机器，站点是多台设备组成的机器群组（可以等同于生产线），工作中心则是多个机器群组组成的集群（可以认为是车间），企业可以认为是一个智巧工厂，"互联世界"可以认为是企业之间的联接。

"互联世界"，这是一个对较大范围联接的统称。凡是超越了企业边界的联接，都可以认为属于互联世界。需要说明的是，从产品、现场设备到工作中心等企业边界之内的联接，均属于智巧工厂内部的"纵向集成"。而超越企业边界的联接，如果是沿着生命周期价值流实现的同行企业联接，属于"端到端集成"，如果是非同行企业之间形成的业务生态系统联接，则属于"横向集成"了。

业务层级，数物映射

对垂直维"层"的认识，是 RAMI 4.0 中的难点，很多新概念就包含其中，特别是"管理壳"概念的出现，给对 RAMI 4.0 的认识带来了一定的难度。

工业 4.0（包括美国工业互联网、日本工业价值链）的发展战略，从技术上看都是实现各种物理资产"Thing"（物件）的互联，即以物联网（IoT）为基础来实现工业的转型升级。那么，该怎么联接这些原本毫不相干的"Thing"（物件）？即如何让一个物理资产（如机器、零件、设备、产线、人等），成为一个可以在数字世界（如软件）中定义、表达、识别、交换数据的"新型资产"？此时，RAMI 4.0 中垂直维的"层"就发挥了至关重要的作用。具体做法是"自底向上，分层定义，赋能使能，数物映射"，让一个不具备通信能力和软件定义的物理资产，按照垂直维上层的次序，一层层加强对物理资产的命名、编码、划分、管理和控制，经过逐步映射，让其演变为"工业 4.0 组件"（即 CPS），如表 2-1 所示。

表 2-1 从物件到工业 4.0 组件的"数物映射"

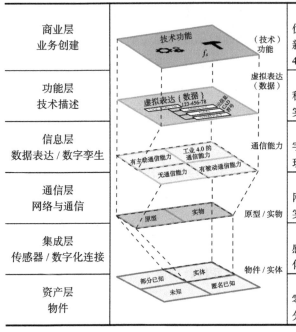

层次	说明
商业层 业务创建	基于工业 4.0 组件来开发业务流程，优化与调配制造资源，构建商业应用或新的商业模式，打造企业自己的工业 4.0 系统，落地智能制造
功能层 技术描述	清晰定义设备功能，提供平台化的远程功能调用、数据使用和互操作环境，实现知识泛在
信息层 数据表达/数字孪生	以数据建模来实现物件虚拟表达或数字孪生，对数据进行分析决策，最终实现数据泛在
通信层 网络与通信	网联一切可以联接的事物，构建通信网络，遵守通信协议，提供数据传输，实现网络泛在
集成层 传感器/数字化连接	数字化一切可以数字化的事物，用传感器连接物理世界，把各类物理信息转化为数据
资产层 物件	编码一切可以编码的事物，如机器、零部件、人、文档等。实现物理资产的分类与编码

在实现了表 2-1 所述的每一个层次中的步骤之后，一个映射、融合了物理实体与数字虚体的"工业 4.0 组件"就闪耀登场了。不同的工业 4.0 组件，可以构成不同的管理区块，组成各类功能与应用，最终以工业 4.0 应用的最小单元——智巧工厂的形式来落地工业 4.0。

精准布局，优先行动

德国将工业 4.0 作为《高技术战略 2020》中十大未来项目之一，工业 4.0 已经上升为德国的国家战略。

工业 4.0 战略的目标、手段及方法

战略原本是一个军事术语，是指对一个企业或组织在一定时期的、全局的、长远的发展方向、目标、任务和政策，以及对资源调配做出的决策和管理。自美国马克斯维尔·泰勒将军提出军事战略的三大构成要素是目标、手段、方法之

后，这三要素已经被大众所接受，分析战略也必然要从这三个方面展开。通过研究、分析德国工业 4.0 的相关资料后，作者认为，德国工业 4.0 的这三个战略要素非常清晰。简单地讲，工业 4.0 的战略目标就是"确保德国制造业的未来"。

工业 4.0 参考架构模型（RAMI 4.0）中不同视角的示例如图 2-9 所示。

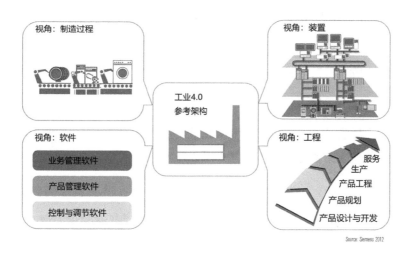

图 2-9　RAMI 4.0 中不同视角的示例（来源：德国工业 4.0 工作组）

工业 4.0 战略的手段就是一个核心——CPS（赛博物理系统）。通过信息化系统与智能机器、存储系统和生产设施，将虚实两世界融合起来，在两个主题（智巧工厂与智巧生产）进行重点研究与应用，实现企业内部的"智能化的生产系统及过程，以及网络分布式生产设施的实现"。通过三项集成（纵向集成、端到端集成、横向集成），实现企业内、企业间、生态圈的集成，从而达到自动化、数字化、网络化、智能化、个性化、社会化的生产与服务模式。

工业 4.0 战略的方法，就是通过以上技术手段、理念与标准在全球的推广，实现德国"双领先策略"，最终完成"确保德国制造业的未来"的战略目标。

第一个领先是"领先的供应商策略"，强调德国装备制造供应商要通过技术创新和集成，不断提供世界领先的技术解决方案，并借此成为"工业 4.0"产品的全球领先的开发商、供应商。

第二个领先是"领先的市场策略",强调将德国国内制造业作为主导市场加以培育,率先在德国制造企业加快推行"工业4.0"与实施CPS赛博物理系统,进一步壮大德国制造业。也就是说,用工业4.0的理念、技术手段等将德国企业武装起来,提升其生产效率与竞争力,确保在全球竞争中占据主动地位。

为确保整个战略的主动,德国在自己优势领域设置了两个制高点,也即"工业4.0"的两大主题:

一是"智巧工厂",重点研究智能化生产系统及过程,以及网络化分布式生产设施的实现;

二是"智巧生产",主要涉及整个企业的生产物流管理、人机互动以及3D技术在工业生产过程中的应用等。其中可以认为包含了智能物流与智能服务。

无论是CPS技术、生产设施等方面,德国都具有得天独厚的优势。至此,从战略的角度,我们可以很清晰地勾勒出德国工业4.0战略的目标、手段与方法,可以用一支"利箭"来呈现出来:德国工业4.0战略,是以CPS为核心与主线(与中国制造2025中"以两化深度融合为主线"完全一致),以两个领先策略为突破口,以智巧工厂、智巧生产为两个制高点,以三个集成为强劲的后翼,最终目标是"确保德国制造业的未来"。请见图2-10。

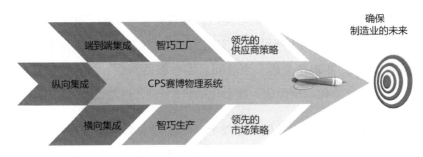

图2-10 德国工业4.0"利箭"战略布局图

工业4.0的八项优先行动计划

战略决定战术,战术服务战略。德国工业4.0在战略层面设计好后,又制订了八项详细的优先行动计划，从战术上确保战略的落地。

1）标准化和参考架构模型：工业 4.0 的一大表现形式就是"通过价值网络使企业之间联网和集成"（摘自《德国工业 4.0 战略计划实施建议》，下同），在合作机制与信息交换方面进行标准化，并设计出科学的参考架构模型 RAMI 4.0，从而将这些数量巨大、行业不同、基础不同、需求不同的企业进行联接与集成。这将是一项非常庞大而艰巨的工作，也是事关工业 4.0 能否真正落地的基础与前提，工业 4.0 工作组将本项任务放到了首位。

2）管理复杂系统：由于功能的增加、产品用户特定需求增加、交付要求频繁变化、不同技术学科和组织日益融合，以及不同的公司之间合作形式迅速变化的结果，产品以及与其相关的制造系统变得越来越复杂。如何通过建模等技术手段来"管理这一日益复杂的系统"，特别是让企业中的工人，甚至是老龄工人使用与管理这些复杂系统，的确具有很大的挑战性。

3）为工业建立全面宽带的基础设施：由于工业 4.0 时代是在 CPS 理念基础上构建的全新生产与服务模式，对网络传输速度、容量、质量提出了更高的要求。工业 4.0 的核心需求是提升现有通信网络，以提供保证延迟时间、可靠性、服务质量和通用带宽。需要在德国、德国的制造伙伴国家之间大规模地扩大宽带互联网基础设施建设。

4）安全和保障：对于制造设备和它们制造的产品来说，安全和保密是关键。一方面，它们不应对人或环境（安全）构成危险；另一方面，生产设备和产品，尤其是数据和它们所包含的知识，需要加以保护，以防止误操作和未经授权的访问（安全）。产品安全、人身安全以及系统的安全与保密等，都是工业 4.0 要考虑的重点。

5）工作的组织和设计：工业 4.0 将重构企业的生产模式、组织管理模式、商业模式，如何设计这些新的模式，如何保证员工更好地使用这些新技术、适应新的生产与组织模式，并"确保人们的工作是愉快、安全与公平的。"这些都需要进行周密的规划、设计与在应用过程中的动态调整。

6）培训和持续的职业发展：工业 4.0 是"以劳动员工为本的社会技术工厂和劳动力体系。"由于新技术、新模式的转变，如何培养满足工业 4.0 要求的高素质劳动者，如何让现有员工能适应新的发展要求并有持续的职业发展，这对学校与企业都是很大挑战。

7）规章制度："新技术和商业模式事实上产生的影响和变革效应足够大，使得沿袭固有规章制度几乎不可能。"为了确保工业 4.0 的顺利推进，"需要做两件事情来协调现有法规和新技术：以促进创新的方式制定标准来确保新技术符合法律和监管框架的发展；在工业 4.0 的环境下，通过共同的法律合约可能实现这一目标。"

8）资源利用效率：工业 4.0 除了在高质、高效生产与服务等方面发展外，还需要在绿色、环境友好、可持续性发展方面继续努力。制造业作为原材料、能源、人力等生产资源主要的消耗与使用领域，应该在资源优化、提升资源利用率等方面进行提升。

通过以上对工业 4.0 战略及战术剖析，我们可以很清晰地得出工业 4.0 的一个核心、两个主题、三项集成、两个领先策略、八项优先行动计划，这些都是德国人为了规避中国这种集中生产、大规模生产、大批量生产的生产模式（相对于德国），向分散式、高度敏捷、个性化的智巧生产模式的转变，是基于德国国情、扬长补短、克"敌"制胜的策略，目的就是"确保德国制造业的未来"。

中小企业，转型升级立潮头

工业 4.0 在全球掀起了一股热潮，但德国的企业，特别是中小企业在工业 4.0 方面又开展了哪些工作，进展到什么状况了呢？

2015 年 10 月，德国机械设备制造业联合会发布的一份研究表明，德国 90% 的企业认同"工业 4.0"的积极意义，其中，57.2% 的企业已经行动起来，另有三分之一的企业了解工业 4.0，只有 9% 的企业表示不太清楚该概念。

为实地深入了解德国工业 4.0 的推广应用情况,作者于 2016 年两次带团前往德国进行考察,发现德国中小企业对推进工业 4.0 非常积极,并且已经取得了一些成绩。

认知深刻,积极响应

下面与大家分享一下两家德国软件公司的案例。第一家是位于慕尼黑的 FAUSER 公司。这是一家典型的家族企业,以创始人名字命名,公司成立于 1994 年,一直专注于 APS(高级排产系统)软件的研发。APS 是工业 4.0 的核心技术之一,因为只有实现生产计划的科学、高效、智能化,才能确保生产过程中的高效与智能化。FAUSER 公司也是一家典型的隐形冠军,其产品被美国洛克希德·马丁、英国宇航系统,以及空中客车公司、宝马汽车等数以千计的企业广泛使用。

FAUSER 公司创始人兼董事长 Michael Fauser 先生是制造信息化领域的资深专家,有着丰富的行业经验与敏锐的市场眼光。Michael 先生认为,工业 4.0 是德国国家战略,德国企业对工业 4.0 的热情及认知度很高,工业 4.0 的出现及推广对制造业及相关供应商都是极好的发展机遇。Michael 先生还强调指出,现在德国大的供应商,如西门子等都已经形成了自己的工业 4.0 解决方案,德国其他中小软硬件供应商,也都在积极地探讨、研发工业 4.0 相关的产品。

Raphael Ludwigs 先生是该公司国际合作部总监,非常喜欢新鲜事物,还是个"BMW 控"。在展示完他新 BMW 各种新奇的智能化功能后,他说:"工业 4.0 利用先进的计算机、网络、控制、制造等技术,将实现智能化装备、智能化生产、智能化产品及智能化服务,对将来的生产与生活都有非常大的价值。"

Michael 和 Raphael 分别代表了资深专家与年轻人,从不同视角对工业 4.0 的认识,应该还是比较深刻的。

第二家是位于亚琛的德国 KISTERS 公司。其产品是一款性能卓越的 3D 可视化系统,无须任何转换,可直接浏览 CATIA、NX、Pro/E、SolidWorks 等主流

CAD 文件，这正是工业 4.0 的三项集成所必备的，可以帮助企业以产品模型为载体，实现企业内、企业间的设计、工艺、生产、销售、售后等不同人员之间协同化的智能制造模式。

Germar Nikol 先生是 KISTERS 公司市场总监，对工业 4.0 也是如数家珍。他认为工业 4.0 重在协作，企业内、企业间的相关人员，比如研发、工艺、生产工人、检验员、售后及市场人员等，都需要进行信息的共享。随着 3D 模型的数据增多，要充分发挥 3D 模型这种工业大数据的优势，数据流动产生价值，数据共享产生价值，一定要贯通企业内上下游的信息集成，并要实现企业间不同系统、不同数据源之间的集成，而它们的 3DViewStation 软件就是为工业 4.0 的三项集成量身打造的可视化系统。

可以说 Germar Nikol 先生对工业 4.0 及其产品在工业 4.0 中位置的看法也是很到位的。

定向扶持，政府助力

工业 4.0 作为十大未来项目之一，德国政府计划投入 2 亿欧元，带动更多企业投入，形成政府政策推动，企业效益驱动的多渠道投资计划，推动工业 4.0 的快速发展。据德国研究咨询公司 Experton 集团预测，到 2020 年德国各行业将为工业 4.0 仅是在信息通信技术领域投入就高达 109 亿欧元。

为推动中小企业加入工业 4.0 行动，德国政府配套成立了"中小企业 4.0"、"职业培训 4.0"等计划，为中小企业提供各种政策和技术支持，并为工业 4.0 培训和储备专业人才。

2016 年 11 月，再次访问 FAUSER 公司时，汉诺威中小企业 4.0—卓越中心首席技术官 Karl Doreth 为 FAUSER 公司全球合作伙伴做了一次精彩报告。Karl Doreth 先生说，他们已经在汉诺威、多特蒙德、柏林、斯图加特、汉堡等 10 个城市成立中小企业 4.0 竞争力中心，主要聚焦在硬件/软件、IT 安全、大数据、增材制造、物流、生产、法律、工作效率、能源效率等方面进行研究，并在需求信息、技术实现、项目实施以及资格认证等方面为中小企业提供帮助。

据了解，FAUSER 公司在 2015 年还获德国政府数百万元的专项资助，计划用 2 年时间，与大学、企业一起共同承担工业 4.0 中排产算法的优化，将研究一人多机、一机多工作台等这类复杂情况的排产优化算法，在设备利用率、生产周期优化方面帮助企业寻找最佳解决方案。

从 FAUSER 公司获得政府专项资助来看，德国政府对企业，特别是对领先的科技型公司支持力度还是很大的，资助目标也很明确、很务实。

潜心耕耘，收获颇丰

"去年市场怎么样？"作者问 Michael Fauser 先生。他兴奋地说，随着新版本的推出，FASUER 公司去年业绩增长了 30%，美国市场翻了一番。"很不错！"他耸耸肩自豪地说。

在谈及工业 4.0 对市场的影响时，Michael 先生说，工业 4.0 不仅对制造企业有很大的提升作用，对我们这些软件供应商也具有非常大的促进作用，也是个 Big Markting（大营销战略）。

"去年市场怎么样？"作者将同样的问题抛给了 KISTERS 公司市场总监 Germar 先生，他故作神秘地伸出了 3 个指头，"也是 30%？"德国公司效益都不错啊。"不，是 3 倍！"，"3 倍？！"作者不禁惊叹道。Germar 自豪地点点头，"是的，是 3 倍！"他随即掏出了手机，打开了他公司的软件，一眨眼，一款新奥迪车就出现在屏幕上，手指滑动几下，缩放、旋转、剖切、测量以及各种技术注释信息，尽在瞬间呈现。

Germar 自豪地说："看见了吗？这个客户以前用的是某国际著名公司的 PLM 和 CAD，但用它们的系统打开整个车很慢，影响正常工作，用 3DViewStation 就非常流畅、高效，一个项目就拿到了百万欧元的合同，工业 4.0 中三项集成中，我们的商业机会非常大！"不愧是市场总监，技术、销售两方面的知识穿插着给我们讲，听得让人振奋。

现在，很多德国公司的工业软件等产品已经在引领着市场发展，占据着市场主导地位，从这个角度上来讲，FAUSER 公司与 KISTERS 公司这类方案供应商就是德国"领先的供应商策略"的直接受益者，从近几年业绩增长上就得了印证。

积微成著，国力大增

近几年，通过实施工业 4.0 战略以及其他相关措施，在全球制造业低迷的大环境下，德国制造业表现可谓优秀。

德国制造业占 GDP 比重保持强劲。据德国联邦统计局的数据显示，2015 年德国制造业占 GDP 比重为 26%，在发达国家中最高，日本、美国、英国、法国对应的数据分别为 19.5%、13%、12%、11%。

德国商品净出口比重创历史新高。德国制造业净出口占 GDP 比重，由 2009 年的 5.6% 上升到 2015 年的 8.0%，增长明显。

德国傲居世界第一大机械设备出口首位。在全球机械设备产品出口额中，德国在 2012 年为 16.1%，居世界第一位。2013 年机械设备出口额达 1490 亿欧元，约占世界总额的 15.9%。在机械设备 32 个产品领域中，德国产品 16 个领域占据世界第一，5 个领域世界第二。

德国全球制造业竞争力指数进入世界前三。在德勤与美国竞争力委员会发布的《全球制造业竞争力指数》中，德国从 2010 年第八位上升到 2013 年第二位。

由于工业 4.0 战略等理念的推动，德国企业制造业回流迹象明显。据普华永道思略特德国公司的市场调研表明，在计划对数字化工厂追加投资的受访者中，93% 的受访者表示在未来五年内将部分或全部的数字化工厂迁至德国，数字化正在强化欧洲工业中心的竞争力。

以上数据表明，以工业 4.0 战略为主导的一系列战略与措施，已经对德国制造业起到了明显的促进作用，德国制造业重新焕发了生机与活力。

对工业 4.0 的四个认知误区

很多中国制造企业对工业 4.0 也非常重视，并着手推进相关工作，但在此过程中，有些企业还存在一些认知误区。

重"硬"轻"软"

与国内一些专家和企业交流时，作者发现普遍存在重"硬"轻"软"的现象。很多人不远万里去德国机床展或者去德国企业参观学习，回来后谈论最多的是德国企业的生产设备多么先进，机器人多么普及。一说到"2.0 补课、3.0 普及、4.0 示范"，更多的是聚焦在自动化设备的补课与普及，最典型的就是"机器换人"行动。

上述表现都是典型的重"硬"轻"软"。此处的"软"，首先是指工业软件。

信息化百人会执委安筱鹏博士指出："（企业）有两种自动化，看得见的自动化是生产装备的自动化，比如采用智能机器人和数控设备的自动化生产线，而看不见的自动化是数据流动的自动化，实现数据在企业内部的流动，使得隐形数据显性化，这是企业创新进入高级阶段的必然路径。"

工业软件就是典型的"不容易看见"的关键生产要素，是制造企业进行智能制造非常重要的使能工具。作者认为，工业软件是一门集工业知识与"Know-how"大成于一身的专业学问——集成了数百年以来人类最优秀的工业知识和技术积累，并且有千千万万的开发者在不断优化这些数字化知识，任何个体所拥有的知识都无法与其抗衡。

工业软件是工业装备中的软装备，是装备的神经脉络和灵魂，没有软装备的支撑，既不可能开发出高端装备，也不能保证高端装备的正常运行，当然也就没有智能制造、工业 4.0、工业互联网等新的工业发展范式。可以说，假如抽掉软件，所有的高端装备都会变成一堆废铜烂铁。

根据作者多年的观察和思考，软件并非只有软的特性，而是软硬兼备，实力不凡，卓尔超群。作者对软件给出了以下"五器"的评价与定位，以期恰如其分地反映软件的巨大作用：

- ▶ 软件是替代器，替代了过去的机械零件、机电零件、电子元器件，甚至是人和企业等系统要素，由此而产生高柔性、高效率。

- ▶ 软件是连接器，通过自动有序的数据流动，把不同零部件、不同系统要素连接、集成在一起，由此而产生新产品、新系统。

- ▶ 软件是赋能器，可以让原有事物的逻辑变得更加清晰有效，让不易实现、不可实现的事物变得可以实现，由此而产生新动力。

- ▶ 软件是映射器，把物理世界的事物尽量以数字化形式予以精确映射，模拟其形其态、其变化与运动规律，由此而产生新认知。

- ▶ 软件是创新器，可以在数字虚体空间赋予人类无限想象力，激发人们创造出自然界原本并不存在的事物，由此而产生新创意、新事物。

另外，重"硬"轻"软"的"软"还指企业在企业战略、企业管理、企业文化等软实力方面的建设。

我们必须深刻地认识到，德、美等发达工业国家已经走完了工业 2.0、3.0 的历程，它们两百多年工业文明所沉淀下来的软实力，如严谨态度、敬业精神、团队合作、科学管理、成熟的社会化协作等，是我们所不具备的，是我们必须要"补上"和"普及"的课程。

由于看得见的自动化，相对来说易见、易学、易购、易建，不用过多强调也能引起企业的重视，而以工业软件为代表的看不见的数据流动自动化，以及更深层次的研发技术、生产工艺、业务流程、人员素质、企业管理、企业文化等，往往容易被企业所忽视。这些方面不是通过购买就能快速复制，需要企业长期的积累，这是一个可以压缩但不可跨越的过程，对企业的价值而言，"软实力"要远远大于"硬实力"，这是企业的核心竞争力所在。

忽视框架体系

没有规矩，不成方圆。没有章法，不齐书画。没有架构，不立高楼。但很多企业在实施智能制造时，却常常忽视框架问题，喜欢自己闭门造车，容易走冤枉路。

通过"取势篇"的阐述，我们应该特别注意到，德、美、日三国在规划本国新工业革命发展战略的同时，也随即开始了对与其相关的标准和规范的研究，尤其是"参考架构模型"的研究，因为"参考架构模型"标准就是建设智能制造的框架体系。本书在第二章第二节中，专门介绍德国 RAMI 4.0。在本小节，作者将进一步说明参考模型的重要作用。

参考模型的特征和作用

参考模型的特征是：

- 提供对所关注问题达成共识、一致、通用的模型；
- 可以用与具体实现和应用无关的抽象方式进行描述；
- 促进不同企业、部门之间的相互理解和沟通。

参考模型的作用是：

- 对智能制造概念及范围进行统一定义和描述；
- 对现有标准在智能制造中进行定位和分析，并梳理未来智能制造的标准化需求；
- 建立针对智能制造涉及的不同技术验证平台（测试床），推进新技术试验验证和标准制定；
- 建立不同领域、不同生命周期阶段、不同技术的应用案例，指导智能制造在企业中的应用和实现。

参考模型的选择

目前能看到的与智能制造有关的国际标准有德国工业4.0、美国智能制造生态系统、中国智能制造系统架构、法国国家制造创新网络、日本工业价值链计划等。机械工业仪器仪表综合技术经济研究所副总工程师王春喜博士在分析了现有的11个相关国际标准后撰文指出，智能制造参考模型最为复杂，多为三维结构（在7个智能制造参考模型中有6个是三维结构），而物联网参考模型相对简单，多为二维结构（4个物联网模型都是二维结构）。作者学习和分析了多个参考架构后的体会是，对于智能制造这样典型的复杂系统设计与规划，不使用三维架构是难以描述清楚其中的组件关系的。这大概是大多数参考模型都采用了三维架构的原因。

在6个三维架构的智能制造参考模型中，又以德国的"工业4.0参考架构模型（RAMI 4.0）"对工业4.0组件的定义最为完整，对CPS的描述最为清晰，也比较贴近和契合中国制造业的情况。因此，作者在本书中对RAMI 4.0给予了较多的介绍，也希望能够用RAMI 4.0的思路来指导中国智能制造规划的落地。

参考模型有利于规划与实施

遵守和建立参考模型，不是浪费时间，不是多此一举，而是磨刀不误砍柴工。

例如第六章将重点讨论CPS技术，无论是德国的"工业4.0组件（等同于CPS）"，还是与其比较类似日本的"智能制造单元"，从前面的介绍中，读者不难看出，二者的做法都是通过严格的参考模型和框架的定义，给出基本的、可以事先定义和构建的"预制板"，然后去搭建各种基本的智能制造应用，如智能产线、智能车间、智能工厂等。前面建立或理解参考模型的工作做到位了，那么后期的任务分解与重构就会比较顺利，返工的现象就会很少或没有。

做智能制造的顶层规划可以有多样的方式。但只有遵循参考模型来规划、通过标准化的方式来构建，才能在整个万物互联的世界中，各个系统组件之间实现彼此无缝集成。尽管企业可以忽略标准、闭门造车，自己根据自己的理解和所熟悉的套路来做智能制造，在某些局部或许可以成功上线运行，但是，当企业准备扩大应用时，准备做产业生态时，准备走出去与国际标准接轨时，都立即会遇到顶层设计是否合理、关键技术是否能对接、数据接口是否需要转换等问题。而从一开始就按照业已成熟的、业界兼容的参考模型标准去做智能制造，会让智能制造的路走得更顺、更远。

盲目照搬理念

德国工业4.0虽然理念非常好，但一定切忌照搬，因为工业4.0是德国自己的战略，解决的是德国自己的问题。该战略的核心就是如何在面对以中美为代表的"双向挤压"下，以及人口不足、老龄化严重、中小企业居多等不利因素下，德国制造业怎么更高效，更有竞争力。

我们知道，德国的产品质量是有口皆碑的，严把质量关是已经融入了德国工业界的基因，由于早已经建立了全面质量管理体系和有了成熟的管控作法，在产品质量方面并没有面临着什么太大的压力，在创新方面，特别是制造业装备（如机床、机器人等方面）、工业软件、嵌入式技术等技术方面，以及机电、化工等方面，德国企业一直走在世界前列，光是"隐形冠军"就有1300多家，在创新方面它们也具有相当大的优势。在工业1.0、2.0、3.0阶段，德国就已经解决了创新、质量与产业结构优化、技工人才培养等问题，在工业4.0白皮书中，就不需要对质量做专门阐述。现阶段，德国制造业主要是在效率、成本、营销等方面得到进一步的提升与改善。

我国制造企业由于基础薄弱，还处于粗放式管理阶段，在创新、质量、效率、产业结构、绿色发展、人才培养、科学管理、人文素质等方面，都比较欠缺。德国已经是从3.0迈向4.0，因此它们在制定RAMI 4.0时可以假定所有的企业都从3.0附近开始起步，而我们很多企业还处于2.0补课阶段，成熟的工艺都是问题，不少企业数字化都做得非常初级，因此3.0普及仍然任重道远，4.0示范还只是极少数企业尝试着做做看看，所面临的问题与德国自然不同，我们的战略肯定不能照搬德国工业4.0，否则就会欲速则不达。

重技术轻市场

在研究与学习工业4.0的过程中,很多人不太了解德国的"双领先策略",只简单地认为工业4.0是一次工业革命,是德国为了提高自身竞争力的一种战略,是一种单纯的技术革命。实际上,工业4.0战略的根本目标是"确保德国制造业的未来",为实现这一根本目标,德国人专门制订了"双领先策略"。

第一个是"领先的供应商策略"。在工业4.0白皮书中,德国人说得很清楚:"领先的供应商策略是从设备供应商的视角专注于工业4.0。德国的设备供应商为制造业提供世界领先的技术解决方案,并借此成为工业4.0产品全球领先的开发商、生产商和市场先导。"被尊称为工业4.0教父,德国工程院院长孔翰宁教授也说得很直白:"工业4.0为德国提供了一个机会,使其进一步巩固其作为生产制造基地、生产设备供应商和IT业务解决方案供应商的地位。"通过此策略,实现工业4.0软硬件及"系统的系统"的解决方案,形成事实上的全球标准,将中国等国家由竞争对手变为方案倾销市场,这也就是为什么德国西门子、SAP等方案供应商成为工业4.0的最大推手,也是为什么德国政府不遗余力推广工业4.0的重要原因。

第二个是"领先的市场策略",强调将德国国内制造业作为主导市场加以培育,率先在德国国内制造企业加快推行"工业4.0"与实施CPS(赛博物理系统),进一步壮大德国制造业。也就是说,用工业4.0的理念、技术手段等将德国国内企业武装起来,提升其生产效率与竞争力,确保在全球竞争中占据主动地位。

因此,我们在研究、学习工业4.0的时候,要有清醒的认识,工业4.0既是指导我们进行智能化转型升级的重要参考,同时,也存在着一定的"陷阱"。我们不要感觉到德国的生产管理模式好,就不顾企业的实际情况,在短时间内购买大量的机器人等高端设备与软件系统,成就了德国人"领先的供应商战略",而透支了自己的财力,却对企业自身转型升级帮助不大。

本章主要是分析德国"工业4.0"战略的出台背景、战略目标、手段、路径及德国中小企业对工业4.0的认知情况。时不我待，这厢德国"工业4.0"战幕徐徐拉开，那边美国与日本早已急不可耐，已经秣马厉兵，也推出了本国的智能制造战略。

美日双雄在智能制造方面是如何行动的，请看下章的深度剖析。

第三章

Machine Intelligence

同场竞技，美、德、日、中各显身手

> 兼取众长，以为已善。
>
> ——宋·朱熹

作为制造企业，不仅要深入研究与借鉴德、美、日等国家先进理念，博采众长，为我所用，还要深刻理解"中国制造2025"的战略意义及实施路径，在中国智能制造发展战略"三范式"指导下，抓住稍纵即逝的历史发展机遇，积极推进智能制造在企业的落地，促进企业智能化转型升级。

美国借助"巧实力"重归制造业

自20世纪60年代以来，以美、德、日等为首的发达国家纷纷实施"去工业化"战略，通过发挥其技术、管理、资本等方面的优势，将价值链中附加值低的环节，如加工、组装等逐渐转移到低成本国家和地区，充分利用这些国家廉价的人力、丰富的资源等优势进行生产，在本国或者发达地区只聚焦研发、关键零部件加工与组装以及品牌营销等高附加值环节。通过这种全球资源的整合与分工，实现了研发、制造、营销、服务的全球一体化，发达国家以最少的资源与人力投入，赚得盆满钵满。"去工业化"对这些发达国家来说，不愧是一种精明的战略举措。

前期承接低价值制造的这些国家相对贫穷，转移来的外资业务成为各国争相引进的对象，为这些国家带来就业与税收，较快地带动了当地劳动者的收入与劳动技能的提升，促进了当地制造业的发展。

"去工业化"，制造业恶果凸显

但随着全球化分工的长期发展，发达国家与新兴工业国家的矛盾就逐渐暴露出来了。一方面，当地制造能力与管理水平不断提升，但本地的用工成本也在不断攀升，成本优势在逐渐减少。同时，新兴国家也不再满足于永远承担低附加值、资源消耗型的全球化分工，逐渐向中高端价值链转移，与发达国家形成事实上的竞争。另一方面，发达国家由于制造业的转移，制造业在本国 GDP 中的比重逐渐下降，必然影响本国的就业，导致本国就业率的下降。

以美国为例，据美国经济分析局数据，美国制造业占 GDP 比重由 1980 年的 30.2% 下降至 2008 年的 11.4%，金融危机爆发后的 2009 年更是跌到了 11.0% 的历史最低点。据全美制造商协会数据，在美国，制造业每增加 1 美元的投资，整个国家及社会可获得 2.89 美元的经济回报，投资回报率要远高于很多行业。每增加 1 个美国制造业装配线上的岗位，总共会带来 10 个就业岗位。相反，如果制造业不景气，在就业方面就会有明显的影响。根据美国劳工部组织统计，美国制造业就业总量从最高峰 1979 年的 2000 万人下降到 2010 年的不足 1153 万人，减少了接近 900 万人。在失业率方面，2002 年 1 月，美国的失业率为 5.7%，2009 年 10 月高达 10%。

2008 年可谓是一个重要的转折点，制造业在金融危机中受到沉重打击，一时间，哀鸿遍野，制造业陷入一片萧条。金融危机使一直沉醉于虚拟经济的美国等发达国家醒悟过来，终于意识到没有制造业的强力支撑，国家在竞争力、就业等方面就会面临严重的问题，几十年的"去工业化"恶果终于凸显。

为提升美国制造在国际上的竞争力，2008 年金融危机发生后，美国政府提出了"再工业化"国家战略，大力扶持美国工业发展。在政府层面出台了一系列的国家政策，包括《先进制造业伙伴计划》等，引领与推动制造业的回归与向高端发展。在民间，以 GE（通用电气）为代表的制造业，积极寻求商业模式的转变，GE联合多家IT公司，创立了工业互联网联盟，企图以新的理念重新定义制造业。

作为制造强国，日本在深受金融危机重创后，基于自身现状推出了"机器人新战略""社会5.0"和"工业价值链"等一系列举措与概念，目标同样是基于物联网、机器人等新技术向高端制造业发展，推动制造业向智能化转型。

实际上，我们今天说的智能制造，如果追根溯源的话，最早起源于日本在1990年倡导建立的"智能制造系统（IMS）"国际合作研究计划，由此可见日本在智能制造领域的起步之早。另外，由于日本与中国同属东方文化，哲学思想与管理理念有很多相近之处，更易于我们学习与借鉴，所以本章也对日本在智能制造方面的一些战略进行了剖析。

作为世界头号强国，美国在这次制造业回归中，再次发挥了领头雁的作用，无论是政府层面，还是企业自身，都积极投身于制造业回归战略。

"再工业化"，欲重振昔日雄风

金融危机发生不久，2009年4月，美国总统奥巴马明确表示将"重振制造业"作为美国经济长远发展的重要战略。此后，美国政府陆续出台一系列政策及措施以重振制造业。

2009年6月，奥巴马政府正式提出重振制造业战略，目的是促进美国制造业的再繁荣及就业的增长，保持美国的全球竞争力。

同年12月，美国进一步发布了《重振美国制造业框架》，在制造业相关联的人才、资本、研发、创新、市场、税收、金融方面出台了一系列的政策措施。

2010年8月，美国国会通过了《制造业促进法案》，对本土制造业所需原材料进口削减关税，对投资在本土的美国企业实施税收优惠。

2011年6月，美国总统奥巴马批准《先进制造业伙伴关系计划》（简称AMP），通过政府、高校及企业的合作来强化美国制造业。

2012年2月，美国国家科技委员会发布《先进制造业国家战略计划》，正式将先进制造业提升为国家战略。

2013年，美国又进一步推出《制造业创新国家网络》，计划创建由15家制造业创新研究所组成的"全美制造业创新网络"，以帮助消除本土研发活动和制造技术创新发展之间的割裂，重振美国制造业竞争力。

2014年10月，美国公布《振兴美国先进制造业2.0版》，通过支持创新、加强人才引进和完善商业环境等方式，确保美国在先进制造业领域的全球主导地位。

2014年11月，美国众议院修订通过《振兴美国制造业和创新法案》，实施制造业创新网络计划，在全国范围内建立制造业创新中心。

2015年10月，《美国创新战略》从投资创新基础要素、激发私营部门创新、营造一个创新者的国家、创造高质量就业岗位和持续经济增长、推动国家优先领域突破、建设创新型政府服务大众等六个关键要素，提出了具体的行动计划。

2016年2月，发布《国家制造创新网络战略计划》，列出了提升竞争力、促进技术转化、加速制造劳动力、确保稳定和可持续的基础结构等战略目标。

2017年12月，美国参议院通过税改法案，将企业所得税从35%降低到20%，企图吸引制造业、知识产权和高科技人才的"三重回流"。

总之，美国政府为了重振美国制造业，密集地推出了一系列战略与重大举措。从这些战略名称及内容上可以看出，这是一个从概念到政策再到具体措施的过程，也反映出美国在振兴制造业方面的认知与政策也是一个逐步深化的过程。通过这些政策与措施，在对企业及相关研发进行投资、提升劳动者技能、企业间建立健全合作伙伴关系、优化政府投资及税收等各方面进行指导与扶持，促进美国制造业的发展。

以上举措的实施已经为美国制造业带来了一波新的发展机遇。据美国商务部数据统计，2012年美国商品和服务出口高达2.2万亿美元，创历史新高，比2009年增长约39%；其中制造业发挥了主要作用，2010～2012年期间，制造业出口的年均增长幅度为16.2%。制造业在GDP的比重也由2009年的11.0%，恢复到2012年的11.9%，2015年已经达到了12.03%。美国制造业领域的就业人数从2010年1152.98万人回升至2013年的1200.5万人，总就业人数从2009年的1.39亿人上升至2015年的1.53亿人，很多新增岗位源于高端制造业及相关服务业。

在美国政府一系列政策的推动下，美国企业出现了比较明显的制造业回流趋势。根据咨询公司埃森哲的报告，为提升企业竞争力，有61%的制造业经理人表示正在考虑将制造产能回迁美国。

近年来，除了卡特彼勒、通用电气、福特汽车等传统制造企业以外，英特尔、谷歌、苹果等高科技公司已经或计划将其部分业务回迁美国。不只是美国企业的回迁，其他国家与地区的企业也纷纷在美投资设厂。2017年7月，中国台湾富士康集团董事长郭台铭在美国宣布，将在美国投资100亿美元设立工厂，可为美国创造13 000个就业岗位，在美国建成仅次于中国的生产基地。

国内知名企业家，福耀集团董事长曹德旺，曾因近期公开宣称在美国设厂成本更低而备受瞩目。曹德旺认为虽然人工美国要贵，但综合电价、气价、优惠政策等，在美国的成本反倒更低，"在美国会多赚百分之十几"，并宣称将投资10亿美金到美国建汽车玻璃厂。

据波士顿咨询集团估计，由于制造业的回迁及其竞争力提高，2016～2020年美国每年出口将增加700亿～1 150亿美元；制造业回迁将使美国每年的GDP增加1000亿美元，并创造60万～100万个制造业工作岗位和超过100万个服务业就业机会。

应该说，美国政府在2008年金融危机后，对"脱实向虚"的根源看得很清晰，措施也很及时，很到位，所以才会有近几年美国制造业的良好表现。

美国政府对重振制造业可以说不遗余力，作为制造业主体的企业更是积极响应。下面，我们以美国百年企业——GE为例进行说明。对很多人来说，GE工业互联网在中国的影响，远胜过美国国家级战略《先进制造业合作伙伴计划》与《先进制造业国家战略计划》的影响。

GE 牵头 IIC，重新定义制造业

"GE 昨天还是一家制造业公司，一觉醒来已经成为一家软件和数据公司了。"GE 时任董事长伊梅尔特如此说。

面对 2008 年金融危机的影响及全球制造业发展趋势，在美国政府"再工业化"战略的影响下，作为美国制造业龙头企业，GE 公司于 2012 年率先提出了"工业互联网"概念，并对其发展寄予厚望。

GE 将工业互联网定位人类历史上的第三次创新浪潮，前两次分别是工业革命与互联网革命。GE 希望通过高性能设备、低成本传感器、互联网、大数据收集及分析技术等的组合，大幅提高现有产业的效率并创造新产业。

早在 2005 年，GE 旗下飞机发动机公司改组为 GE 航空，就开始了经营模式的转变。公司原来的业务只是生产航空发动机，现在通过在飞机上安装众多的传感器，实时采集飞机的各种参数，通过大数据分析技术为航空公司提供运维管理、能力保证、运营优化和财务计划的整套解决方案，以及提供安全控件、航行预测等各类服务。

以意大利航空为例，GE 为它们的每架飞机上安装了数百个传感器，可以实时采集发动机的运转情况、温度和耗油量等许多数据，利用 GE 的软件进行海量分析后，精准地给出理想的操控方法，只此一项，意大利航空 145 架飞机一年就节约了 1500 万美元的燃油成本。通过这些数据，还可提前预测发动机故障的可能，做出前瞻性的预防维护，避免因为机器故障造成航班延误、成本增加，甚至是更大的安全事故。

GE 正是通过这种 IT 技术与设备的深度融合，逐渐由设备制造商向智能服务商转型，企业的业务模式也由单一的设备销售向智能设备、智能分析、智能决策三位一体的智能化系统供应商转型。GE 预测，如果工业互联网能够使生产率每年提高 1%～1.5%，那么未来 20 年，它将使美国人的平均收入比当前提高 25%～40%；如果世界其他地区能确保实现美国生产率增长的一半，那么，工业互联网在此期间会为全球 GDP 增加 10 万亿～15 万亿美元。

2014年3月，GE跨界联合了IBM、思科、英特尔和AT&T等IT公司成立了全球工业互联网联盟（简称IIC）。工业互联网联盟采用开放成员制，致力于使各个厂商设备之间实现数据共享。其目的在于通过制订通用标准打破技术壁垒，利用互联网激活传统工业过程，更好地促进物理世界和数字世界的融合。"旨在加快互联机器与设备的开发、采集和广泛使用，促进智能分析，并为工作者提供帮助。"

美国政府引导，企业牵头，两者相互借力，掀起了以GE为首的"重振制造业"浪潮。

新理念、新技术发展路程往往不是一帆风顺的。尽管GE公司较早提出工业互联网并为此付出了5年的努力，但包括工业互联网平台Predix在内的数字业务一直处于亏损状态，在资本市场的压力下，为了提升公司经营业绩，GE公司正在计划出售这部分业务。这表明工业互联网还有很长的路要走，还需要更长的时间才能真正落地。

日本工业价值链颇具价值

20世纪90年代以来，在经历了"泡沫经济"后，日本制造业也受到很大影响。以制造业从业人数为例，2005年时有1500万人，在2015年下半年已经跌至1000万人以内。作为全球人口老龄化最严重的国家，在经历长期低迷，面对中国、韩国等周边国家的快速发展，一向以忧患意识见长的日本推出了一系列政策，希望以科技进步促进日本经济，特别是制造业。

振兴政策频频出台

2006年，日本就提出了"创新25战略"计划，其宗旨是通过增加对科学和技术的投入，促进经济增长，提升在全球的竞争力。

2008年，日本政府提出了《技术创新战略》，主要围绕提升产业竞争力等方面进行政策设计与支持。

2010年6月，日本通过《新增长战略》，基于"失去的二十年"的背景，开始对传统政策体系进行调整，希望以新的技术与产业促进日本经济的发展。

2015年1月，日本政府公布了《机器人新战略》，强调将机器人与IT技术、大数据、网络、人工智能等深度融合，提出了"世界机器人创新基地"、"世界第一的机器人应用国家"、"迈向世界领先的机器人新时代"三大目标，并制订了五年计划，确保日本在世界机器人领域的领先地位。

2015年，在日本政府发布的"制造业白皮书"中，日本人忧心忡忡地认为，假如错过德国和美国引领的"制造业务模式"的变革，"日本的制造业难保不会丧失竞争力"。基于日本制造业的现状和存在的问题，提出了"重振制造业"的战略目标，制订了一系列保障措施，包括大量培养一线技术人员和熟练工人等制造业所需人才；促进信息技术向制造业渗透，加快制造业的升级换代；推动不同行业的融合（比如汽车与电子、能源与信息等），产生新的产业和市场等。

2016年1月，日本政府在其网站上刊登的"第5期科技技术基本规划"中出现了"社会5.0"的提法，日本定义了人类社会的5个发展阶段，即狩猎社会、农耕社会、工业社会、信息社会、超智能社会。"社会5.0"将使用物联网、机器人、人工智能、大数据等技术来解决日本人口老龄化、自然灾害和环境污染等挑战。希望通过IoT、人工智能、机器人等技术，推动各种各样的产业发展，然后将这一切都融入社会生活当中去，来解决社会需求，实现社会5.0。

工业价值链特色鲜明

2016年12月，日本"工业价值链参考架构（IVRA-Industrial Value Chain Reference Architecture）"正式发布（请见图3-1）。这是日本版智能制造的顶层架构，该架构同时参考了美国工业互联网联盟的参考框架IIRA和德国工业4.0参考框架RAMI 4.0的内容，从设备、产品、流程、人员的资产视角，质量、成本、交付、环境的管理视角，以及计划、执行、检查、处置的活动视角，组成三维模型，并细分出智能制造单元（SMU），进而提出了智能制造的总体功能模块架构，体现了日本以人为中心、以企业发展为目标，细致而务实的传统思想，形成了日本智能制造的特有范式。

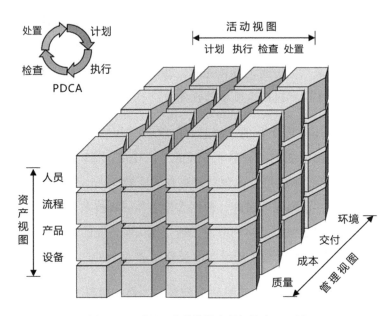

图 3-1　日本"工业价值链参考架构（IVRA）"

日本工业界普遍认为，智能制造是复杂系统，即"系统的系统（SoS）"，它主要是为了应对产业的多样性和个性化需求，通过通信和联接各种自治的制造单元——如图 3-1 中的 SMU（智能制造单元），可以大幅度提升生产率和整体效率。SMU 是构建智能制造大厦的砖瓦，在定位上类似于 RAMI 4.0 中的"组件"，但是在彼此的通信和联接上，又类似于 IIRA 中的构建方式，即多个自主 SMU 互相联接。SMU 之间的联接既可以在一家企业内部实现，也可以在企业之间实现。

理解了 SMU，就理解了工业价值链中的核心要素。SMU 可从资产视图、活动视图和管理视图这三个视角来发现问题、确定问题和解决问题。

1）SMU 资产视图展示了制造企业有价值的资产，任何活动的对象都可以被称作资产。资产分为四大类：

- 人员资产——人员是企业的宝贵资产。工人在物理世界生产产品,不管其职务是否是管理者,人员都会做决定并给其他人下达指示。

- 流程资产——制造现场具有宝贵的操作知识,如生产流程、方法和技能。这些生产流程中的知识也是制造资产。

- 产品资产——制造出的产品和生产中消耗的材料都是资产。最终成为产品一部分的零部件和装配件同样也是产品资产。

- 设备资产——用于制造产品的设备、机器和装置统称为设备资产。操作设备所需要的物件如夹具、工具和辅料也属于设备资产。

2)SMU 活动视图包含了各类人员和设备在物理世界制造现场从事活动、创造价值的成果。可将这些活动看作一个连续的动态循环,不管一项活动的目的和对象如何,活动视图都是四种基本活动(PDCA)循环的组成部分,即"计划"、"执行"、"检查"和"处置"。

- 计划——是指编制需要在规定期限或规定时间内完成的工作清单。同时确定行为目标以完成 SMU 既定任务或目标。

- 执行——是在物理世界工作现场从事具体活动努力达到某一目标。它可以基于现有目标创建新的资产或更改现有资产的状态。

- 检查——用于检验计划活动设立的目标是否达成的基本活动。采用分析测量或检测方法确定物理世界是否因执行活动而改变,并在没有实现目标时调查原因。

- 处置——以检查结果为基础,旨在改变 SMU 本身体系结构,以补齐当前条件差距,即通过定义理想状态和目标问题修复的任务来提升 SMU 功能。

3)SMU 管理视图展示了资产和活动应关注质量、成本、交付和环境四个方面的管理目的和指标。视图中的每一个方面都可以独立管理,以及最终是否进行了整体优化。

- 质量——检测 SMU 提供的产品或服务性能是否满足客户或外部世界要求。可以讨论各种质量改进方式，如与客户价值有直接关系的产品质量，与产品或服务相关联设备的质量，以及所有与人和方法有关的质量。

- 成本——检测因 SMU 提供某种产品或服务而直接和间接花费的财务资源及物品开销的总和。成本的概念包括转变成产品的耗材、为操作设备投入的服务、能耗和维持管理设备的间接财务资源及物品开销。

- 交付——检测 SMU 客户要求的产品何时、何地、以何种方式交付到客户手中的准确率指标。对每位客户都应该做到以最优方式交付。

- 环境——检测 SMU 与环境协调时，相关活动是否给环境造成过量负担，维持环保的、友好的环境及邻里关系。包括检测有毒物质排放和二氧化碳排放，优化能耗。

如何针对一个企业来构建其智能制造模型？从整个制造业角度来看，其实在任何一个企业我们都可以可观察到有若干职能部门在执行若干活动。在企业内部，有需求就有供应，有工程就有知识，因此当"需求/供应流"与"知识/工程流"有交汇时，就可以定义各个层级的相关职能部门，并根据企业的实际运作流程，赋予不同层级具有相应的活动类型和工艺范围。于是，通过"知识/工程流"、"需求/供应流"和"组织层级"这三个维度的交叉，就可以从整体上来对一个企业的智能制造进行建模，构成一个一般功能模块（GFB）的组成部分，参见图 3-2。

一个 SMU 相当于一个或多个 GFB，也可对应全部的 GFB。这个 GFB 非常类似 RAMI 4.0 中的由若干不同组件构成的"管理区块"。

工程/知识流：工程/知识流包括了营销和设计、建造和实施、制造执行、维护和维修、研发五类设计资料和工程资料。这些知识需要流动起来，以便各层级人员随时获取。

需求/供应流：需供流是包含多个企业的价值链，包含了总体规划、材料采购、制造执行、销售物流、售后服务五大功能要素。其中材料转化为最终产品，交付给最终客户。

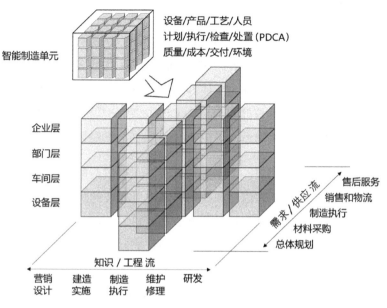

图 3-2　IVRA 中的一般功能模块（GFB）

有了 SMU 和 GFB，如何构建智能制造模型？我们要尝试把已知的物理模型数字化，并且映射、分派到赛博世界中。在 IVRA 中，采用了一些符号来表达具体 SMU 的各种要素。如图 3-3 所示。

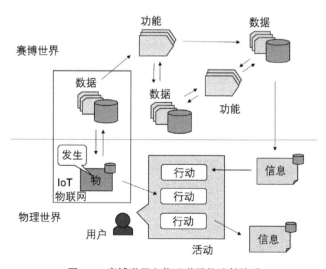

图 3-3　赛博世界和物理世界的映射关系

在图 3-3 中，左上角标有圆柱符号的"物"和"信息"表示与赛博世界相关联的实物和物理信息——有圆柱符号的实物是带有内部传感器和 / 或执行机构的物联网（IoT）设备，有圆柱符号的物理信息是有数据输入 / 输出的信息通信（ICT）设备。因此，在赛博世界，实体和物理信息已经数字化为可以被识别的数据。当物理世界和赛博世界彼此映射成为 CPS 之后，可利用庞大的计算机能力、巨大的网络数据存储和传播能力，来构建 SMU 之间的联接。

如果按照上述定义来构建一个系统，它能在正确的时间、正确的地点以适当方式提供所需物理信息，物理信息和数据在赛博世界彼此映射、相互关联，SMU 内部与人员、实物、行动有关的活动全部有效联接在一起，使数字化内容能在需要的时间和地点进行传输，那么这个系统就是智能制造系统。

自始至终，以人为本

综上所述，我们可以看出，日本在制造业振兴，特别是智能制造方面具有以下几个特点：

1）起步早：1990 年就提出"智能制造系统 IMS"概念，2006 年在"创新 25 战略"中又把"智能制造系统"作为核心理念。

2）观念新：物联网、机器人、网络化制造等这些智能制造的观点早已多次体现。

3）务实性强：这些战略都是针对不同时期日本所遇到的问题而提出的解决方案，富有针对性。

4）体现"以人为本"的东方哲学：日本在 IVRA 架构中，继续强调了对人的重视，例如 SMU 中就包含人员要素，作为特殊资产类型，是构成制造的组成要素。每个工作场地的工人都可作为资产，他们利用工厂某一设备生产产品和零件，这些产品和零件也是资产。

日本工业界认为，在未来生产中，人仍然是关键因素。无论是以前日本精益生产中的"自働化"（人与机器协同的理念），还是上面提到的几个宏观战略，以及在具体的 IVRA 架构中，日本都强调人在其中的价值，只有落实到人员培养、科学管理、社会化协作等层面，这些机器系统、软件系统才能真正发挥最大价值。

对人给予高度重视而不是片面强调技术的先进性，这是日本与制造相关战略的一大特色，值得我们学习借鉴。

中国以智能制造独辟蹊径

中国是世界上最大的制造业国家，被誉为"世界工厂"，有 8000 多万人口从事制造业，相比之下，美国只有 1400 万，日本为 900 万，德国 540 万。在经济下行压力增大、人力成本快速飙升的背景下，中国制造业的转型升级的意义更重大，时间更紧迫。

基于国情，量身定制

中国制造企业目前大都处于粗放型的初级发展阶段，在质量保障、创新能力、绿色发展、产业优化、人才建设等方面还都不到位，自动化、数字化等各方面还很欠缺，因国情不同，我们显然不能照搬德国、美国、日本基于各自国情所采取的工业发展战略。

2015 年 5 月 19 日，国务院正式印发《中国制造 2025》，这是中国政府实施制造强国战略第一个十年的行动纲领。"中国制造 2025"是我国实现制造大国向制造强国的转变、中国制造向中国创造的转变、中国速度向中国质量的转变、中国产品向中国品牌转变的国家级战略。

"二十字方针"与"三步走战略"。"中国制造 2025"根据我国制造业实际情况有针对性地提出了"创新驱动、质量为先、绿色发展、结构优化、人才为本"的二十字基本方针，以"市场主导、政府引导，立足当前、着眼长远，整体推进、重点突破，自主发展、开放合作"为务实的推进原则，制订了制造强国"三步走"的战略目标：第一步，到 2025 年迈入制造强国行列；第二步，到 2035 年中国制造业整体达到世界制造强国阵营的中等水平；第三步，到新中国成立一百年时，综合实力进入世界制造强国前列。

"五大工程"与"十大领域"。通过"制造业创新中心（工业技术研究基地）建设工程、智能制造工程、工业强基工程、绿色制造工程、高端装备创新工程"等五大重点工程的建设，在"新一代信息技术产业、高档数控机床和机器人、航空航天装备、海洋工程装备及高技术船舶、先进轨道交通装备、节能与新能源汽车、电力装备、农机装备、新材料、生物医药及高性能医疗器械"等十大重点领域实现突破，带动中国制造业的全面健康发展。计划到2025年，制造业重点领域全面实现智能化，试点示范项目运营成本降低50%，产品生产周期缩短50%，不良品率降低50%。

"中国制造2025"重点指出："坚持走中国特色新型工业化道路，以促进制造业创新发展为主题，以提质增效为中心，以加快新一代信息技术与制造业深度融合为主线，以推进智能制造为主攻方向，以满足经济社会发展和国防建设对重大技术装备的需求为目标，强化工业基础能力，提高综合集成水平，完善多层次多类型人才培养体系，促进产业转型升级，培育有中国特色的制造文化，实现制造业由大变强的历史跨越。"

从这些具体的举措上可以看出，这些战略都非常适合中国国情，对制造企业具有全面的指导意义。

中国制造企业要结合国情、企情，以创新发展为主题，以降本提质增效为中心，以新一代信息技术与制造业深度融合为主线，智能制造是主攻方向，制订出具有中国特色、适合企业具体需求的落地战略。同时，也要注意，智能制造是主攻方向，说明智能制造的重要性，但同时也表明，对企业而言，并非只有智能制造一个战场，比如，促进精益生产落地，拓展新的营销领域，形成更专业的客户服务等也都非常必要。

基于中国企业普遍存在创新能力不足，大部分企业还是停留在模仿创新的层面，原始创新动力与能力不足，制造企业应该紧紧抓住这次历史机遇，以创新为驱动，通过智能化的思维与手段，在技术、管理、产品、营销、服务、生态等方面进行创新，提升企业的竞争层次与竞争力，实现中国制造到中国创造的转变。

除了效率、成本这些方面，制造企业还应以质量为抓手，将产品的设计、生产、服务、管理等方面质量进行全面的提升，通过稳定、提升、优化再稳定的迭代，最终的目标是以创新取胜、以质量取胜。

智能制造，说到底，核心还是人，不论多先进的自动化设备、软件系统，都需要合适的人设计、使用和管理，否则，这些设施与系统就很难发挥出应有的作用。在这个过程中，我们应该充分发挥人的价值，招聘有良好价值观的员工，把他们培训好、培养好，并在组织、管理等方面进行深入挖掘，以人为核心，以自动化、数字化、网络化、智能化等为手段，促进企业的智能化转型升级。

中国模式的智造"三范式"

智能制造是一个新概念，也是一个动态发展的过程，需要根据不同国情、不同阶段，务实地推进智能制造的发展与落地。在详细分析、论证、辨析的基础上，中国工程院在2017年12月提出了中国模式的智能制造"三范式"，智能制造理论又有了新发展。

兼收并蓄，占据高地

2017年12月7日，在南京举办的"2017世界智能制造大会"上，中国工程院时任院长周济院士作了题为《关于中国智能制造发展战略的思考》的报告（以下简称"工程院报告"），系统地阐述了对我国发展智能制造的思考，在业界引起了很大的轰动与反响。报告中提出了中国智能制造发展的三个基本范式（以下简称"三范式"），即数字化制造、数字化网络化制造和数字化网络化智能化制造。"三范式"既具有很强的前瞻性、体系性，又具有很强的务实性，对学术界、企业界研究、推进智能制造具有务实的指导意义。

工程院报告认为，数字化制造是智能制造第一种基本范式，可以称之为第一代智能制造，是智能制造的基础。目前，我国大多数企业和广大中小企业没有完成数字化转型，面对这样的基本国情，我国在推进智能制造过程当中必须实事求是，踏踏实实完成数字化补课，进一步夯实智能制造发展基础。数字化制造是智能制造基础，它的内涵不断发展，贯穿于智能制造的三个基本范式和全部发展历程。

数字化网络化制造是智能制造第二种基本范式，或称之为"互联网+制造"或第二代智能制造。20世纪末互联网技术开始广泛运用，"互联网+"不断推进制造业和互联网融合发展，网络将人、数据和事物连接起来，通过企业内、企业间的协同，以及各种社会资源的共享和集成，重塑制造业价值链，推动制造业从数字化制造向数字化网络化制造转变。今后一个阶段，三年到五年内，我国推进智能制造的重点是大规模地推广和全面应用数字化网络化制造，即第二代智能制造。如果稍加对比的话，不难看出，数字化网络化的智能制造范式，对应的就是德国工业4.0中的基于CPS的Smart模式的"智能制造"。本书在"利器篇"介绍的数字化车间解决方案，大部分都是属于数字化网络化智能制造的范畴。

智能制造的第三种基本范式是数字化网络化智能化制造，或叫新一代智能制造。周济院长认为，近年来人工智能加速发展，出现了诸如大数据智能、人机混合增强智能、群体智能、跨媒体智能、自主智能等新一代人工智能技术，这些技术比传统的人工智能技术有了飞跃发展，实现了战略性突破，因此先进的制造技术和新一代人工智能技术深度融合，形成了基于新一代人工智能技术的新一代智能制造。其主要特征表现在制造系统具备了学习能力，通过深度学习、增强学习等技术应用于制造领域，知识产生、获取、运用和传承效率发生革命性变化，显著提高创新与服务能力。作者有幸参与了中国工程院的"中国智能制造发展战略研究报告"（以下简称中工程院报告）的评审与修订工作，周济院长多次在研讨中指出，新一代智能制造是"真正意义上的智能制造"，而工业4.0所代表的智能制造技术与此还有一定的距离。

并行推进，融合发展

根据中国国情，基于智能制造"三范式"的划分，工程院报告强调指出，智能制造在西方发达国家是一个串联式的发展过程，数字化、网络化、智能化是西方顺序发展智能制造三个阶段，它们是用几十年时间，充分发展了数字化制造之后，再发展数字化网络化制造，进而也已经开始发展新一代智能制造。我们不能走这条路，如果是这样，我们就无法完成中国制造业转型升级的历史性任务。我们必须充分发挥后发优势，采取"并联式"发展方式，要数字化、网络化、智能化"并行推进，融合发展"。在"并行推进"不同基本范式的过程中，企业可以充分运用成熟的先进技术，根据自身发展的实际需要，"以高打低、融合发展"，在高质量完成"数字化补课"的同时，实现向更高的智能制造水平的迈进，这才是一条符合中国国情的智能制造发展路径。

智能制造发展的"三范式"如图 3-4 所示。

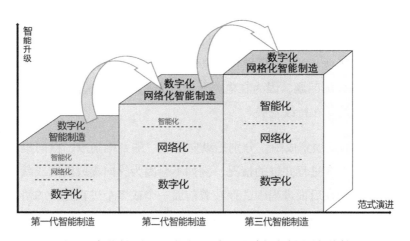

图 3-4　智能制造的"三范式"（根据工程院报告中图重新绘制）

"三范式"可以很好地帮助企业明确发展方向及具体的落脚点，例如在"三范式"命名与图示上，工程院报告特意写作"数字化、数字化网络化、数字化网络化智能化"，并通过对"数字化、网络化、智能化"字体大小及所占空间进行表达，体现出了数字化是基础，网络化及智能化的程度（或所占比例）的不断发展及重要性不断提升的总体发展趋势，反映了工程院报告的良苦用心与务实精神。图 3-4 意在告诉读者，尽管三个范式可以并行推进，但是前提是必须从数字化做起，有了数字化，其他两化都是可并行推进、有所实现的，只是在不同的历史阶段，网络化和智能化的程度不同而已。在把数字化做扎实的基础上，网络化的水平才会不断提升，智能化的程度才会不断增强。如果某些企业好高骛远，不重视数字化基础建设，上来就想搞所谓"高大上"的基于人工智能的智能化，往往就会形成空中楼阁，让智能制造的概念飘在空中，难以落地。

"三范式"的划分既兼容了工业 4.0、工业互联网、工业价值链的基本内容，也以新一代人工智能技术占领了新一代智能制造的学术高地，充分体现了工程院报告在智能制造方面的最新理念，对推进中国智能制造进程有积极的、关键性的指导意义。

"三范式"的改进与优化

作者认为，"三范式"还可以考虑在范式命名与图示表达上进行改进。

从范式的继承性上考虑，如果说要体现出前一范式还要在后一范式中继续演进，那么德国工业 4.0 中的机械化、电气化、信息化、智能化的阶段划分与命名，也会存在同样的问题，因为在电气化时代也离不开机械化，在信息化时代，机械化、电气化同样在持续发展。

在工业 4.0 的三项集成中，分别是纵向集成、端到端集成、横向集成，其实也存在相互交叉、多进程并进的情况，例如不会因为纵向集成没完成就不开展端到端集成了。尽管在后面进程中，存在着前面一个或多个进程并行的情况，但命名宜以该阶段或范式中最显著的特点为准，德国人很简洁地以机械化、电气化等来为工业革命的代际划分进行命名，大家也不会认为前面的"XX 化"进程已经消失或停止。从范式的命名上考虑，作者认为，第一范式的主要技术特征是实现数字化，包括产品、设备的数字化，以及管理、研发、生产、营销、服务等过程的数字化，这是当前绝大部分企业正在推进且还没有完成的基本范式。

第二范式的主要技术特征是通过基于 CPS 的网络化，实现"Smart"模式下的协同化制造与服务，主要的解决方案就是工业 4.0、工业互联网等。在数字化基础上，通过 CPS 构成的物联网，实现机-机协同（如设备互联互通、机器引导机器）、人-人协同（如互联网的互联网经济，局域网的 PLM/ERP 等系统也具有企业内部人与人协同的性质），以及人-机协同（如 MES 等），实现企业内信息的共享、协同，满足多品种、小批量背景下，高质高效、敏捷快速地响应市场的需求，并通过工业互联网等方式实现社会化的网络化、协同化。从技术手段上，第二范式可以通俗地称之为"网络化"，但是从本质上，综合考虑"Smart"一词英文原意，加之对工业 4.0 的技术体系的理解，作者认为将"Smart"译作"智巧化"似乎更恰当一些，即"Smart"级别的智能，是一种基于数字化网络化并且具有一定智能成分的智能级别。

综上所述，可以将这三个范式分别通俗地简称为数字化、网络化、智能化，以便与近些年大家已经熟悉的数字化、网络化、智能化的叫法一脉相承。如果一定要体现出在智能水平上有所区别，可以叫作数字化、智巧化、智能化。

从范式的图示上考虑，尽管工程院报告用图示的方式阐明在"三范式"中都存在数字化、智巧化、智能化的组成部分，并体现出随着各范式的发展，网络化、智能化的作用会越来越凸显的变化趋势。但作者认为，这种"泾渭分明"的台阶式划分还可以进一步优化，因为这种表达方式容易让人产生范式之间的割裂感，也没有完全表达出"三范式"多进程并行演进等特点。为此，作者参照 TRIZ（解决发明问题的理论）中技术系统进化法则中的"S-曲线"的跃迁模式，尝试地做了一个"三范式"的递进示意图，希望能更好地表达出智能制造"三范式"的演进趋势，请见图 3-5。图中，数字化是基础，进程发生得最早，并在持续的演进中。智巧化在数字化的基础上，通过人-人互联、万物互联等方式，激发出更大的智能。第三范式的新一代智能制造又在数字化、网络化基础上迭代发展，融入了新一代人工智能技术。

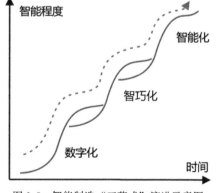

图 3-5 智能制造"三范式"演进示意图

图 3-5 体现了智能制造中多进程并行、迭代发展、螺旋上升的演进趋势，较好地体现了智能制造"三范式"的意图。

积极推进中的智能制造战略

自 2015 年 5 月《中国制造 2025》正式颁布以后，国家及相关部门非常重视该战略的推进与落地，迅速成立了以国务院相关领导担任组长的"国家制造强国领导小组"，成员由国务院相关部门和单位负责人组成，统筹规划与推进"中国制造 2025"，并制订了众多措施促进该战略的推进。主要措施包括：

2015 年 9 月，工信部公布了 2015 年宁夏共享集团等 46 家首批智能制造试点示范项目。

2016 年 4 月，工信部发布《关于开展智能制造试点示范 2016 专项行动的通知》和《智能制造试点示范 2016 专项行动实施方案》。

2016 年 5 月，国务院发布《关于深化制造业与互联网融合发展的指导意见》。

2016 年 12 月，工信部和财政部联合印发《智能制造发展规划（2016-2020 年）》。

2017 年 11 月，国务院发布《关于深化"互联网+先进制造业"发展工业互联网的指导意见》，这是与《中国制造 2025》一脉相承的指导性文件，为推进"互联网+"行动、深化制造业与互联网融合发展提供实现路径。

现在，国家关于"中国制造 2025"的顶层设计已经基本完成，形成了以"中国制造 2025"为引领，11 个专项规划为骨干，重点领域技术路线图、工业"四基"发展目录等为补充，各地落实文件为支撑，横向联动、纵向贯通、各方面协同的政策体系。

到 2017 年 5 月，一共培育建立了 19 家省级创新中心，批复同意宁波等 12 个城市和 4 个城市群为"中国制造 2025"试点示范城市(群)，工信部遴选确定了 206 个智能制造试点示范项目，428 个智能制造综合标准化与新模式应用项目，安排工业强基工程 47 个方向 61 个项目，总投资约 108 亿元。

《中国制造 2025》颁布后，得到了各地政府的积极响应，并纷纷出台相关行动计划，全面推动"中国制造 2025"落地。浙江、江苏、广东等省份分别出台《加快推进智能制造发展行动方案（2015—2017）》《<中国制造 2025>江苏行动纲要》《广东省智能制造发展规划（2015—2025》等文件，提出了很多具体的智能制造落地目标。河北要在未来 5 年建成 1500 个智能工厂、车间；江苏的目标则是到 2025 年建成 1000 个智能工厂；浙江省更加明确指出，到 2017 年，培育 50 家年主营业务收入超 10 亿元智能制造骨干企业，50 家省级智能制造重点示范企业，培育建设 50 个以上智能制造"特色小镇"，10 个左右在全国范围内具有较大影响力的智能制造示范基地。

由"中国制造 2025"规划、引领的智能制造热潮正在中华大地如火如荼地开展起来。通过近几年的努力，"中国制造 2025"已经成了指导制造企业转型升级的纲领性文件，并取得了显著的经济与社会效益。工信部对开展了 109 个智能制造试点示范项目统计显示，实施后生产效率平均提高 32.9%，能源利用率提高 11.3%，运营成本降低 19.3%，产品研制周期缩短 30.8%，产品不良品率降低 26.3%。国家统计局发布的全国工业企业财务数据显示，2017 年，规模以上工业企业实现利润 75 187.1 亿元，比上年增长 21%，增速比 2016 年加快 12.5 个百分点，是 2012 年以来增速最高的一年。制造业利润增长 18.2%，增速比 2016 年加快 5.9 个百分点，企业盈利能力明显增强。

在技术与标准方面也取得了很大进展。据不完全统计，近三年已突破并应用了 4700 余台套关键技术装备，开发了 1700 多套工业软件，申请专利 1300 余项。初步建立了国家智能制造标准体系，目前已有 7 项国际标准、74 项国家标准正式发布，还有 90 项标准草案获得国家标准立项。此外，还建设了多个工业互联网平台和重点实验室，培育了航天云网、树根互联网、东方国信等 20 余家商业化互联网平台，推动了网络基础设施建设。

"中国制造 2025"战略也得到了国外媒体与人士的高度认可。《福布斯》杂志认为，实施"中国制造 2025"将助力中国制造业保持国际竞争力。世界经济论坛主席施瓦布称，得益于智能制造业的迅速发展，"中国将成为第四次工业革命的领军者。"但是，在全球一体化进程中，合作、竞争交织在一起，就注定了不可能是一首配合默契、行云流水的合奏曲，刺耳的杂音也不可避免。

在"中国制造2025"战略引领下，中国制造业正在向着高质、高效、高端、绿色挺进，这本是利国利民的大事，是惠及全球经济的好事。然而，令人匪夷所思的是，美国基于以往的冷战思维，实行单边主义和贸易保护主义，悍然对中国出口美国的信息和通信技术、航天航空、机器人、医药、机械等行业在内的产品加征25%的关税，而计划加征关税的清单，恰恰是《中国制造2025》中十大重点领域。美国有关人士也公开承认，美国对华发起301调查的目的并不是为了掀起贸易战，而是阻挠中国雄心勃勃的"中国制造2025"计划，阻止中国向高端领域发展。

美国倒行逆施的行为，理所当然地遭到中国的坚决反击，中国以"同等力度、同等规模"做出了迅速、精准、强硬地有力应对，捍卫了国家的根本利益。但从本次中美贸易摩擦中，我们也看到了"中国制造2025"不仅是对中国制造业意义重大，对整个世界格局也是影响重大，这反而更加坚定了我国政府及制造企业积极推进智能制造的决心。

作为制造企业，在充分研究与借鉴德、美、日等国家先进理念的基础上，深入理解"中国制造2025"的战略意义及实施路径，在智能制造发展战略"三范式"指导下，抓住历史发展机遇，积极推进智能制造在企业的落地，促进企业智能化转型升级，为我国由制造大国向制造强国转变而共同努力。

"一智各表"，内涵有别

中国智能制造市场有一个很有意思的现象：尽管大家都在说"智能"，但是在同一个"智能"术语的背后，每个人却在表达着既高度近似又明显有别、既貌似清楚又不经琢磨的"智能"内涵。

同为智能，意思不尽相同

虽然美、德、日的战略核心均为智能制造，但在智能的内涵上也存在"一智各表"的现象。下面以德国工业4.0与美国GE工业互联网为例，参照工程院"三范式"的表述（上一节已经提及Smart），分析一下德、美在"智能"名义下的内涵之区别。

在工业4.0白皮书及相关资料中，德国人一直用"Smart Factory"和"Smart Manufacturing"来表述"智能工厂"和"智能制造"。根据作者目前看到的资料，大多数德国专家常用Smart表示"智能"。

GE公司则一直用"Intelligent"，例如在描述其工业互联网架构图的三个关键因素时，使用了"Intelligent Machine"来表示智能机器。大多数美国专家常用"Intelligent"表示"智能"。

虽然在中文上都翻译为"智能制造"，但是显然英文原词并不相同，从道理上说，其中文译意就应该有所差别，但是这种细微且十分重要的差别，在粗糙的翻译中被模糊掉了，以至于在国内智能制造领域，相同中文术语但是不同内涵的"智能制造"，搞得人们难以分辨，莫衷一是，最后的结果是干脆混为一谈。实际上，这是为智能制造的推广普及埋下了一个"坑"。历史的经验告诉我们，凡是在基本概念上没有解释清楚的术语，最后一定会造成相关技术体系的混乱，当然其后果也就是这种先进技术在企业无法落地。

英文有别，中文引发歧义

为准确理解"Smart,Intelligent"这两个词的区别，作者查阅了多部英汉词典。

"Smart"的中文主要意思是"聪明的、巧妙的、敏捷的"，附带有"智能的"的意思，这与我们想象中的"智能"有所出入，总有一点名不正、言不顺的感觉。

而"Intelligent"的主要意思是"智能的、聪明的、聪慧的、有智力的,[计]智能的"。在技术领域中,"Intelligent"是常用于计算机专业的术语,例如"Artifitial Intelligent"(人工智能),近年来也用作表示物理系统的智能化。

很显然,"Smart, Intelligent"是两个完全不同的英文词汇,但是在翻译上的不准确,造成了相同的中文术语"智能制造"下竟然说着并不相同的意思,由此而造成了理解上的混乱和推广上的障碍。由此看来,外来术语引入国内,必须要经过仔细的推敲和反复的打磨,才能将其确定下来。

不同国家,术语有所不同

为深入理解德国人为什么选择"Smart"这个单词,我们先理解一下德国人为什么要实施工业 4.0 战略,他们要解决什么问题,他们是想通过什么手段来实现的。

在前文中,作者用了两章的篇幅进行了详细分析并指出:工业 4.0 是德国在全球产能过剩、竞争日益激烈及人力匮乏、老龄化严重、中小企业居多等不利条件下,德国基于世界领先的制造业、工业软件,在高素质劳动者、企业高协同化、高度工业文明的基础上,扬长补短,有针对性地制订的国家战略。

对德国人而言,高效、智能、个性化、社会化等特点是他们重点关注的,而要实现这些目标,就要充分利用德国领先的嵌入式系统、发达的先进制造等技术,通过赛博(Cyber)+物理(Physical),实现赛博世界与物理世界的深度融合,构成有机的、和谐的系统(System),C 与 P 之间的互联、互通、互操作,使得整个智能制造系统具有敏捷、巧妙、聪明的特点,从而达到优化制造资源的预期目标,这就是 CPS 的基本使能作用。因此,从这个意义上说,德国人并没有完全单独强调 C 或者 P,而是突出整体的功能,即 CPS。而 CPS 所表达出来的"智能",就是"智巧(Smart)"级别的智能,由此而形成的"智能制造",就是第二范式的"智巧化智能制造"。请见图 3-6。

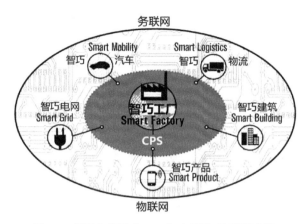

图 3-6　德国人常用"Smart"表示智巧级别的智能

当然，一个 CPS 不一定能完成所有任务，通常是多个不同级别（单元级、系统级、系统的系统级）的 CPS 组合在一起，以复杂系统的方式，在企业内纵向集成和／或端到端集成，在企业间横向集成，由此而实现多系统的协同，"Cyber-Physical Systems"中的 Systems 后面之所以加上 s，意在表示多个系统的集成，强调多系统之间协同合作。

至于美国人为什么更多用"Intelligent"来表示"智能"，这是一个很难回答的问题，作者也在力所能及的范围内做了一些考证与分析，推测这是由一定的历史渊源和技术情结所导致的：

首先，人工智能（Artifitial Intelligent，AI）一词诞生于美国，几十年的发展历程和学术、技术界的耳濡目染，让美国科技界人士已经惯了 Intelligent 这个术语；其次，在 1988 年，美国纽约大学的怀特教授（P.K.Wright）和卡耐基梅隆大学的伯恩教授（D.A.Bourne）出版了《制造智能》一书，首次提出了智能制造的概念，当时用来表示"智能"的词汇就是 Intelligent；再者，此后日本人提出的"IMS（智能制造系统）"国际研究计划，也是用 Intelligent 表示智能，由此让该词具有了国际影响力；最后，源于美国、兴于中国的由 GE 公司提出的工业互联网，其中提到的"智能机器"还是用"Intelligent Machine"来表示。

综上所述，在美国，尽管在某些领域诸如"Smart City（通常被夸张译作'智慧城市')"也用"Smart",在智能制造领域也有一些人使用"Smart",但是总体上使用"Intelligent"的人数和频率还是更高一些。

技术内涵,三源终归一统

德国人的"Smart"选词偏好、美国人的"Intelligent"用词情结、中国人的"三范式"递进研究,构成了国际上研究"智能"的三个基本源头。作者把三国对"智能"的描述与定义汇聚到一起,进行了详细的分辨和梳理,彼此之间做了一一对应,给出了如下的解读,既试图理顺不同制造范式之间的递进关系,也对智能的程度和内涵做了一定的区分。不同范式的智能制造中英文术语与内涵对比如表3-1所示。

表 3-1 不同范式的智能制造中英文术语与内涵对比

范 式	英 文 原 文	建议中文翻译	技术内涵
第一范式	Digital Manufacturing	数字化制造或数字制造	基于数字化技术
第二范式	Smart Manufacturing	智巧化制造或智巧制造	基于数字化网络化技术或基于CPS技术
新一代范式	Intelligent Manufacturing	智能化制造或智能制造	基于新一代人工智能技术

从上表可以看出,工程院报告中的"三范式"的表述,确实博采众家所长,对德、美等国的工业发展战略和智能制造参考架构模型进行了最大程度的融会贯通,同时又提出了可以占全球领学术高地的"基于新一代人工智能的新一代智能制造"。三个范式的划分,为中国复杂国情下多元化、多场景、多模式的智能制造指明了道路,辨析了使能技术,给出了未来三十年的努力方向。

如本书在前言中指出的那样,本书尽量将数字化网络化(即Smart)级别的"智能"称作智巧,而将应用了新一代人工智能所形成的(Intelligent)级别的"智能",直接称作智能。希望藉此能在中文术语上消除对"智能"一词在理解和应用上的混淆,让不同级别的"智能"实现无歧义表达。

Part 明道篇

因势利导，走中国道路的智能制造

> 知人者智，自知者明。
>
> ——老子

> 在深刻理解国外先进理念的基础上，结合我国国情，充分发挥"人"在智能制造中的主导价值，制订适合我国国情的智能制造战略与路径。
>
> 制造企业在制订智能制造落地战略时，不仅要在先进技术、设备、软件上有所突破，更应该发挥人力资源相对充沛的优势，充分挖掘人与管理的价值与潜力，才能确保智能制造的成功落地。
>
> ——作者

第四章

Machine Intelligence

以人为本，智能制造战略落地之道

> 故道大、天大、地大、人亦大。域中有四大，而人居其一焉。
>
> ——老子

从"人机网三元战略""三体智能模型"到"人-信息-物理系统"，反映出了中国"以人为本"的东方哲学思想与西方先进技术的交汇与融合，让中国这样一个人口大国在以智能为标识的新工业革命中，明确自己的特色，找到自己的定位，推出适合本国国情的智能制造发展战略。

多国竞合，智造路径各不同

中国制造企业除了要积极贯彻"中国制造2025"国家战略以外，还要认真学习、研究德国工业4.0、美国工业互联网、日本工业价值链等先进理念，比较、总结出其异同点，结合企业实际情况，制定出企业切实可行的实施战略。

通过大量研究与思考，作者认为无论是美国、德国还是中国，虽然国情不同，路径有异，但有殊途同归之巧，都类似中国的"以新一代信息技术与制造业深度融合为主线，以智能制造为主攻方向"，战略目的都是"确保本国制造业的未来"。中国制造企业实施"工业4.0""中国制造2025"等战略的最佳突破口，就在于中德美三国战略的交汇点处。

自上而下的美国工业互联网

前文讲过，在 2008 年金融危机之后，美国出台了一系列国家计划，以实现"再工业化"国家战略。美国制造业旗舰公司 GE 提出了"工业互联网"概念，认为工业互联网是继工业革命和互联网革命之后的"第三波"创新与变革。虽然工业互联网不是美国的国家战略，但由于涉及美国 IT 界以及制造业众多龙头企业，其战略目的是美国"再工业化"，其技术核心也是 CPS（赛博物理系统），它与德国工业 4.0 的战略目标、手段等非常匹配，很多专家把工业互联网作为美国战略的代表来研究，作者认为也是有一定道理的。

以 GE 为首的工业互联网联盟在成立之初，就将自己的目的说得非常清楚，"以期打破技术壁垒，通过促进物理世界和数字世界的融合。"说得直白一点，就是希望借助美国在信息化技术方面的优势，通过与制造业的深度融合，争取打破德国等国在这方面的优势，在技术标准、产业标准方面占据主动，形成产业竞争优势，从而在全球竞争中处于主导地位。

下面，我们来分析 GE 公司工业互联网的数据价值链循环图（请见图 4-1），以解读 GE 工业互联网，并思考它对我国制造企业的借鉴作用。

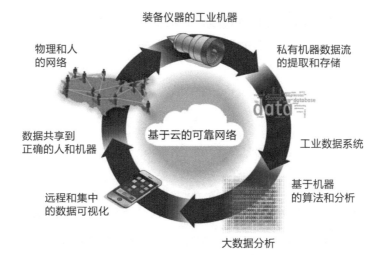

图 4-1　GE 公司工业互联网的数据价值链循环图（来源：GE 公司）

由图 4-1 可以看出，在这个持续优化的闭环系统中，这些要素依次是安装仪表的工业机器、工业数据采集系统、大数据分析、可视化展现、智能决策支持，最终作用到设备上，形成数据流的闭环管理。这里的工业机器，对 GE 公司来说，就是它们贵重的航空发动机、医疗设备等，现在 GE 公司希望以 Predix 平台，自上而下，实现对更多企业更多设备的互联互通与预测性维护。

借鉴 GE 公司的理念，对制造企业而言，工业机器就是数控机床、机器人、AGV、热处理设备、测量测试设备等生产设备及生产设施。如果我们能实现这些重要资产的联网通信、数据采集、大数据分析、可视化展现、决策支持与闭环管理，就很好地体现了 GE 公司工业互联网的精髓。

这是 GE 公司工业互联网对我们的启示。

自下而上的德国"工业 4.0"

前面我们讲到，德国将工业革命划分为机械化、电气化、信息化、基于 CPS 的智能化四个阶段。工业 4.0 涵盖的范围非常广，可以说这是一种愿景规划。

严谨、务实的德国人是着眼长远、立足当下，或者说有总体规划、分步实施的思想，来自工业 4.0 提出单位——德国弗劳恩霍夫协会的科尔教授给出了图 4-2。

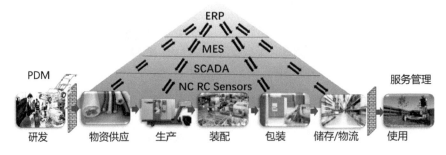

图 4-2 工业 4.0 的"金字塔"（来源：德国弗劳恩霍夫协会的科尔教授）

从图 4-2 可以看到一个明显的"金字塔"形状。横向是以产品生命周期为主线，分别是研发、物资供应、生产、装配、包装、存储/物流、使用等不同阶段，前面的研发属于 PDM/PLM 管理范畴，生产完成后的"使用"是一种可以基于互联网＋的营销、消费、维护等消费互联网的概念。

纵向是分四层的金字塔。自下向上依次是数字化设备层（NC 与 RC 分别指数控设备、机器人等）、数据采集层、MES 与 ERP，并且系统之间形成深度的集成，这也就是三项集成中的纵向集成（全称为"纵向集成和网络化制造系统"）。

探索渐进的"中国制造 2025"

作为制造大国，中国制造业也面临"内忧外患"的双重困难：内部经济是正处于稳增长、调结构的关键期，外部是发达国家和新兴经济体的双重挤压，低成本优势快速递减和新竞争优势尚未形成的两难局面。在此严峻的形势下，结合国际大环境的变化，我国政府高瞻远瞩，及时制订了"中国制造 2025"战略，希望借鉴德国工业 4.0 等先进理念，制定适合中国国情的发展战略，加快转型升级、创新发展、提质增效，实现中国制造由大到强的战略转变。

下面，我们简单回顾一下相关战略的发展历史。

在党的十六大上，政府提出了"以信息化带动工业化，以工业化促进信息化"新型工业化道路的指导思想，"两化"概念首次出现。

在党的十七大上，政府提出"发展现代产业体系，大力推进信息化与工业化融合"新科学发展观，两化融合概念就此形成。

党的十八大报告进一步提出："坚持走中国特色新型工业化、信息化、城镇化、农业现代化道路，推动信息化和工业化深度融合、工业化和城镇化良性互动、城镇化和农业现代化相互协调，促进工业化、信息化、城镇化、农业现代化同步发展。"两化深度融合已经上升到与"新四化"的同等高度，成为国家重要战略目标。

2015年5月,《中国制造2025》正式发布。工业和信息化部苗圩部长在接受媒体专访时曾明确指出,"德国的'工业4.0'和'中国制造2025',从大的方向上来说,是不谋而合、异曲同工。二者相同的地方,就是实现信息技术和先进制造业的结合,或者是互联网+先进制造业的结合,带动整个新一轮制造业发展。"

至此,"中国制造2025"已经正式成为与德国工业4.0遥相呼应的国家级战略,成为中国制造业发展的纲领性文件,成为企业制订自身中长期发展战略的重要依据。

从中国的"两化→两化融合→两化深度融合→中国制造2025"这个发展轨迹来看,这是一个范围逐渐收窄、目标逐渐聚焦,与国际发展潮流逐渐汇聚的过程。

中德美三国战略的交汇点

通过以上分析,我们就可以很清楚地看到美、中、德三国演进路径及最终交汇点。

德国是以机械化、电气化、信息化三次工业革命形成的先进制造业为基础,向以CPS为核心的智巧工厂进军,进而实现基于智巧工厂的"互联世界",目的是"以厂入网",方向是自下而上。

美国是从以互联网为代表的超级发达的信息产业为立足点、向以CPS网络为核心的工业互联网强势进发,目的是"以网入厂",方向是自上而下。

中国因为工业化、信息化基础都比较薄弱,不能顾此失彼,最直接的办法就是从两化聚焦到两化融合,无论是"互联网+"还是"+互联网",无论是"工业技术软件化"还是"工业APP",最后都是向以CPS为核心的两化深度融合方向急行军。

很明显,中德美三国的战略必然交汇于以CPS为核心的智能制造(见图4-3)。

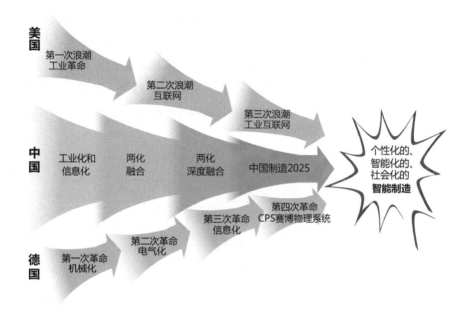

图 4-3　美中德三国工业革命演变路径

美国管理学家吉姆·柯林斯有一个著名的"刺猬三环原理",就是将三个相关要素放在一起,叠加出共同的交叉区域,这就是所谓的黄金答案。今天我们也用这个方法判断一下中德美三国战略的共同点,即中国企业实施工业 4.0 与智能制造的最佳突破口与落脚点在哪里。

尽管德国、美国、中国的策略有所不同,比如,基于美国信息化强、制造业空心化的现状,美国采取的战略是 C+P,扬 C 之长补 P 之短。其中,C 为 Cyber (赛博的)数字、信息、网络等虚体世界,P 为 Physical(物理的)产品、机器、设备、设施等实体世界。而德国恰恰相反,德国是制造业强、信息化弱,德国的战略是 P+C,扬 P 之长补 C 之短。中国则将两者深度融合,直奔这次工业革命的核心,这是非常明智、高效的战略。

很明显,作为信息化最先进的美国,制造业最强大的德国,制造业大国的中国,在各自战略中,三者有一个共同的交汇点或者叫必争之地,那就是基于 CPS 的智巧工厂。

因此，通过实现生产设备的互联互通（设备联网/数据采集）、基于大数据分析的决策支持、生产过程智能化的管理与控制，建设中国特色的智巧工厂，这就是中国制造企业实施"工业4.0、工业互联网、中国制造2025"等战略的突破口与落脚点。这种实施战略既符合全球新一代工业革命的趋势，又很好地符合中国企业的实际情况，并具有投资小、见效快的特点（见图4-4）。

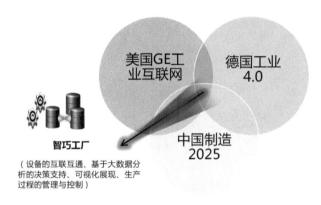

图4-4　中德美三国战略共同交汇点

智能制造，终须以人为本

现在，企业越来越重视工业4.0/智能制造在企业发展中的重要意义，很多企业已经开始采取有针对性的措施，这是非常值得肯定的。

但有些企业采取简单照搬德国的模式，过多地强调了设备、技术层面的价值，只是简单地购买大量高端机床、工业机器人以及先进的计算机软件系统，忽视了人在企业中的价值，这是不正确的。在这个过程中，一定要强调人的价值和不可替代的作用，以人为本，要从战略、人力、管理等方面进行全面的思考，才能够取得投资小、见效快的效果，才能实现企业智能化转型升级的目的。

人是企业竞争关键

下面，我们从企业基础与企业管理学两个维度进行分析。

中德企业基础不同

中德两国在制造业方面的优劣势比较见表 4-1。

表 4-1　中德两国在制造业方面的优劣势比较

	项　目	德　国	中　国
劣势	自动化基础	自动化程度高，由 3.0 向 4.0 发展	自动化程度低，需要 2.0 补课、3.0 普及、4.0 示范
	人员基础	较高。双元制教育模式，为企业提供了大量的高素质劳动者	欠缺（技能、态度、契约精神）
	管理基础	具有先进、成熟的管理与社会分工协作化	管理粗放式，社会协作化方面还处于初级阶段
优势	劳动者数量	老龄化更为严重，劳动力资源严重不足	劳动力相对充沛、成本相对偏低
	管理方面	已经趋于成熟，内部可挖潜力有限	管理粗放，可挖潜力很大

从上表中可以看出，我们在自动化基础、劳动者素质、社会化协作等方面远远不及德国，但我们人力资源、管理潜力等方面是有优势的，如果进行充分挖掘，提升的潜力将非常巨大。

因此，一方面，我们要学习德国等国外的先进理念，积极引进先进的设备、技术，弥补我们的短处；另一方面，我们还要深挖在人力资源、企业管理方面等"人"的潜力，扬长补短，综合取胜。

技术不是企业的全部

德国工业 4.0 战略非常重视人在整个战略中的价值。在《工业 4.0 实践版》（阿尔冯斯·波特霍夫等著）中涉及人的章节非常多，并明确指出"未来的工作形态需参考社会技术系统理念的三个维度：人、组织及技术，实践证明，组织尤为重要。"

这个企业三维度理论是英国塔维斯托克研究所于 20 世纪 50 年代提出，并一直作为管理学界的经典，见图 4-5。

图 4-5　企业三维度（来源：英国塔维斯托克研究所）

从该模型上,我们可以看到在企业发展过程中,以设备、研发、工艺等为代表的技术非常重要,但它毕竟只是企业三个维度之一,我们还必须从人力、组织(可以理解为管理)这两方面进行提升与挖掘潜力,而不能一味只谈技术,甚至是只谈机器人等外在的装备技术。

2016~2017 年,德勤公司对来自 140 个国家的超过 1 万名企业管理者进行了调查,88% 的高管认为,构建一个更加生态、更加灵活、更加网络化的未来组织对企业发展非常重要,见图 4-6。

超过 80% 以上的高管把人才获取、员工培养培训、未来组织的构建,作为了企业最重要的三个关注点。超过七成以上的管理者把人力资源管理、绩效管理、员工体验作为重要的管理内容。只有四成的高管把机器人、认知技术、人工智能等新技术应用认为是重要或非常重要的事情。

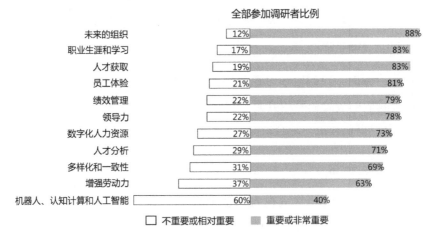

图 4-6　2017 年企业发展重要性排序(来源:德勤)

人是各国战略重点

德国工业 4.0,人是重要因素

为保证工业 4.0 顺利实施,德国工业 4.0 工作组制订了八项计划,具体如下。

- 标准化和参考架构

- 管理复杂系统

- 为工业建立全面宽带的基础设施

- 安全和保障

- 工作的组织和设计

- 培训和持续的职业发展

- 规章制度

- 资源利用效率

除了第一条、第三条是技术基础以外，其余六条都涉及了人，既有人员培训、掌握复杂系统、安全保障等具体措施，也有规章制度、工作组织、资源利用等企业管理方面的内容。

可以说，德国人认为人是工业4.0中最重要的因素，是绝对不能忽视的关键。

"中国制造2025"，"以人为本"

《中国制造2025》重点提出了"以人为本"的基本方针，"坚持把人才作为建设制造强国的根本，建立健全科学合理的选人、用人、育人机制，加快培养制造业发展急需的专业技术人才、经营管理人才、技能人才。"具体制订了制造业人才培养计划、卓越工程师培养计划、提高现代经营管理水平等具体举措，也包括了知识产权保护、深化体制机制改革，从社会宏观层面发挥人的创新积极性，确保整个国家的竞争力。这些都是围绕"人"的因素进行战略制定的。

从中、德两国国家战略层面上看出，人是整个战略的核心。因此，企业在制定自身发展战略时，千万不能忽视了人的要素。

实践证明,"人"不能丢

为说明人的潜力这个问题,下面以机床运行效率为例进行说明。

设备综合效率(OEE)是设备实际生产能力相对于理论产能的比率,是对生产效率进行评估的有效工具。从设备角度,OEE 的算法为:OEE= 时间开动率 × 性能开动率 × 合格品率。其中,时间开动率 = 开动时间 / 负荷时间,而负荷时间是指日历工作时间 – 计划停机时间 – 设备外部因素停机时间,开动时间 = 负荷时间 – 故障停机时间 – 设备调整初始化时间(包括更换产品规格、更换工装模具等活动所用时间),也即设备真正干活的时间。很多人也把时间开动率称为运行效率。

2013~2014 年,MES 国际与 LNS 调查公司对全球的离散、流程等行业的调查结果表明,被调企业平均 OEE(设备综合效率)为 71%,11% 的优秀企业高达 80% 以上。具体到离散行业,研究表明,全球离散行业制造工厂的平均 OEE 率为 60%,顶级企业可到 85%。北京兰光创新科技有限公司(以下简称为兰光创新)已经为军工、机械制造等六百余家企业,三万多台数控设备实施了设备联网 / 数据采集 (DNC/MDC) 以及 MES 等系统。根据这些案例统计表明,国内大部分离散企业的 OEE 不足 40%,平均大约是 37% 左右,很多甚至低于 30%,与国外优秀企业相差甚远,请见图 4-7。

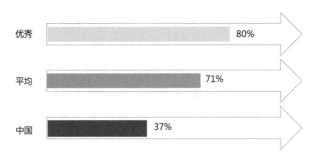

图 4-7 设备 OEE 统计对比

根据进一步的研究表明,企业设备利用率低的原因,一方面是由于离散行业多品种、小批量、生产准备时间长等客观原因造成的;另一方面是由于管理不够科学、不够精细。尽管机床的综合利用率不高，但工人不是很闲，相反，工人很忙，忙于找刀、找料、编程序、传输程序、调试程序以及送检等这些辅助工作，动辄上百万元的高端设备，2/3 的时间处于等待状态，这对企业而言是非常大的浪费。

很多企业通过实施 DNC/MDC 等信息化系统后，就可以准确地获知设备的状态、设备利用率等信息，通过 MES 中的生产准备的并行、协同等管理方法，就可以轻松地将 OEE 由 30% 多提升到 50% 左右，效果相当明显。

因此，通过科学计划、精细管理，在人与管理等方面挖掘潜力，可以明显提升企业的生产效率与市场竞争力。反之，如果只希望通过购买更高端机床、机器人等先进设备，对制造企业而言，光靠设备性能的提升，提升 10% 都很困难，并且在当前严峻的经济形势下，这种巨大的投资对企业也是一种负担。日本丰田公司认为，"先进的设备只是起点，人才是品质的最终保障，不要盲目追求自动化。"

本末不能倒置，机器永远服务于人

"机器换人"是个不准确的口号

针对近年来很多地区、很多企业开展声势浩大的"机器换人"行动，作者在 2015 年就撰文指出：这个口号虽然通俗易懂，有助于企业理解、推动智能制造的落地，但过于简单，容易误导企业花费大量财力，以购买机器人为重点，以少人化为目标，这实际上是对智能制造的不准确理解，过于表面化、工具化、简单化。

机器人是智能制造中的关键一环，大量使用机器人可以在很大程度上减少人力的使用，降低成本，特别是在大量重复性、有毒有害或者有危险性等场景使用机器人，无论是效率还是人身安全等方面都具有非常重要的价值。但"换人"不是目的。我们可以反过来思考，德国、日本老龄化更严重，适龄劳动者更短缺，它们的机器人产业更发达，如果"机器换人"能解决问题，这些国家为什么不进行类似的行动？相反，德国在工业4.0的八项行动中，有六条行动是与人有关的，说明德国非常重视人在本次工业革命中的价值与意义。日本推出的"社会5.0"也是重点研究如何让机器人等机器更好地服务于人，更大程度地发挥人的创造价值。

日本经济学家野口悠纪雄教授在《日本的反省：制造业毁灭日本》一书中，面对日本制造业的严峻形势，开出的药方不是我们的"机器换人"等建议，居然是"要摆脱'日本人和外国人争夺利益'的陈旧观念，积极地谋求人才开国。对于日本来说，如何活用中国的专门人才将成为一个重要课题。"

我们的"机器换人"举措，购买的大多是国外机器人，换掉的是中国工人，日本则是虎视眈眈地"谋求中国专门人才"，这是个值得我们深思的现象。我们要深刻地认识到，对绝大部分企业而言，本轮智能制造实质是在全球产能严重过剩的现状下，通过智能化手段实现企业的转型升级，智能制造是主攻方向，但不是企业的目的，企业实施智能制造的目的是在产品创新的基础上，通过降本、提质、增效，提升企业的竞争力。

宝钢中央研究院原首席研究员、清华大学访问学者郭朝晖教授认为："鉴于劳动力成本相对较低的国情，中国企业不能只是简单地着眼于让机器代替人的工作，更要着眼于帮助人更高效地工作。这样的技术才能体现出经济性。"

降本提质增效的办法有很多，比如自动化、信息化以及优化流程、完善管理等，如果盲目追风，简单地购买大量的机器人等先进设备，表面看着实施动作很快速、设备很先进，但随后的产品换代、设备维护等这些问题将会困扰企业的发展。

企业应该根据自身情况，聚焦降本提质增效的这个中心目标，设计出投资少回报高的智能制造落地战略与实施路径，不仅仅是实现自动化、信息化、智能化，在管理优化上也要下大功夫，只要符合上述目标，能明显提升企业的竞争力，确保企业健康长远发展，都值得下大气力去做，并不一定要跟风去购买大量的机器人、AI等所谓的先进技术。

机器帮人才是方向

我们再从工业4.0四个阶段划分上看。机械化、电气化、信息化，以及将来的智能化，无一不是一个释放人的劳动价值，帮助人向更高价值转移的过程。机械化解决了人的体力问题，电气化解决大批量重复劳动的问题，以数控机床为代表的信息化除了解放人的体力，还解决人的一部分脑力劳动，将来的智能化将会替代我们越来越多的脑力工作，人类将逐渐从重复、枯燥的体力与脑力劳动中解放出来，从事更多有价值的工作，比如创造性的研究等。

在精益生产中，强调的是"自働化"，日本人在"动"字基础上增加了"人"字旁，就是体现了"人"这个因素，是表示制造不能全靠机器，需要人机的协作，而不是完全没有人的自动化。

机器换人是走向智能制造的一个重要手段，但这只是智能制造的一个外在特征，不应该成为我们实施智能制造的焦点，机器帮人才是我们的发展方向。

综上所述，制造企业在制订智能制造落地战略时，不仅要在先进技术、设备上有所突破，更应该发挥人力资源相对充沛的优势，充分挖掘人与管理的价值与潜力，才能确保智能制造的成功落地。

历次工业革命，"人"是核心要素

作者曾经设想，假如将英国、德国、美国、日本这些国家看成一个个企业，将前三次工业革命看成企业发展史上的三个重要节点，以企业家的视角研究工业4.0的发展，剖析工业革命为什么会发生在这些国家而不是其他国家，从而探寻出其中的规律，或许对我们正处于转型升级中的中国企业会有所启迪。

在深入地研究英国、德国、美国、日本等国工业发展史后，作者发现在这几次工业革命中的确有一条很清晰的主线。

第一次工业革命为什么发生在英国？

近年来，英国"脱欧"在全球都闹得沸沸扬扬。英国，这个曾经的"日不落帝国"，已经沦落为二流国家，不免让人唏嘘。

英国在历史上那可是个响当当的角色。在大英帝国鼎盛时期，全球 1/4 的人口是大英帝国的子民，领土占全球的 1/5，多达 3000 万平方公里，工业产值占世界的 51%，英国是当时世界上最强大的国家。

在没有崛起之前，英国是一个纯粹的封建农业国家，全国人口只有 550 万，其中 410 万住在农村，国土面积只有 24 万平方公里，只有法国的一半，比德国、意大利、西班牙、瑞典、挪威、芬兰、波兰这些欧洲国家面积小，甚至不及中国的 2%（清朝最大国土面积达 1300 多万平方公里），更不用说俄罗斯、美国等众多大国家，环顾四周，英国就是身处列强之中的一个小国。但为什么这样一个小岛国，居然成为"日不落帝国"呢？答案很清晰，那就是人类历史上的第一次工业革命。那么，工业革命为什么发生在英国而不是别的国家呢？

我们从工业 4.0 的划分上可以看出来，第一次工业革命是以 1764 年纺织工的詹姆斯·哈格里夫斯发明的珍妮纺纱机为起点，以仪表修理工詹姆斯·瓦特改良的蒸汽机为标志，人类进入了"蒸汽时代"。

1733 年，钟表匠约翰·凯伊发明飞梭，极大地提高了织布效率。1764 年纺织工人詹姆斯·哈格里夫斯发明珍妮纺纱机，提高了纺纱效率。1769 年，理发师阿克莱发明了水力纺纱机。1779 年，纺织工人克隆普敦发明了自动棉纺纱机。1785 年，牧师艾德蒙特·卡特莱特又发明了动力织布机，效率提高了 40 倍。

1705 年，一名叫纽克曼的苏格兰铁匠发明了空气蒸汽机。1712 年托马斯·纽科门发明了第一台实用的蒸汽机。1769 年，仪表修理工詹姆斯·瓦特改良了蒸汽机，从而推动了工业革命的发展。

是的，您没看错，就是这些钟表匠、纺织工、理发师、牧师、铁匠、修理工发明了纺纱机、蒸汽机这些工业机器，引领着人类进入了工业时代，他们就是这个时代的英雄，他们就是这个时代的人才。

那么，我们继续追问，为什么英国能汇聚这么多优秀人才呢？

美国企业史学家艾尔弗雷德·D·钱德勒认为"历史事件的研究，往往得追溯至事件发生以前，尤以机构变革研究工作为然。"

在英国工业革命以前，欧洲被称为黑暗的中世纪（476 年西罗马帝国灭亡至公元 1500 年），宗教冲突、种族战争不断，黑死病、霍乱等瘟疫横行，生灵涂炭、民不聊生，作为岛国的英国自然就成了人们争先避难的世外桃源。这时候，英国政府对移民设立了一些门槛，比如要有一技之长，要培养一定数量的学徒后才能获得相应身份。这样，大量欧洲大陆的技能人才陆续来到英国，使得英国成为当时事实上的"人才洼地"。这些钟表工、纺织工、修理工就是当时的人才，正是这些人才发明了自动纺纱机、改善了蒸汽机，开启了人类工业文明的进程。

可以说，英国之所以成为工业革命的发源地，并非偶然，英国的地理位置、人才政策使英国成了欧洲的人才洼地，汇聚了大批技能型人才，为工业文明的萌芽提供了丰富的人才土壤，这是重要的一个原因。

第二次工业革命为什么会转移到美国？

第二次工业革命是以 1870 年美国辛辛那提屠宰场自动化生产为起点，以福特汽车自动化生产线为标志，是"伴随着劳动分工基础上的电力驱动大规模生产"。

这里我们探讨两个问题，为什么英国会在繁荣了近百年之后很快没落？美国又会迅速崛起？

经过研究，作者认为，正是"劳动分工"导致了这个结果。在工业革命初期，工厂都还没有周密的劳动分工，基本是企业主外带一些工头的方式进行生产，英国如此，美国也如此。钱德勒说："直到1840 年，美国还没有出现中层管理人员"（摘自钱德勒在《看得见的手——美国企业的管理革命》，后面简称《看得见的手》），"当时几乎所有的高层经理都是企业的所有者，他们不是合伙人就是主要股东。"但1840年以后，劳动者出现了分工，出现了"支薪经理"，也就是专业的管理阶层出现，这类企业被称为现代企业。"到第二次世界大战时，这类公司已在美国经济的许多部门中成为占优势的企业机构。"钱德勒在研究后指出："企业之间的竞争，归根结底乃是它们的经理和组织之间的竞争，一家公司的成功，主要取决于其管理层级的质量。"

这时候，美国企业在进行劳动分工，衍生出大量职业管理人员，企业管理得到明显改善，企业竞争力大为提升。1860年时，美国在主要的资本主义国家中居工业生产第四位，不到英国的一半。但到1894年时，美国已经相当于英国的两倍，占全球工业总产值的1/3。

实践出真知，1895年，被称为"科学管理之父"的费雷德里克·W·泰勒发表了他第一篇有关"科学化管理"的论文，并于1911年出版了《科学管理原理》，开创了企业管理的新时代，促进了企业生产效率大幅度提升。泰勒强调管理要科学化、标准化，并相信"工厂组织里一向是最重要的角色，即各车间的工头必须撤销。"（摘自《看得见的手》），这完全是颠覆式的管理创新。

美国企业实施了减少工头这种粗放型管理方法，走向了科学管理之路。而英国呢？遗憾的是，英国的车间仍然是"工头"在管理，由于这些人受知识所限，管理仍然是一种传统的粗放型管理。英国资本家面临激烈的市场竞争，提出各种改良方案，但总被声势浩大的工人运动所压制，被迫继续维持落后的管理及生产模式，于是英国的没落就在所难免了。

美国著名经济学家威廉·拉佐尼克在《车间的竞争优势》一书中指出："英国工业长期衰退的一个主要原因，是英国的制造业企业没能将生产的管理工作从车间中脱离出来。其结果就是，英国企业的管理结构在一个管理资本主义主宰的世界经济中无法发展。英国的资本家雇主把生产的控制权交给车间，没有在企业中建立相应的管理结构去削弱工人控制生产流程的权利和责任。"

这就是为什么德国人把"伴随着劳动分工基础上的电力驱动大规模生产"作为第二次工业革命的划分标志，"劳动分工"是以美国"支薪经理"出现以及泰勒科学管理的推出而逐渐成熟起来,是美国制造业后发制人的一个重要原因。

可以说,美国能在第二次工业革命中能脱颖而出的一个重要原因就是企业"管理的革命"。

日本为什么能在第三次工业革命中表现出色?

1968年,美国莫迪康公司诞生了第一台可编程逻辑控制器(PLC),并于次年推出了"084"型号PLC,开启了第三次工业革命,实现了制造自动化。在第三次工业革命中,除了美国、德国等大国继续领先以外,作为战败国的日本,能够在资源贫瘠的小岛上迅速崛起,这其中又有什么奥秘呢?

日本工业崛起尽管有朝鲜战争提供巨大市场等外在因素,但精益生产在此过程中功不可没。

依靠精益生产,丰田公司在设备、技术远不及美国同行的情况下,从当时的生产效率仅为美国福特公司的1/8,几年后利润反变为美国通用汽车公司的10倍,效果惊人。精益生产到底是什么?很多中国人去看完回来说是零库存,是准时生产,作者说他们只是看到了结果。

美国人花费了数百万美金研究丰田的生产管理模式,最后的结论是精益生产(Lean Production),就是过程中减少浪费的意思。作者说美国人只是看到过程,只是看到了表象。

他们说得都对,但没说到本质上,精益生产实质上是一种独特的企业文化。

举个例子大家就清楚了。精益生产讲的是全员参与,持续改善。这是一种真正以厂为家,从现场抓起,从点滴做起,积极寻求最优的过程。丰田公司在20世纪70年代,每年收到员工改良建议超过70万条,82%的建议被采纳,员工参与率超过65%,平均每人每月超过两条!

我们想一想,每人每月两条合理化建议,一个企业每年70万条,这是一种多么狂热、多么全心全意的工作状态,有这种以厂为家,千方百计地把事情做好的心态，什么样的合理方案想不到？企业效益怎能不好呢？因此，作者认为精益生产不仅仅是一种生产模式，更是一种企业文化，是一种企业精神，减少浪费、改善生产只是它的重要表现手段。在很大程度上，得益于精益生产这种企业文化，日本制造得以迅速崛起，并且位居世界第二大工业强国很长时间。从这个角度讲，以精益生产为代表的这种激发员工主动性的能力，是日本在第三次工业革命中脱颖而出的一个重要因素。

"人"将继续成为第四次工业革命的主线

如果我们将工业1.0、2.0、3.0中的关键，分别概括为人才洼地、人才管理、人性激发的话，工业4.0就将是"人性释放"，通过自动化、数字化、智能化等技术手段降低人的体力与部分脑力劳动，充分发挥人的主观能动性，让人的智能以软件的形式进入机器并转变为机器智能，机器替代大部分原本由人从事的工作，由此而让人以"知识工作者"的身份，更主动、更快乐、更高效地从事更有创造性、更有价值的工作。这根以人为核心的主线贯穿了前三次工业的始终，也必将继续是工业4.0的核心。

随着自动化、数字化、网络化、智能化的快速发展，智能制造已经成为企业转型升级的重要手段，在这个过程中，对人的要求也越来越高，我们不能像以前大规模生产时一样，对员工实行简单的管理，而应该像泰勒在《科学管理原理》中写的："工人和管理者双方最重要的目标是培训和发掘企业中每个人的技能，以便每个人都能尽其天赋之所能，以最快的速度、用最高的流动生产率从事适合他的等级最高的工作。"通过培训、培养，使他们的技能大为提升，满足工作需求。

在工业4.0及智能制造发展的进程中，除了需要大量高技能、责任心强的蓝领工人以外，还需要越来越多的高素质"知识工作者"。"知识工作者"是管理大师德鲁克在1959年《已经发生的未来》一书中第一次提出的概念，他们将是企业研发、生产、营销、管理的核心力量。管理好这些人才，我们不能靠传统的科层管理模式，而应该让他们发挥出更大的内在积极性，达到一种自组织、自激励的管理模式，使他们由普通的员工升华为一种富有创新能力、富有激情的"创意精英"。

谷歌掌门人埃里克·施密特在《重新定义公司：谷歌是如何运营的》一书中写道："那些有抱负并乐于（也有能力）利用科技去挑战更多可能的人，都是创意精英。创意精英是一个极其难以管理的群体，在老旧的管理体制中尤其如此，因为无论你付出多少努力，都无法指挥这些人的想法。如果你无法管理创意精英的想法，就必须学会管理他们进行思考的环境，让他们乐于置身其中。"

不重视人的价值，即便是再大的决心、再高的投入，最终也很难取得理想的结果。被称为"硅谷钢铁侠"的埃隆·马斯克，是位技术狂人，将特斯拉位于加州的工厂几乎全部自动化，但由于过度自动化导致 Model 3 车型无法快速量产，企业陷入困局。经过反思后，2018 年 4 月 15 日，马斯克发布推特称："特斯拉工厂的过度自动化是个错误。确切地说，是我的错误。人类被低估了。"

同样在美国，另外一个相反的例子是，在华盛顿州的波音工厂中，波音 787 和 777 飞机的最后组装工作，则几乎完全由工人们用手工方式将零件逐块装配拼接完成，原因很简单，在如此高精密的飞机装配中，自动化的生产方式并不能替代人类灵巧的双手，无法保证让每一个零件、每一根导线都严丝合缝地组装在一起。人在某些行业的制造过程中，仍然是不可或缺的。

实现智能化技术的难度很大，但管理好、使用好企业的各类人才，特别是越来越多的 80 后、90 后，甚至是 00 后，是一项更为艰巨的任务。机器人等先进设备是可以买得来的，而作为企业核心竞争力的人才管理及经营管理，不是花钱就能买得到的，也不是一蹴而就的事情，是企业需要投入大量精力、财力长期积累沉淀的过程，而这恰恰是中国制造业工业 4.0/ 智能制造征程中最大的挑战。

三元战略，中国企业制胜之策

德国、美国是典型的二元战略

根据前面的讲解与分析，我们知道美国与德国的战略核心均为 CPS，制订战略的基本方针均是"扬长补短"，是一种典型的二元战略（赛博 - 物理虚实两世界）。

德美 CPS 二元战略可用图 4-8 表示，其中深色的 P 是指 Physical（物理的），包括机器、设备、设施等物理实体世界；浅色带网格的 C 是指 Cyber，包括数字、信息、网络等数字虚体世界。

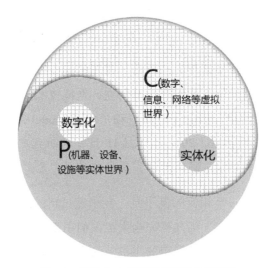

图 4-8　德美 CPS 战略是典型的二元战略

实体世界中的数字化，表示物理实体越来越向数字化方面发展，如数控机床、机器人等数字化设备等，也表明了数字化是机器等实体世界的核心与精华。

虚拟世界中的实体化，表示通过数字、信息、网络技术将数字转变成为物理实体，比如 3D 打印、程序驱动的数控机床加工出工件等，实现虚拟与实体世界的转换。

通过图 4-8，我们可以清晰地看到德美战略中赛博 – 物理两世界相互依存、相互促进、相互转变的动态发展。

"2.0 补课、3.0 普及"，工业文明很重要

中国与德美的基础相差很大，实施智能制造的路径注定不同。

2017 年 3 月，在国务院发展研究中心与德国博世公司联合发布的《借鉴德

国工业 4.0 推动中国制造业转型升级》一书中称："中国制造业整体尚处于由工业 2.0 向工业 3.0 过渡的阶段。不同行业、地区和企业间的自动化程度和信息化能力存在巨大差异，发展水平参差不齐。这也使得中国制造企业在向智能制造的转型过程中，将呈现多样化的需求。"

据《世界经理人》"2015 中国制造业信息化现状调研"结果显示："我国近九成制造企业信息化处于初、中级水平，信息化覆盖业务较窄，而且各系统信息处于割裂状态，集成度低。2015 年，我国制造业关键工序的数控化率仅三分之一，大中型制造企业也刚超过 50%。而美德日等国制造业数控化率已达 80%～90%。"

武汉大学在 2015 年曾发布了一份研究，报告称通过对占世界制造业总产值 70% 以上的 15 个国家制造业质量竞争力对比分析，我国整体制造业竞争力排名第 13 位，仅高于泰国和印度，与瑞士、日本、美国、德国等国的差距极大。因此，在制造企业进行智能化转型过程中，我们一定要结合自己的实际情况，发挥自身优势，不能教条主义，简单而盲目的跟随战略是没有前途的，我们要深刻地思考，自动化程度再高，高不过德国；信息化再强，强不过美国，中国企业靠什么才能胜出？

不能简单地认为"2.0 补课、3.0 普及"就是补上、普及自动化设备这些硬件就可以了，而还应该清楚地看到，在 2.0、3.0 两个阶段一百多年的历史中，德、美等国家完成工业化进程后所沉淀下来的"人"的优势：高素质的劳动者、科学的企业管理、成熟的社会化协作、丰富的工业技术与知识等，这些软的方面，恰恰是我们所不具备的。

在制订工业 4.0/ 智能制造落地战略时，与人相关的一系列因素是我们必须要考虑、要补课的。

"人机网三元"，助力企业智造战略落地

基于以上思考，作者在 2015 年年初提出了"CPPS 人机网三元战略"。

CPPS 是 Cyber-Person-Physical Systems 的缩写，Person 指的是劳动者及其技能、素养、精神、组织、管理等。CPPS 体现了以人为本，人与赛博、物理虚实两世界的深度融合、迭代发展，构建以赛博智能为目的的人机网三元战略。请见图 4-9。

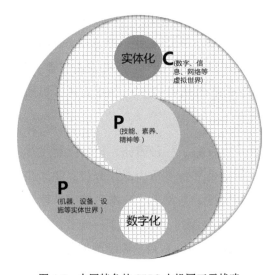

图 4-9　中国特色的 CPPS 人机网三元战略

CPPS 三元战略中的"机"与"网"是比较好理解的，机就是指机床、设备、设施等实体的物理世界。网就是指数字、信息、网络为代表的赛博世界，两者的融合就是 CPS 赛博物理系统，这是本次革命的关键与技术核心。

CPPS 三元战略中的"人"包括三层含义：个体的人、组织的人、社会的人。

个体的人，包括对张三、李四等具体员工的招聘、培训、培养以及敬业合作精神等企业文化的建设，让员工高技能、高责任心、高主动性地工作。

组织的人，从企业层面，对生产流程进行优化，对人力资源与工作进行合理组织、科学管理，也就是企业管理角度。

社会的人，是从社会或者说国家层面看，可从多维度进行提升。比如每年要可对数以千万计考不上中学或大学的这些人群进行技能培训，像德国一样，将这些人中的一部分培养成高素质的蓝领劳动者。高校要加强对学生的技能、技术培养，每年近 800 万的高校毕业生，是中国制造业参与国际竞争的一大优势，在技能性知识方面加大培训力度。加强对知识产权的保护，鼓励创新，创建勇于创新、敢于创新的环境与氛围。弘扬契约精神，不能随意毁约，以免造成社会生产能力、知识的中断和流失。继续加大体制、机制的改革，从生产关系层面释放改革红利等。

李克强总理在 2017 年 8 月 25 日的"推动制造强国建设、持续推进经济结构转型升级座谈会"上说："中国制造要提质升级，最重要的是依靠'人'。这是中国最大的优势，也是最大的潜力之所在。"

因此，企业除了积极地在自动化、数字化、网络化等生产力层面进行投资发展以外，在人的方面，要继续发挥人力资源相对充沛、成本相对较低、在管理方面可挖潜力巨大等优势，必将大有可为。

在智能制造落地战略中增加人的因素，提升人的价值，是中国企业在本轮工业革命制胜的不二之选。

三体智能多变幻，智造路径新发现

"人机网三元战略"是站在企业的视角看待问题，是基于对企业智能制造落地战略的一种思考模式。

三体智能，智能组合多

在 2016 年 9 月出版的《三体智能革命》一书中，包括本书作者在内的九位作者从社会这个更高的层面，对"智能系统"进行了反复的论证与讨论，创造性地提出了"三体智能"的概念，认为世界是由物理实体、意识人体、数字虚体组成的，而非西方简单的物理空间、赛博空间二元世界，突出强调了人在智能系统的位置与价值。请见图 4-10。

"道生一，一生二，二生三，三生万物。"如果套用老子这句话，可以说世界上先有物理实体（第一体），然后进化衍生出具有智慧的人体（第二体），人类发挥特有的智慧创造了数字虚体（第三体），三者相互作用，可衍生出无穷的智能系统。

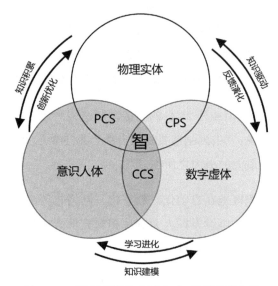

图 4-10　三体智能模型（来源：《三体智能革命》）

三体智能模型既反映了尊重自然、尊重物理世界的唯物主义科学发展观，又反映出快速发展的生命科学以及以人为本的东方哲学，更重要的是，将诞生于意识人体的数字化、网络化、智能化的数字虚体独立出去，强调了近些年来数字虚体快速发展的进程，体现了数字虚体对物理实体、意识人体的重要意义及深远影响。

作为承载第二体（意识人体）智慧的载体，第三体（数字虚体）又反作用于第一体（物理实体），在三体之间，以第三体为桥梁，极大地拓展了三体之间赋能、赋智迭代发展的演进路径。三体智能模型使我们的关注点由以前有形的物理实体，到最近的赛博物理系统（CPS），发展到现在的三体相互作用、相互赋能赋智，使我们对智能演进有豁然开朗的认识，三体交汇，衍生无限智能的可能，对智能系统的发展具有很强的指导意义。

物理实体与数字虚体相融合衍生出 CPS。通过将物理实体中的属性、规律、知识等体现在数字虚体中，在数字虚体中进行计算、仿真、优化、管理等，并对物理实体进行驱动，形成虚实融合的数字虚体-物理实体系统，即赛博物理系统。比如，数控机床的自适应切削系统。

物理实体与意识人体两者相汇，可衍生出物理实体 – 意识人体 PCS 系统。意识人体从物理实体总结经验、提取知识，基于人类特有的智慧反作用于物理实体，利用或者改造物理实体使之变得更好。比如，人对工具、机器等的设计及改进过程。

意识人体与数字虚体之间的融合，可以产生意识人体 – 数字虚体 CCS 系统。数字虚体是意识人体创造并为之所用的产物，意识人体将自身知识、智慧以知识建模的方式体现在数字虚体中，并在数字虚体中进行表现、衍生、优化，最终反馈给意识人体，帮助意识人体实现某一目的。比如 CAD/CAM 软件。

三体之间又因知识的发生与流动构成了两大循环和三小循环。

外循环：物理实体→（知识积累）→意识人体→（知识建模）→数字虚体→（知识驱动）→物理实体，这是一个反复迭代、优化的过程。

内循环：物理实体→（反馈演化）→数字虚体→（学习进化）→意识人体→（创新优化）→物理实体，这是始于物理实体，经过数字虚体仿真、优化，并经意识人体的进一步确认与升华，作用于物理实体的过程，也是一个反复迭代、优化的过程。

两体之间均可以形成双向小循环。物理实体与意识人体之间通过知识积累与创新优化实现融合；意识人体与数字虚体通过学习进化与知识建模实现知识的传递；物理实体与数字虚体之间，借助数字虚体以知识驱动作用于物理实体，物理实体反馈演化到数字虚体中，达到智能提升而符合意识人体的需求。

从上面可以看到，作为德国工业 4.0 等智能制造核心的 CPS，在三体智能模型中只不过是其中重要的一环而已。基于东方文化，通过这三体模型、三大系统、两大循环及三小循环，可以极大地拓展我们对智能系统的认识与应用。

智能五特征，进化三路径

在《三体智能革命》中，我们还定义了智能系统的五个典型特征（也称二十字箴言），分别是：状态感知、实时分析、自主决策、精准执行、学习提升。请见图 4-11。

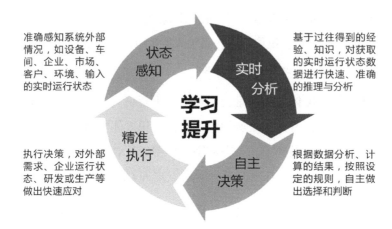

图 4-11　智能系统的五大特征（来源：《三体智能革命》）

- ▶ 状态感知：准确感知系统外部情况，如设备、产线、车间、部门、企业、市场、客户、环境、能源等对象的实时运行状态，感知是走向智能的第一步。

- ▶ 实时分析：基于经验、知识，对获取的实时运行状态数据进行快速、准确地推理与分析，行业知识是智能的重要支撑。

- ▶ 自主决策：根据数据分析、计算的结果，按照设定的规则，自主做出选择和判断。

- ▶ 精准执行：基于以上决策，对设备、产线、车间、企业以及外部需求等做出快速应对，形成闭环管控。

- ▶ 学习提升：是指系统通过实践活动、机器学习、人类知识提升、智慧发展等在不断的实践、认知过程中进行智能提升，是个不停迭代、螺旋上升的过程。

在《三体智能革命》一书中，我们还给出了系统走向智能的三体进化路径，参考该路径可有助于企业智能制造的实现。

第一进化路径：在物理设备中嵌入数字化计算内核，使物理实体进入赛博空间，包括生产设备、生产设施、产品以及研发、生产、营销、售后服务等活动，通过数字化手段，使这些活动或过程进入赛博空间，为数字化、智能化制造奠定基础。

第二进化路径：要素联接，形成全生命周期数据自动流动。将数字化设备、产品与服务等联入网络，联接一切可以联接的数字化事物。打通企业信息化系统之间、设备之间、信息化系统与设备之间，以及企业内外之间的信息化集成与联接，赛博空间、物理实体通过数据流动而深度融合，并相互促进。

第三进化路径：三体交汇，知识泛在而促进智能爆发。在不同软件系统之间、软硬件系统之间、硬件及硬件系统之间、企业内外信息等众多系统的数据交汇，通过数字孪生体、大数据等理念和技术手段，实现更加智能化的研发、生产、销售、服务，为企业产生更大的价值。

三元系统，智造新理念

三体智能理论提出后，在业界引起了较大的反响和热烈的讨论，并得到了中国工程院等权威学术组织的关注与认可。中国工程院邀请数位作者参与了《中国智能制造发展战略研究》项目的论证与评审过程，并借鉴了三体智能理论中的基本思想。2017年12月7日，在南京召开的"2017世界智能制造大会"上，中国工程院时任院长周济院士发表题为《中国智能制造发展战略研究》的报告，首次提出"人－信息－物理"三元系统（Human-Cyber-Physics Systems，简称HCPS）。请见图4-12。

周济院长指出"传统智能系统是包含人和物理系统两大部分，是通过人对于物理系统或者说对于机器的直接操作控制去完成各种工作任务。同时，人还要完成相关的感知、分析决策以及学习认知等活动，这些工作都是由人完成的。"

由图4-12不难看出，从第一代（数字化制造）和第二代（数字化网络化制造）智能制造系统发生的最本质变化，就是在人和物理系统之间增加了一个新的系统——信息化系统。人把自己的部分感知分析决策的功能，向信息化系统复制前移，人就可以通过信息化系统来控制物理系统，以代替人类更好地完成更多的体力劳动。在这样一个阶段，制造系统就从"人－物理系统"演变成为"人－信息－物理系统"HCPS。新一代智能制造系统（数字化网络化智能化制造）与第一代和第二代智能制造系统本质的区别，是信息化系统在感知、分析、决策和控制的基础上增加了认知和学习的功能，从而形成新一代 HCPS。

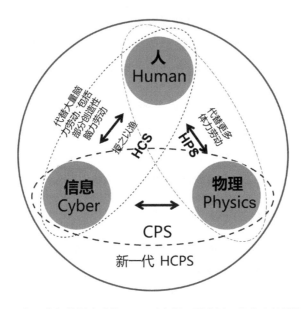

图 4-12　新一代智能制造系统 HCPS（来源：原中国工程院院长周济院士）

周济院长强调指出："通过人在回路的混合增强智能，提高了智能制造的性能。新一代智能制造进一步突出了人的中心地位，所以我们认为 HCPS 是一个更科学，更能揭示事物本质的系统，比 CPS 更先进一些。因为它进一步说明了整个制造发展过程，突出了人的中心地位。制造业从传统制造向新一代智能制造发展的过程是从原来的'人－物理'二元系统向新一代'人－信息－物理'三元系统进化的过程。新一代'人－信息－物理系统'揭示了智能制造发展的基本原理，能够有效指导新一代智能制造的理论研究和工程实践。"

从"人机网三元战略""三体智能模型"到"人－信息－物理系统"，反映出了中国"以人为本"的东方哲学思想与西方先进技术的交汇与融合，体现了中国人在智能系统的研究中的独特思维方式和学术思想，让中国这样一个人口大国在以智能为标识的新工业革命中，明确自己的特色，找到自己的定位，在上述符合国情的智能模型指导下，推出适合本国国情的智能制造发展战略。

第五章

Machine Intelligence

审时度势，经营战略再定位

> 常制不可以待变化，一涂不可以应万方。
>
> ——晋·葛洪

在向智能化转型升级的关键阶段，外部经营环境发生了很大变化，企业不能墨守成规，固守以往的"成功经验"，贻误战略发展机遇，应该内外兼修，不仅要有过硬的硬实力，也要有深厚的软实力。在瞬息万变的发展中，企业的经营战略和文化等需要根据形势的变化而调整。

在本次智能制造的浪潮中，我们很多人过多地关注了"术"，即要用什么方法的问题，甚至更多人只关注了"器"，要购买什么硬件、软件等工具，作者也多次强调"人"的价值，包括组织、管理等。实际上，在向智能化转型升级的关键阶段，比这些更重要的是由企业经营战略、企业文化等构成的软实力。企业不要好高骛远，需要根据新形势制订出务实可行的、与智能制造相匹配的经营战略，在此基础上，通过管理、技术、产品、服务等进行贯彻与支撑，才能更好地助力企业的转型升级。

德鲁克说过："没有什么比正确地回答了错误的问题更危险的。"对企业而言，没有正确的经营战略，一切战术与努力都是徒劳的，甚至是危险的。智能制造亦是如此。

企业经营战略的选择与制订

重定战略的必要性

海尔集团首席执行官张瑞敏曾经说过:"所谓成功的企业,是因为踏准了时代的节拍,但是不可能永远踏准时代的节拍,因为我们是人,不是神。企业就像冲浪者,今天冲上这个浪尖,并不能保证明天还在浪尖上。"尽管海尔集团已经是国内比较成功的企业,但张瑞敏仍然时刻保持"战战兢兢,如履薄冰"的危机感。

华为公司 CEO 任正非说,"战略决策关乎方向。方向错误,速度越快越容易翻车。"华为公司设立了专门的战略与客户常务委员会,主要职能是围绕公司中长期的生存与发展问题,对公司战略与客户方向的议题提供指导、愿景和理念。

德鲁克说:"战略是将经营之道转化为绩效。它的目的是帮助组织在不可预知的环境中取得预期的成效。战略有助于组织有目的地抓住一切有利机会"。

现在,以前的粗放型经济模式已经走到尽头,中国企业进入了一个艰难的转型期,在生产能力严重过剩的大背景下,很多企业将会因为转型升级不成功而被市场无情地淘汰,这是非常残酷的现实,但也是中国企业做大做强过程中所必须经历的阵痛,优胜劣汰,是自然规律,也是经济规律。

作为企业经营管理者,应该增强忧患意识,努力把企业打造成"全天候"健康成长的企业,而不是寄托于外部环境,甚至是运气。凡是优秀的企业,都是忧患意识非常强的企业,经得住风雨,企业才能安全度过市场的各种起起伏伏。

每个企业应该在充分认识到环境严峻性的基础上,从战略高度制订出适合自己企业的经营发展战略,不辜负即将到来的智能时代。

战略组成要素

著名管理学家亨利·明茨伯格提出了企业战略的"5P"模型,即计划(Plan)、计策(Ploy)、模式(Pattern)、定位(Position)和观念(Perspective)。从企业未来发展角度来看，战略表现为一种计划；从企业行动过程中的手段和策略来看，战略表现为一种计策；从企业发展历程角度来看，战略则表现为一种模式；从商业模式来看，战略表现为一种定位；而从企业层面来看，战略可以表现为一种观念，如图 5-1 所示。

一般来说，企业战略由四个关键要素组成：战略分析——了解企业所处的环境和相对竞争地位；战略选择——战略制订、评价和选择；战略实施——采取措施发挥战略作用；战略评价和调整——检验战略的有效性。

图 5-1　战略 5P 模型

经营战略定位

在日新月异，充满更大不确定性的智能制造时代，企业需要根据市场及自身情况进行战略的再定位。

全球顶尖营销战略家、被称为战略"定位之父"的杰克·特劳特认为："在生产过剩、传播过度、竞争激烈的市场上，获得成功的唯一希望，是在有选择性，集中火力于狭窄的目标，细分市场。一言蔽之，就是'定位'。"

特劳特与他的合作伙伴艾·里斯花了二十多年时间，总结出了"定位四步工作法"。请见图 5-2。

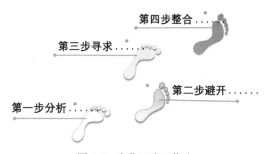

图 5-2　定位四步工作法

第一步，分析整个外部环境，确定"我们的竞争对手是谁，竞争对手的价值是什么。"德国著名军事家卡尔·冯·克劳塞维茨说:"通过分析我们对手所在位置的特征,我们就可以知晓他的计划,并采取相应的行动。"以市场为导向,快速、清晰地界定行业的竞争着力点。

第二步,避开竞争对手在顾客心智中的强势,或是利用其强势中蕴含的弱点,确立自己的优势位置——定位。

第三步,为这一定位寻求一个可靠的证明,用技术、市场等去证明它。

第四步,将这一定位整合进企业内部经营、管理的方方面面,并通过传播与市场营销,确定自己在客户中心目中的位置。

制造企业可通过以上四步,实现确定自己的市场战略定位,即在客户心目做成什么样,然后,再通过竞争战略来确定企业如何去竞争。

竞争战略选择

选择清晰的竞争战略可帮助企业处于有利的竞争位置。

三种竞争战略

被称为"竞争战略之父"、美国哈佛大学的迈克尔·波特教授在其成名作《竞争战略》中定义了"总成本领先战略、差异化战略、聚焦战略"三种竞争战略,并认为这三种战略既可单独使用,也可组合使用,但建议企业应该以一种战略为主。通过实施正确的竞争战略,可使"企业获得潜在成功,在产业竞争中秀出同侪。"请见图 5-3。

1)总成本领先战略:迈克尔·波特说,"为了实施成本领先战略,企业需要主动建设达到效率规模的工厂设施,通过经验积累不遗余力地降低成本,严格控制成本和日常费用,避开利润微薄的客户,最大限度地降低研发、服务、销售队伍、广告等领域的成本。"

图 5-3　企业竞争战略分类

美国企业在 20 世纪 70 年代开始大量采用这个战略，近些年来，在中国这条战略被发挥到极致，最有名的例子莫过于广东格兰仕。格兰仕通过提升技术、控制成本，以规模为手段，以低价为武器，从 1996 年开始，连续十多次大幅度降价，最低降幅 25%，微波炉的销售价格甚至低于竞争对手的成本价。被同行称为"价格屠夫"的格兰仕，最终以总成本领先战略一统微波炉的天下。

总成本领先战略优势可以快速获得更大市场规模和较大的利润总值，但也有其缺点，正如迈克尔·波特所言，对实施总成本领先战略的企业来说，"为了保持其战略位置，它们将背负沉重的负担，比如设备、人员规模等资金压力；新技术出现后，过去的投资和经验将变得毫无用处；过分关注成本，容易忽视产品或营销方面的变化；低成本，容易导致品牌的低端化等。"迈克尔·波特的这些总结，对今天很多中国制造企业都有重要的警醒作用。

这种竞争战略主要适用于能够大量复制或生产的行业，在智能制造时代强调个性化、定制化生产，这种战略的成功率在降低。

2）差异化战略：迈克尔·波特指出："企业使其产品或服务与众不同，在整个产业都独一无二。实现差异化的方法有很多，比如产品、技术、服务、销售渠道等各方面的差异化。"差异化战略的优点是可以提升企业竞争力，获得更高的利润。比如青岛海尔集团差异化的服务体系，通过为客户提供周到、专业的服务，海尔集团提升了市场的整体竞争力。差异化战略的缺点是往往因为差异化而带来成本的增加。但如果差异化带来的性价比不高，就容易导致企业差异化战略的失败。另外，通过耗费巨资研发等产生的差异化，容易被模仿，最后趋向同质化，企业前期投入回报存在很大风险，尤其是在知识产权保护不完善的经济环境中，这种风险更大。

为避免同质化竞争，差异化战略是企业在激烈竞争中能够脱颖而出的一种有效战略。智能制造的目的之一就是通过个性化定制生产来提升企业竞争力。

3）聚焦战略："聚焦于某一特定的购买团体，这个团体可能是产品线的某个细分区间，也可能是某个特定的地理市场。"

华为公司是聚焦战略的典型代表。华为公司的《基本法》第23条明确指出："我们坚持压强战略，在成功的关键因素和选定的战略生长点上，以超过主要竞争对手的强度配置资源，要么不做，要做，就极大地集中人力、物力和财力，实现重点突破。"创始人任正非先生也多次强调："我们要把战略的能力中心，放到战略资源的聚焦地去。大公司要敢于用密集投资，缩短追赶时间和延长机会窗开启的时间。所谓范弗里特弹药量，就是这个意思。"华为公司正是基于这种"聚焦主航道，有所为有所不为，只做自己最擅长的事"的指导思想，才由一个很小的民营企业，得到迅速发展，2017年华为公司总收入高达1022亿美元，成为全球最大的电信设备制造商和全球第三大智能手机供应商。

大家耳熟能详的美国英特尔公司也是采用聚焦战略更典型的案例。作为全球最大的半导体公司，英特尔公司并没有像很多国内企业一样，实施"全产品链"的生产，比如计算机整机产品，它只聚焦于计算机处理器领域，做到了全球最强、最大，企业也因此获得了丰厚的回报。

聚焦战略的优势是企业可以更有效率地服务于这个目标，在区域或行业形成竞争优势，获得比较高的市场份额，企业获得成功的可能性大大提高。其缺点是因为只专注某一行业或某一区域，或某一产品价值链，产业规模较难做大，并因规模较小，产业链短，公司抗风险能力弱。但聚焦战略是企业做大做强的不二之选，对企业而言，在竞争激烈的市场中，这是成功率较高的一种竞争战略，特别是对中小企业、初创企业更为有效。

常见误区：大而不强的多元化战略

在过去高速增长的粗放型经济当中，机会很多，有时候误打误撞都能成功，于是，很多企业变得浮躁起来，不再以核心事业为中心，而以赚快钱、赚大钱为导向，企业成为追逐利润的跟风者，很多企业为了追求"高速"发展，盲目实现多元化，甚至涉足了不擅长的行业，比如房地产就成了很多制造企业争相淘金的热点。在经济快速上升的时期，市场需求量大，用户对产品和服务的要求相对粗放，多元化战略可以做到多个产业或产品齐头并进，对企业规模快速扩张非常有效。但在经济下行或者竞争激烈的时候，多元化就容易造成企业大而不强，战线过长，单点竞争力不足，一个环节出现问题，就导致整个企业出现重大危机，甚至有倒闭的风险。

在向智能化制造转型升级的过程中，企业一定要克服以前粗放型发展的惯性思维，改变以前"大而不强"的多元化发展模式。在这方面，美日等发达国家已经用惨痛的教训为我们上了一堂堂生动的课，值得我们借鉴与深思。

首先看一下美国企业的被动多元化战略。

"在美国 20 世纪 30 年代到 70 年代期间，美国国内一直保持着对垄断企业的高压态度。高压的反垄断政策对美国大企业产生了直接的影响，美国大企业为了维持增长，转向收购与主业行业无关的公司，美国大企业向多样化公司发展。"（见董磊著《战后经济发展之路（美国篇）》）结果就是"与日本、欧洲大企业利用扩大规模来深化企业优势相比，美国大型企业则由于国内反垄断的原因而逐渐失去了对国外企业的竞争优势。"

20 世纪 80 年代，美国政府发现了这一政策的弊端。为了帮助大型企业加强市场竞争力，收复被日、欧大企业抢占的市场，美国政府放宽了对反垄断的管制。于是，美国企业才有机会以主营业务为中心，将企业迅速做强，产生了很多具有国际竞争力的跨国公司。比如美国 GE 公司，虽然也是多元化，但杰克·韦尔奇执政后，采取了著名的"数一数二"原则，只保留行业数一数二的产业，其余的都关闭或卖掉，从而使各事业部聚焦在自己擅长的领域，确保了市场的竞争力，取得了巨大的成功。

美国企业被动多元化的发展历史告诉我们，大而不强，企业就没有竞争力。下面我们再看一下日本企业主动多元化的例子。

战后，日本国内百废待兴，再加上朝鲜战争的强大市场需求，在美国的支持下，日本经济进入了一个前所未有的高速发展期，造就了很多非常庞大的企业集团，如东芝、松下、日立等。但如果我们将时间轴拉长来看，这些企业长期的经济效益并不理想。

杰克·特劳特从营销和战略的角度，把美国企业主流的经营哲学称为 A（America，即美国）模式，把日本企业主流的经营哲学称为 J（Japan，即日本）模式。总体而言，A 模式最为显著的特点就是聚焦，狭窄而深入，J 模式则宽泛而浅显，就是大而不强。

通过长期跟踪这些企业的财务状况，杰克·特劳特发现，J 模式企业的盈利状况极其糟糕。日立、松下、索尼、东芝、富士通、三洋，这可都是日本响当当的国际大品牌，但在 1999～2009 年十年间，这六家大公司的经营成果居然是亏损 108 亿美元，而美国 500 强企业同期平均利润率却是 5.4%。由此可见，从更宏观的层面看，日本经济长期低迷的根源除了糟糕的货币政策、金融资产泡沫破灭等因素之外，还有在 J 模式之下，企业糟糕的盈利水平。

近些年来，由于经营困难，这些日本企业被迫靠出售相关业务以维持生存。

2011 年，海尔与三洋电机签订并购协议，海尔收购三洋在日本和越南、印度尼西亚、菲律宾和马来西亚的白电业务。

2015 年，长虹公司收购了松下旗下三洋电视业务，获得"三洋"品牌在中国大陆地区的电视品类独家使用权，并承接"三洋"品牌电视的开发、生产、销售和服务。

2015 年，海信收购了日本夏普在墨西哥工厂的全部股权，同时获得了夏普在美洲除巴西以外地区的电视品牌授权。

2016 年，日本夏普公司接受鸿海精密注资，成为鸿海的子公司。

2017 年 11 月，联想集团收购富士通全资公司富士通客户端计算设备有限公司 51% 的股权。

2017 年 11 月 14 日，海信集团收购东芝电视，海信将拥有东芝电视的产品、品牌、运营服务和东芝电视全球 40 年的品牌授权。

这些日本电子企业的纷纷凋谢，一方面是因为家电等电子行业进入了微利时代，另外一个主要因素，也是这些企业业务不聚焦所致。

日本电子企业的困境，无疑为一些企业的多元化战略敲响了警钟。

中国企业竞争战略的两条实现路径

按照迈克尔·波特的理论，每个企业都可以根据自己的实际情况选择一种适合自己的战略，少数企业可以选择一种以上的竞争战略。但作者认为，迈克尔·波特的理论是基于国外成熟的、充分竞争的市场，直接应用在中国当前经济形势下是有局限性的。中国企业正处于快速而复杂的经济转型期，竞争战略也应该随着公司发展阶段不同而相应改变，是一个动态的转变过程，不能局限于单一战略，需要随着企业发展阶段不同而进行相应的调整。我们应该在迈克尔·波特理论指导下，结合国情及企业的实际情况，设计出适合自己的战略发展之路。

在此，作者提出了中国制造企业实现竞争战略的两条路径。

1）第一条实现路径：倒逼模式下的逆向发展路径。在市场激烈竞争的压力下，中国企业必然会由以前的低成本、规模化经营，甚至是多元化战略，逐渐向差异化发展，向聚焦战略方向调整。最终，企业会主动或被动地放弃自己不擅长的产业，把主要精力集中在自己最擅长的领域，实行聚焦竞争，类似今天德国中小企业的发展战略。寒流来临，被冻死的不是只穿一身棉衣的人，很可能是身穿多件华丽单衣的人。经济转型期，一些不能及时调整战略、适应市场的企业就会被淘汰。

即便是前文讲的，曾经有着全球微波炉产业"价格屠夫"之称的格兰仕集团，该公司总裁梁昭贤近期也公开表示："当前中国家电市场的竞争，不再是以价格为中心的。而是以产品、服务、消费者体验为中心，大家需要思考。"从2014年，格兰仕就开始"去价格战"，回归用户和产品方面。梁昭贤强调："格兰仕的转型升级，重点是系统性地推进自动化和精益制造，走出一条差异化的道路来。"

采取这种差异化战略后，格兰仕的经济效益得到大幅度提升，2016年上半年的利税同比增长了20%左右，企业进入了一个良性的发展轨道。

这种"总成本领先战略→差异化战略→聚焦战略"的战略发展路径是企业为适应大环境而采用的一种战略逐渐调整的方法，我们姑且称之为倒逼模式下的逆向发展路径。请见图 5-4。

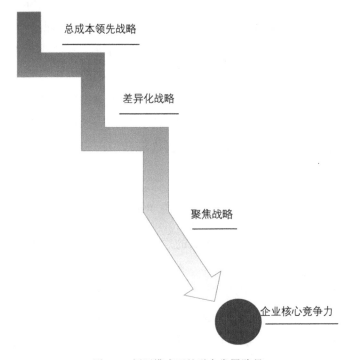

图 5-4　倒逼模式下的逆向发展路径

2）第二条实现路径：主动模式下的正向发展路径。还有一种更有效、更简洁的战略发展路径，就是按照聚焦战略—>差异化战略—>总成本优先竞争战略的路线，作者称之为主动模式下的正向战略发展路径。请见图 5-5。

企业宜先聚焦一个领域，把产品与服务做专、做精，形成自己的竞争力，当后进者进入后，利用自身沉淀衍生出差异化的功能、产品与服务，积极构建自己的"护城河"，并通过领先的规模优势，降低或控制差异化带来的成本增长，以总的性价比赢得市场。

我们举个大家都非常熟悉的案例。贵阳老干妈食品公司成立 20 年来，一直采取聚焦辣椒酱主业的战略。通过潜心研发与工艺控制，生产的辣椒酱具有香辣突出、回味悠长等特点，再辅以个性化的红色包装，"老干妈"形成自己独特的差异化经营，成了消费者的记忆性首选品牌。由于产量大，成本也得到很好控制，竞争对手很难在同一价格区间进行竞争，极大地强化了企业的竞争优势。2017 年产值达到了 44.5 亿，行销 70 多个国家。

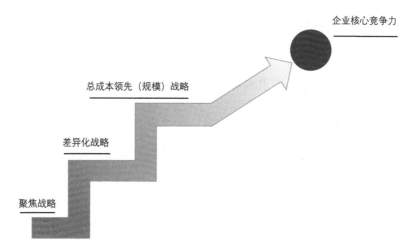

图 5-5　主动模式下的正向发展路径

总之，在当前复杂的经济环境中，制造企业更应该充分借鉴国外成熟的竞争战略理论，密切结合智能制造发展新阶段及企业实际情况，清晰地制订出适合自己企业的竞争战略，未雨绸缪，才能决胜千里！

智能制造的"新四化"

孙子曰："战势不过奇正，奇正之变，不可胜穷也。"

这次工业 4.0/ 智能制造浪潮，既是 CPS 等先进生产力的应用，也是企业经营、管理，乃至社会生产关系重大变革时期。制造企业只有深入分析智能制造的特点，真正把握发展趋势，根据市场情况、企业基础采取不同的战略与战术，才能更好地促进企业智能化的转型升级。

针对本次智能制造的特点及趋势，作者提炼出智能制造"新四化"，希望对制造企业有所启发。

生产定制化

工业 4.0/智能制造时代将是一个在智能化系统支撑下的个性化定制时代。这主要源于供大于求的现状，消费者挑选余地增多以及消费者需要解决特定需求等情况，消费者个性化需求也相应明显增多。

这种新的制造模式，从需求端看是个性化，从供应端看就是定制化。

个性化生产是发展趋势

美国国家工程院院士、美国密歇根大学约拉姆·科伦教授在《全球化制造革命》一书中清晰地说明了这个发展趋势，请见图 5-6。

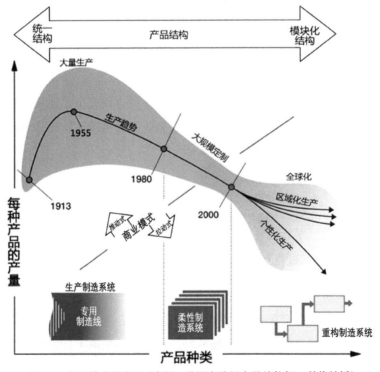

图 5-6 制造模式的变迁（来源：美国密歇根大学约拉姆·科伦教授）

科伦教授对近百年来的工业发展史划出了四个重要的时间节点。1913 年，以移动装配线为代表的传统生产模式，生产效率比较低，但当时社会对商品的需求相对稳定，主要矛盾是解决产能不足的问题。随着自动化生产设备的普及，1955 年左右大规模生产达到巅峰。在市场需求侧推动及供应侧技术牵引下，比如 20 世纪 80 年代数控机床的广泛应用，衍生出了大规模定制的模式。这时候，企业生产的品种增加，消费者的可选择性增加。从 20 世纪 80 年代，数控设备的广泛应用改变了以前专用生产线的模式，而更多地体现出柔性制造系统（FMS）的特点。随着 21 世纪的到来，互联网全面普及，又带动了全球化的生产与营销，主要表现为：供大于求明显，竞争更为激烈，生产模式也从大规模定制逐渐演变为区域化生产与个性化定制等不同形式，以前的柔性产线已不能很好地满足企业敏捷、柔性生产的需要。科伦教授认为，这时制造企业需要进入一个可重构制造系统生产模式，即 RMS（Reconfigurable Manufacturing Systems），以适应多品种、小批量、快速响应市场的个性化生产。

定制化生产也是德国工业 4.0 战略中非常关注的内容。德国工业 4.0 强调指出："支持定制生产：如何满足客户个性化的需求，工业 4.0 的动态价值链能使客户和特定产品的设计、配置、订货、计划、生产和物流得到统一协调。这也为即时响应、生产前甚至在生产过程中最后一分钟的需求变更提供了支撑的可能。"并举例说："实施工业 4.0 的结果是出现动态生产线。车辆成为可以通过装配车间从一个赛博物理系统功能处理模块到另一个自主移动的智能产品。动态重新配置生产线，使得它可以与合适车辆的设备混装并匹配。此外，个体差异（如从另一个车系列配备座椅）可以在任何时间根据物流情况加以执行（如瓶颈问题），而不被中控系统事先设定的时序所约束。执行这类重新配置将很简单，汽车可以自主移动到相关的工作站。现在的制造执行系统 IT 解决方案构成一个核心组成部分，从开始到结束——从设计到组装和操作。"请见图 5-7。

要辩证地看个性化生产模式

首先，个性化生产是趋势。企业要由以前只关注生产供应侧转变为以市场需求侧为中心，高效、高质、低成本地满足市场需要，这就要求企业在基于自动化、数字化、网络化、智能化、精益化、社会协作化的基础上,进行快速研发、柔性生产、高效服务,以提升企业的竞争力。

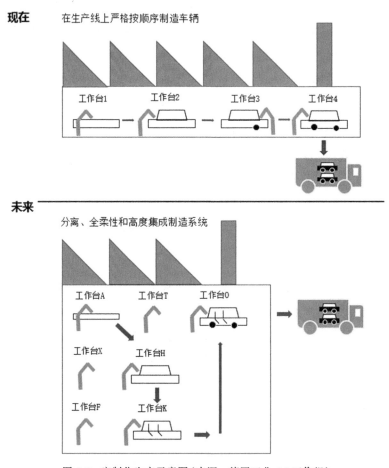

图 5-7 定制化生产示意图(来源:德国工业 4.0 工作组)

其次,个性化要结合企业实际情况,不要过于盲目个性化。很多制造业,如汽车、家电等行业,零部件多(比如,轿车约由 1 万个零部件组成),流程复杂,对自动化产线、工装、模具等依赖性强,不可能像服装等相对简单的行业那样,可以根据客户需求进行快速切换产线。复杂制造企业不要过度追求个性化定制,对大部分制造企业而言,适当的规模化才能产生效益,企业既要兼顾个性化发展趋势,也要通过标准化、模块化、系列化等技术手段,通过知识共用、生产线共用、快速切换等模式，实现共用件等规模化生产。

日前，e-works 总编黄培博士也撰文指出："个性化定制是有条件的，也有不同的模式和不同的定制深度。推进个性化定制如果没有高水平的信息化系统支撑，制造企业可能会得不偿失。因此，企业不能迷信个性化定制。"

业务聚焦化

作者前面已经讲过，从工业 3.0 到工业 4.0 的转变，绝非是因为现在已经出现了某项重大的新技术，催生了工业的脱胎换骨而引发了新一轮工业革命，而是因为在全球产能严重过剩、老龄化日益严重、人力成本快速攀升、环保要求更为严格的大环境下，在全球市场竞争加剧的背景下，是企业面临的一次被动的转型升级。在这个关键节点，最大的变化是市场从供不应求到严重供过于求的转变，对制造企业而言，是企业发展甚至生存的关键时刻，制造企业需要改变以前快速扩张、多元化的粗放型、"加法型"发展模式，向专业化、精益化、"减法型"方向发展，对很多企业而言，需要聚焦自身业务，通过专业化提升自身竞争力。

这方面，德国的"隐形冠军"是我们学习榜样。

赫尔曼·西蒙是德国著名管理学思想家，被称为"隐形冠军之父"，在其著作《隐形冠军——未来全球化的先锋》一书中强调："德国比其他国家有更多这样的隐形冠军，它们是德国与其他国家在全球竞争中的秘密武器。"

西蒙定义了隐形冠军所具备的三个标准：

1）世界前三强的公司或者某一大陆上名列第一的公司；

2）营业额低于 50 亿欧元；

3）不是众所周知的公司。

据统计，全球目前共有 2734 家"隐形冠军"，中国有 68 家，德国 1307 家，德国企业占总数的 47%。其中，65% 的隐形冠军是家族企业，企业平均雇员

2037 名，平均营业额为 3.26 亿欧元，在全球的平均市场份额为 33%，在欧洲则为 38%。有超过 2/3 的隐形冠军是活跃在工业领域，36% 是机械制造，企业平均寿命是 66 年，38% 的存活在 100 年以上。这些企业过去十年资产的平均收益率为 14%，远高于德国工业界的平均水平，79% 的"隐形冠军"是高端产品，94% 的产品处于市场成长期和成熟期，只有 1% 的产品处于衰退期。

以上数据非常诱人。这些"隐形冠军"虽然公司规模不大，但竞争力强，市场占有率高，盈利能力强，寿命长。相反，中国很多制造企业挣扎在生死线上，国内中小企业平均寿命只有 2.5 年，盈利能力、市场占有率等各方面与隐形冠军相比都是相去甚远。

同为制造业，隐形冠军为什么就这么成功？基于业务聚焦基础上做专、做深是其中一个重要原因。

业务聚焦是发展的前提

西蒙在书中写道："只有专注才能成为世界一流。谁试图同时赢得 100 米和马拉松比赛的金牌，在这两个比赛中肯定都会失败。集中力量是获得最佳表现的一个不可缺少的先决条件。大多数隐形冠军只关注个很小的领域。关注的重点可以侧重于不同的内容：客户、产品、服务组合、技能、资源、价值链的某一部分、价位或者其他类似的内容。这些需要关注的内容往往互相重叠。当然，这些内容会随时间而改变。"

创新是企业竞争力的保障

在聚焦的基础上，隐形冠军进行高投入，通过创新来确保长期的竞争力。

西蒙总结说："是创新，而不是模仿成就了世界市场引领者。只有通过创新，通过不断的完善才能保持领先地位。隐形冠军都是优秀的创新能手，它们在研发上的投入是其他公司的两倍。这体现在隐形冠军企业平均每个员工的专利数量比大型企业高 5 倍。而申请每项专利所耗的费用却只有大型企业的 1/5。如果我们把数量和费用结合起来，可以说，隐形冠军们在创新方面的效率是大型企业的 25 倍。"

质量是企业的生命

这些企业视质量为生命，对质量进行精益求精的追求。

为了确保产品质量，隐形冠军在核心零部件上都是亲力亲为，而不是为降低成本而外协了事，甚至为了确保产品的独特性，自己生产机器、工具或中间材料，从而实现了其最终产品的优越性。

增值服务是做强的关键

隐形冠军除了把专业的产品做好以外，还对产品增值服务等进行了深入挖掘。"竞争是永远的生存之战。隐形冠军们与其他企业一样面临着危险，它们手中掌握的武器也与他人的别无二致，并无什么秘密武器或杀手锏。但是它们可能对人性理念的关注优于他人，它们把自己的竞争优势发挥到极致，为用户提供无可比拟的产品和服务质量，在日益重要但又难以模仿的竞争力，如咨询服务、系统集成和方便用户方面变得更强。对于这样的服务水平，用户也愿意付给合理的报酬。"

从以上可以看到，隐形冠军正是在聚焦的前提下，在创新、质量、服务等方面进行了深入而持久的耕耘，才创造出了令人叹为观止的成就。

斗转星移，以前那种粗放型、扩张型已经很难在竞争更为激烈的今天奏效了。制造业企业如想成功转型升级，业务需要做"减法"，只有聚焦化、专注化，才能有更高的成功率，而智能制造正是企业转型升级的必由之路。

协作社会化

德鲁克说："在一日千里的结构性调整浪潮中，唯一幸免的只有变革的引导者。"

在经济转型的今天，企业不仅要打破企业内部的部门墙、企业间的围墙，还要打破以前那种自我封闭、同行是冤家等狭隘的传统思想，与客户以及上下游合作伙伴，乃至同行企业进行广泛而深入的合作。

内部紧密合作

如同前文讲的海尔集团，通过组织扁平化（矩阵化）管理改革、通过信息化手段等一系列措施，以客户为中心，实现企业内部研发、生产、营销、物流、服务等各部门的协作、协同，取得了很好的经济效益与社会效益。

与客户合作

西蒙说："如果企业想要成为市场领导者或者保持市场领先地位，就必须赢得顶级客户并始终满足它们的需求。因此，许多隐形冠军是以它们的顶级客户为导向的。这有两个优势。一方面，顶级客户是企业提高业务水平的内在推动器，另一方面，它们有很好的推荐效应。只有顶级客户的供货商才会成为市场领导者。"

我们一定不要把客户的苛刻要求看作困难，而应该视为机遇，与客户共同攻关、共同解决问题、深入合作，促进企业的创新发展。

与合作伙伴合作

由于每家企业聚焦在特定专业，但对客户来讲，他们需要的可能是一个整体解决方案，这就需要合作伙伴之间进行密切合作，为客户提供增值服务。企业还应该有产业链意识，实现合作伙伴的深度协同合作，在确保质量的前提下，有效降低成本，提升市场响应速度。

与竞争对手合作

与客户合作易，与合作伙伴合作易，但与竞争对手合作难。

中国有句俗话：同行是冤家。这是典型农业社会的思维，是同一巷子里容不下两间酒家的狭隘观念。现在是全球经济，放眼世界，市场无限大，即便是同在一巷子里，发展空间也不一定拘泥于此，所谓的竞争对手很可能会转变为合作伙伴，可以共同为客户提供更有价值的增值服务。

在市场活动中，不可能只有一家公司，有竞争对手是不可避免的。虽然有竞争后，企业压力大了，付出精力与成本增多了，赚钱难度增加，但通过这种压力,才能促使我们深入挖掘自身潜能,将产品做得更有价值,将服务做得更贴心。独木不成林,只有同行多了,才能一起把市场推动起来,把市场做大,很难想象,只有一家供应商的市场能越来越大。从这个意义上说,竞争可以使我们做得更好,使我们自身更强大,良性的竞争无论是对用户,还是对双方发展都是有益处的。如果我们能大度些,眼光长远些,机会就很大,蓝海就会被发现,多家同行就能够共生、共存、共赢。

现在,中华民族正处于伟大复兴的征程中,我们正处于全球经济一体化的进程中,可以说商机无限。我们应该摒弃"商场如战场"这种小农思想,向国外商业巨头学习,比如可口可乐与百事可乐、肯德基与麦当劳、阿迪达斯与耐克、波音与空客等,它们的规模比我们大得多,利润比我们丰厚得多,我们要学习它们是如何良性竞争,是如何和谐发展的。我们还要学习苹果等伟大的公司,它们是怎样以用户为中心,是如何潜心研发出引领行业发展的伟大产品,是怎么创造出一个商业神话的。

智能制造时代,一切要以客户为中心,而不是眼盯对手,同行之间也可合作,只要对客户有价值,只要对企业长期发展有利,一切都可以合作。

工业 4.0 就是社会化的协作

前面讲到,工业 4.0 的有三项集成,就是通过纵向集成完成企业的内部集成,包括信息化系统之间、设备之间,设备与信息化系统之间等。端到端集成是以产品价值链为主线,实现多企业之间的协作,三项集成中最复杂、最终的形式是实现横向集成,实质是实现社会化的深度集成,在此就不再赘述了。

总之,从企业发展来讲,社会化深度协同是企业自身发展的需要,也是整个社会发展的趋势,与发展趋势一致,企业才能勇立潮头,立于不败之地。

市场全球化

狄更斯在一百多年前曾说:"这是最好的时代,这是最坏的时代。"全球化对制造业来说,也是如此。

残酷的全球化竞争已经到来

现在,全球化的趋势越来越明显。以前习惯以生产为中心的中国制造企业,一直将眼光聚焦在企业内,突然之间,国外同行携先进的理念,精良的装备,完善的管理以及专业的服务来了。在激烈的竞争中,很多本土制造企业对全球化还没做好思想准备,耕耘多年的一亩三分地在洋人洋枪洋炮下,很无奈、很无助地被瓜分了,甚至很无辜地就被挤垮了。

2017年9月10日,在"2017世界物联网无锡峰会"上,阿里巴巴集团董事局主席马云讲道:"制造业必须要学会拥抱互联网,未来不存在Made In China,Made In USA,未来的制造业是Made In Internet,未来的制造业全是在互联网上制造。"

互联网上研发、互联网上制造、互联网上营销、互联网上服务,这些新的改变完全颠覆了以前本地制造、本地销售的传统经营模式。互联网与先进制造企业的融合正在改变制造业。

被称为"趋势大师"的托马斯·弗里德曼,早在2006年出版的《世界是平的》中发出了警告:"世界被铲平,当你也感受到铲过来的那股力量时,请找一把铲子向自我的内在挖进去,千万别想要筑墙。"

世界是平的,竞争是全球化的,制造企业必须面对这个现实,将来的同行将会更加国际化、竞争也更将残酷。

全球化是中国企业的新机遇

老子说:"祸兮福之所倚,福兮祸之所伏。"

全球化虽然会带来更多的竞争对手,但也为本土企业带来了更多的发展机遇。前文讨论了德国隐形冠军,这些企业规模不大,它们是如何做大市场的呢?

通过研究,西蒙教授给出了如下说法:"怎样才能扩大市场呢?当然是市场全球化。它是隐形冠军战略的第二个支柱,隐形冠军的全球市场相当于它们本国市场的好多倍。一个只在家里等着客户敲门的企业是不会成为世界市场领导者的。进军世界市场已经被证明是隐形冠军最重要的增长动力。"

出乎西蒙教授意料的是："74%的受访者这样说，它们'从一开始'就以出口起步，40%的受访者甚至声称早在公司成立的时候，就立即成立了在海外的子公司。"

最后，西蒙引用企业的话说："奔向未来世界经济共同体是我们唯一的希望，别无选择。这就是我们的未来。"

同样，对中国制造企业来讲，企业要面向全球化方向发展，要充分利用国外先进的技术、成熟的管理、优秀的人才、良好的服务理念，参与国际竞争，在竞争中壮大自己。

随着智能制造的推进，我们的竞争战略与战术都将不同于以往，会发生很大的变化，需要向生产定制化、业务聚焦化、社会协作化、市场全球化的"新四化"方向发展。

智能制造建设，也必须基于"新四化"，服务于"新四化"。

文化，企业无形竞争力

企业的竞争表面上是产品与服务的竞争，背后实际上是企业管理水平的竞争，但归根到底是企业文化的竞争。如果说产品与服务是鲜美果实的话，管理就是果树，没有果树的根深叶茂，就不可能长出丰硕的果实，而企业文化就是滋养果树的土壤。同样，只有优秀且有深厚沉淀的企业文化，才能孕育出以人为本、以客户为中心、以价值创造为导向等理念的企业管理，才能激发出员工的创造力，才能培养与弘扬精益求精的工匠精神，才能创造好的产品与服务。

企业如果想在竞争激烈与充满不确定性的市场上立于不败之地，就需要建立一套有自己特色、能适应智能制造发展需要的企业文化，这也是企业核心竞争力所在。

文化决定企业走多远

企业文化是企业在成长和发展过程中形成的一系列基本价值观及核心理念，表现为受此影响和制约的企业和员工的思维及行为方式。

经营管理可以决定企业走多快，企业文化决定企业走多远。西蒙在《隐形冠军》一书中说："好公司和坏公司之间真正的区划，并不在机器、设备、工艺流程或者公司结构，而在于企业文化。"西蒙教授认为："和拥有崭新的厂房和设备但员工士气低下相比，那些充满活力的团队在简陋的作坊里用陈旧的机器生产的东西要更多更好。"

"首先，除了因为共同奋斗的方向从而具有凝聚力之外，目标和愿景的重要作用也存在于动力和能量的释放过程中。有了愿景，员工就有了自我意识。同时，愿景也对员工形成了一个规范性的力量，赋予工作以意义和目的。这将会形成一个吸引力，把整个公司凝聚起来。"

西蒙认为："现在，企业文化已经变得很重要，并且在将来还会更加至关重要。之前相比，那种单纯为了钱而工作的人越来越少了，相反工作更多地是为了寻找生活意义、工作乐趣、成就感和社会价值。在当代发达社会工作动力应当处在'人类需求金字塔'比较高的地位。也就是说，工作的要求越高，企业文化就显得越重要。"

在以 80 后、90 后为主力的今天，企业更不能仅仅将待遇作为吸引员工的唯一法宝，而应该在员工的职业发展、工作氛围、社会价值等方面投入精力，进行精心规划，实现马斯洛所说的"自我实现"的最高需求，突破自身极限，实现自身价值。

如何打造企业文化

德鲁克说"管理就是界定企业的使命，并激励和组织人力资源去实现这个使命。"并进一步指出："每个公司都需要简单、明确、一致的目标。它必须是易于理解和有足够的挑战性，这样才能建立共同的企业愿景。今天我们经常谈论的企业文化，实际上指的是引导整个企业的信托责任，即所承诺的共同目标和价值观。

吉姆·柯林斯和他二十余人的团队耗费六年多时间，从世界五百强中精选出最卓越的十八家企业，称之为高瞻远瞩的公司。经过抽丝剥茧，深入剖析，柯林斯在1994年推出了他的成名作——《基业长青》，提炼出了这些高瞻远瞩的企业所具有的八条共性，受到了全球企业界的高度认可，其中有两条与企业文化直接有关。

要有利润之上的追求

柯林斯认为，"利润是生存的必要条件，而且是达成更重要目的的手段，但对很多高瞻远瞩的公司而言，利润不是目的，利润就像人体需要的氧气、食品、水和血液一样，这些东西不是生命的目的。但是，没有它们，就没有生命。"员工不能唯利是图，企业也不能唯利是图，不能只着眼于利润，只着眼于眼前，更"要有利润之上的追求。"作为国内卓越的公司，华为就是这方面的典范。

在《华为基本法》中就开宗明义地指出：

第一条：华为的追求是在电子信息领域实现顾客的梦想，并依靠点点滴滴、锲而不舍的艰苦追求，使我们成为世界级领先企业。为了使华为成为世界一流的设备供应商，我们将永不进入信息服务业。通过无依赖的市场压力传递，使内部机制永远处于激活状态。

第三条：广泛吸收世界电子信息领域的最新研究成果，虚心向国内外优秀企业学习，在独立自主的基础上，开放合作地发展领先的核心技术体系，用我们卓越的产品自立于世界通信列强之林。

第七条：华为以产业报国和科教兴国为己任，以公司的发展为所在社区做出贡献。为伟大祖国的繁荣昌盛，为中华民族的振兴，为自己和家人的幸福而不懈努力。

我们可以将这三条概括为，以客户为中心，采取开放合作的态度，以产业报国与科教兴国为己任，立志成为世界级的领先企业，为国家富强和民族振兴而努力。

即便是对待利润，任正非也多次强调不能追求暴利，要追求合理利润率。比如，任正非说："华为公司不需要利润最大化，只将利润保持一个较合理的尺度。我们追求什么呢？我们依靠点点滴滴、锲而不舍的艰苦追求，成为世界级领先企业，来为我们的顾客提供服务。""公司的生存发展需要利润，但我们强调深淘滩、低作堰，只赚取合理的利润。我们要让上下游的合作伙伴也有合理的利润，营造端到端产业链的强健。"

正是基于这种远大抱负与利润之上的追求，华为始终保持一种积极向上的进取精神，逐渐从弱小到强大，最终成为世界一流的公司。

要有教派般的文化

柯林斯还发现，这些高瞻远瞩的公司都具有清晰的、一贯的核心理念，并在以下多方面进行坚持：

- ▶ 在新人培训与后续培训计划中教导价值观、标准、历史和传统。

- ▶ 用奖赏、竞赛、公开表扬等形式奖励符合公司理念的人，用明显、有形的惩罚惩处逾越理念界限的人。

- ▶ 宽容不违反公司理念的诚实错误（小过失），对于违反理念的行为（罪恶）和人员严惩不贷或解雇。

- ▶ 用口头和文字等多种形式不断强调公司的价值观、传统及与众不同的团体意识。

- ▶ 提供的不是"温和"和"舒适"的环境，而且从绩效和对公司理念的认同上，严格挑选和要求员工，给员工灌输信仰，并要求严格符合公司的理念，从而组成精英团队。

为了将写在纸上的企业文化根植到每个人心中，落实到企业日常工作中，华为公司创始人任正非先生三十多年来可谓费尽心血，通过言传身教，终于打造出一支精诚团结、能征善战的队伍，成就了企业今日的辉煌。

《华为基本法》中的"第二条：认真负责和管理有效的员工是华为最大的财富。尊重知识、尊重个性、集体奋斗和不迁就有功的员工，是我们事业可持续成长的内在要求。"以及"第四条：爱祖国、爱人民、爱事业和爱生活是我们凝聚力的源泉。责任意识、创新精神、敬业精神与团结合作精神是我们企业文化的精髓。实事求是是我们行为的准则。"

概括起来就是说，华为公司最大的财富是那些爱祖国、爱人民、爱事业和爱生活，具有责任意识、创新精神、敬业精神和团结合作精神，能够认真负责和管理有效的员工。

正是在这种氛围熏陶下，华为人真正以客户为中心，以市场为导向，争分夺秒，与时间赛跑，几乎每个华为开发人员都有一张床垫，困了就躺一会，醒来继续干，形成了独特的"床垫文化"。"床垫文化"代表了华为人艰苦创业、坚韧不拔、努力拼搏的精神，践行了《华为基本法》中的"以客户为中心，锲而不舍的艰苦追求和认真负责的敬业精神。"

"华为人必须有战战兢兢，如履薄冰的居安思危的工作态度。"为了提升员工的忧患意识与进取精神，任正非发表了"华为的冬天"等一系列文章与讲话，"我天天思考的都是失败，对成功视而不见，也没有什么荣誉感、自豪感，而是危机感。"尽管已经是世界通信产业的领导者，2016年5月30日，在全国科技创新大会上，任正非直言不讳地说："华为现在的水平尚停留在工程数学、物理算法等工程科学的创新层面，尚未真正进入基础理论研究。随着逐步逼近香农定理、摩尔定律的极限，而对大流量、低时延的理论还未创造出来，华为已感到前途茫茫，找不到方向。华为已前进在迷航中。"

正是这种前瞻性的忧患意识，"通过无依赖的市场压力传递，使内部机制永远处于激活状态。"华为公司迸发出了强大的发展动力，并逐渐形成了"胜则举杯相庆，败则拼死相救"的"狼性"团队合作精神。

为了坚守企业的核心价值观，任正非对违规违纪行为也毫不手软。2018年1月17日，华为公司对部分经营单位发生了经营质量事故和业务造假行为进行了严肃处理，对包括任正非自己在内的高管进行问责处理，并全公司通报批评。

正是因为华为公司长期坚持打造明确的企业文化，并通过长期的践行，终于成了世界级领先的企业。

在企业转型升级的过程中，在推进智能制造的今天，我们也需要像德鲁克、西蒙、柯林斯等学者所言，像华为公司那样所为，要明确企业的愿景、历史使命与价值观，注重企业文化的建设，并始终如一地贯彻。对内，要以人为本，善待自己的员工，通过培养、培训，让员工掌握一定的技能和拥有良好的职业发展；通过科学的管理与积极向上的企业文化，为员工创造一个公平、愉快、高效的工作环境；通过创新管理，以智能制造等先进理念与手段，在节约资源、绿色生产等方面为社会做出自己的贡献。对外，要在先进的自动化、数字化、网络化、智能化与科学管理的基础上，为客户提供高效、高质的产品与服务，确保企业能在严峻而复杂的经济环境中成功转型升级，将企业打造成一个有追求、有社会价值、有担当、有发展前景的现代化企业！

Part 优术篇

技术使能，智能制造的落地战术

道为术之灵，术为道之体。

——孙子

自动化、数字化、网络化、智能化、CPS（赛博物理系统）、工业互联网等都是企业推进智能制造的重要手段与方法，是属于"术"的层面，如何以企业根本目标为中心，结合企业实际情况，在这些手段与工具中进行合理选择与优化使用，制订适合企业的落地战术，事关企业转型升级的成败，事关企业的未来发展。

本篇以"优术"的视角，为您深度剖析CPS、工业互联网等概念、本质、发展方向及如何在制造企业中落地。

——作者

第六章

Machine Intelligence

CPS 赋能，智能制造的核心驱动力

> 博学之，审问之，慎思之，明辨之，笃行之。
> ——《中庸》

CPS 被认为是"德国工业 4.0"的核心技术，美国也将其列为八大关键的信息技术之首。既然 CPS 如此重要，我们就需要追根溯源、广泛地求证、深入地学习与思考，然后实地力行。只有深入理解 CPS，并以之为抓手，才能促进它在企业智能制造中落地。

众说纷纭，共话赛博渊源

CPS 是赛博物理系统（Cyber-Physical Systems）的缩写，被认为是"德国工业 4.0"的核心技术。2007 年 7 月美国总统科学技术顾问委员会在《挑战下的领先——竞争世界中的信息技术研发》报告中列出了八大关键的信息技术，其中 CPS 位列首位。

但何为 CPS，甚至什么是 Cyber？可以说是众说纷纭。实施智能制造，一定要深刻理解 CPS，而理解 CPS 的前提，就要首先理解 Cyber 的含义。

从历史源头看赛博

由于很多专家将 Cyber-Physical Systems 翻译成"信息物理系统"，很多人就

误认为 Cyber 是信息了，很容易将其与 ERP、MES 等信息化系统等同起来。也有些学者将 CPS 翻译为网络 – 实体融合系统，将 Cyber 等同于网络，从严格意义上讲，这都是不准确的。

Cyber 是 Cybernetics 的字根，来源于希腊语，原意为掌舵术，包含了调节、操纵、管理、指挥、监督等多方面的含义。

Cyber 这个词最早用于科学术语是美国数学家、控制论创始人维纳在 1948 年出版的《Cybernetics》（中文版被翻译为《控制论》）一书中提出的。于是，很多人将 Cybernetics 称之为控制论，但"控制论"也不能完整表达 Cybernetics 的意思，建议音译为赛博学为宜。

最近，德国人托马斯·瑞德教授新作《机器的崛起——遗失的控制论历史》（英文书名为《Rise of the machines: A Cybernetics history》），以三十余万字的篇幅对 Cybernetics 在自动化、战争、文化等方面的研究与应用进行了详尽阐述，应该是目前研究赛博学比较全面的专著了。

在书中，我们可以看到维纳赛博学思想萌芽产生于 20 世纪 30 年代中期，特别是 1935～1936 年维纳先生在中国这一年间，赛博学得到了很大的发展。

李郁荣博士是中国第一位学习和研究现代通信和控制的学者，也恰好是维纳的学生。正是在李郁荣配合下，维纳完成了他的第一个网络专利。但在李郁荣 1930 年获得博士学位并回国后，维纳在研究方面遇到挫折，于是，维纳携家人也来到李郁荣任教的清华大学，师生再次密切配合了一年，在科技方面取得了很多进展，并使维纳对反馈作用、意义及其复杂性加深了理解，为后来赛博学的提出奠定了基础。

1940 年，维纳获得美国政府的一个研究项目，即"研究如何预测目标飞行模式"。1942 年 6 月，在维纳与助手提交的研究报告中，就体现了维纳赛博学的核心观点，他们推断人和机器正在形成一个整体、一个系统和一个联合的机制，该组合机制实际上将表现得类似于一个伺服装置，一个根据误差自动校正其性能的设备。尽管项目最后被终止了，但在后来维纳出版的《控制论》中还是对防空问题及人机交互、控制与反馈进行了重点讨论，反映出了维纳前面的这些思想。

1948 年，维纳组织了每周一次的跨学科研讨会，来自不同领域的哲学家、工程师、心理学家、数学家以及声学和神经生理学等领域的专家参与讨论，这些人被称为"维纳学派"，不同领域专家的思想碰撞，逐渐形成了控制论的三个核心思想：控制、反馈、人机融合。

维纳在《控制论》中提出"闭环反馈、自稳定系统能够'自我'调整行为和学习的机器的魔力。"

进入 20 世纪 60 年代后，赛博（Cyber）成了在产业界非常流行和广泛使用的词汇，它用以描述使用电子计算机控制的自动化，各种带 Cyber 前缀的应用非常广泛，比如 Cyberspace（赛博空间），Cyberworld（赛博世界），Cyberculture（赛博文化），Cyberwar（赛博战争），Cyborg（赛博格 / 生化机器人）等。

1985 年，加州大学教授唐娜·哈洛维发表《赛博格宣言》(《A Cyborg manifesto》)，文章认为："一个赛博格就是一个生控体系统，是机器和有机物的一种组合。"该文章还指出"现代战争是赛博格的狂欢，代号是 C3I，是指挥（Command）、控制（Control）、通信（Communications）、情报（Intelligence）"的缩写。

维纳对 Cybernetic 的定义为："设有两个状态变量，其中一个是能由我们进行调节的，而另一个则不能控制。这时我们面临的问题是如何根据那个不可控制变量从过去到现在的信息，来适当地确定可以调节变量的最优值，以实现对于我们最为合适、最有利的状态。"

赛博不仅限于控制

由于受维纳《控制论》中文版名称的影响，很多人将 Cyber 翻译为控制，这也不够准确。

著名智能制造专家宁振波研究员认为:"现代的Cyber不只是控制的意思,应该有五个含义:控制、通信、协同、众创、虚拟。"并强调指出赛博的含义应该远大于控制。

信息安全专家、北京邮电大学杨义先教授认为:"赛博学是20世纪最伟大的科学成就之一。无论是从世界观,还是从方法论,或是从历史沿革、内涵与外延、研究内容和研究对象等方面来看,'赛博'都绝不仅仅囿于'控制',因为赛博学本身就是自动控制、电子技术、通信技术、计算机技术、神经生理学、数学逻辑、语言等多学科相互渗透的产物,它研究各类系统所共有的通信和控制特征,而无论这些'系统'是机器还是生物体,甚至是社会等。"

中国指挥与控制学会理事长、中国工程院院士戴浩认为:"基于对Cyber的溯源分析,发现其内涵随时间演进发生了微妙变化,用计算机、网络、电子、信息、控制、虚拟等中文单词都不能表达其边界模糊、捉摸不定的特征。因此,我主张将Cyber译为'赛博'。至于'赛博'的确切含义,可以仁者见仁,智者见智。"

戴浩院士指出:"维纳发表《控制论》时,有个副标题,即'关于在动物和机器中控制和通信的科学',可是我们将主标题的Cybernetics和副标题中的Control都译成了'控制'。实际上,Cybernetics具有控制、反馈、通信、人机交互等多重含义,它并不仅仅是'Control'的同义词。"

戴浩院士还说"经考证,Cybernetics刚传入中国时,曾译为'机械大脑论',意即会思考的机器。1961年在翻译维纳《Cybernetics》第二版时,罗劲松、龚育之等4名学者以郝季仁(音同'好几人')为笔名,将书名改译为《控制论》,这一中译本影响深远,导致今天仍有很多人将词根'Cyber'和Cybernetic,Cybernation均译成'控制'。"

中国科学院自动化研究所复杂系统管理与控制国家重点实验室主任王飞跃也认为:"把Cybernetics翻译成中文'机械大脑论'的提议,其实这至少能表述原意75%的含义,而'控制论'似乎只能传递原意的25%。"

在此,作者建议,与其将Cyber翻译成信息、网络、控制等不太准确的名称而造成歧义，甚至误导大家，还不如索性就音译，就叫作"赛博"，如同雷达、坦克一样，用很多语言解释不清楚，直接音译也许是一种较为谨慎的做法。

智能制造"点金术"——CPS

按照百度百科定义，CPS 是一个综合计算、网络和物理实体的多维复杂系统，通过 3C（Computing、Communication、Control）技术的有机融合与深度协作，通过人机交互接口实现和物理进程的交互，使赛博空间以远程的、可靠的、实时的、安全的、协作的方式操控一个物理实体。CPS 包含了将来无处不在的环境感知、嵌入式计算、网络通信和网络控制等系统工程，使物理系统具有计算、通信、精确控制、远程协作和自治功能。

CPS 源于美国 2006 年 2 月发布的《美国竞争力计划》。2006 年，美国国家自然科学基金会海伦·吉尔教授将 CPS 定义为："赛博物理系统是在物理、生物和工程系统中，其操作是相互协调的、互相监控的和由计算核心控制着每一个联网的组件，计算被深深嵌入每一个物理成分，甚至可能进入材料，这个计算的核心是一个嵌入式系统，通常需要实时响应，并且一般是分布式的。"

作者在《三体智能革命》指出："CPS 结构的系统一定是一个智能系统。数字虚体托身于赛博装置（如芯片等）之中而嵌入物理设备。感知＋计算＋通信＋联网＋控制，五位一体，软件和算法以认知的形式体现了人的意识和智慧，最终以智能行为方式，实现了对物理实体的精确控制。"

前文讲过，CPS 中第一个单词是 Cyber，源于希腊语，被美国人借用后，就代表与 Internet 相关或电脑相关的事物，即采用电子或计算机进行的控制。作为 IT 强国，美国一直强调的是"软实力"。美国擅长的是信息化，在设备（数控设备、嵌入式设备等）方面并不突出，因此美国虽然率先提出 CPS 概念，但在随后的几年里，都是作为科学来研究的 CPS 不温不火。德国为了"确保制造业的未来"，提出了工业 4.0 的概念，核心就是 CPS 技术，并助推 CPS 成为了风靡世界的概念，这主要得益于德国雄厚的工业基础，特别是数控设备为代表的机械制造业以及领先全球的德国嵌入式等信息技术。

作为制造大国的中国，正处于由制造大国向制造强国迈进的关键时期，制造企业面临着严峻的经济转型升级压力，国家审时度势地提出了"中国制造2025"国家级战略，与美国工业互联网、德国工业4.0异曲同工。"中国制造2025"时机精准、方向正确、目标清晰，再加上中国工业、信息技术发展迅速，工业基数大，作为智能制造的CPS赛博物理系统也必将在中国制造业转型升级过程中发挥巨大的促进作用。

划层分级，CPS一统江湖

CPS在我国得到高度重视，在《中国制造2025》中明确强调："基于信息物理系统的智能装备、智能工厂等智能制造正在引领制造方式变革"，CPS已经成为智能制造的核心支撑技术与重要抓手。

2017年3月1日，工信部正式发布《信息物理系统白皮书（2017）》（以下简称"白皮书"），白皮书中对CPS的内涵、架构、实现等进行了系统的阐述，并对CPS进行了三个层次的明确划分，即单元级、系统级、SoS级（系统之系统），分别以"网""平台"为标准，从功能范围上界定了CPS的分级。该白皮书的发布对CPS在中国快速发展起到了积极的推动作用。

作者经过深入研究后认为，这种划分只是从横向上进行了一维的定义，在指导落地方面尚显不足，还应该从其他维度进行定义与划分，通过多维度定义、组合、演进，将CPS进行进一步分类，简化其复杂性，降低其落地难度，形成更多易于落地的解决方案，从而更好地指导、促进智能制造的发展。

三个层次揭示CPS演进方向

中国白皮书的划分

白皮书将CPS分为三个层次，分别是单元级、系统级、SoS级，通过三个层次的划分，可以清晰地看出CPS的演进发展方向。

白皮书对这三级 CPS 的定义如下：

- 单元级 CPS：单元级 CPS 具有不可分割性，其内部不能分割出更小 CPS 单元。单元级 CPS 能够通过物理硬件（如传动轴承、机械臂、电机等）、自身嵌入式软件系统及通信模块，构成含有"感知－分析－决策－执行"数据自动流动的基本闭环，实现在设备工作能力范围内的资源优化配置。

- 系统级 CPS：在单元级 CPS 的基础上，通过网络的引入，可以实现系统级 CPS 的协同调配。在这一层级上，多个单元级 CPS 及非 CPS 单元设备的集成构成系统级 CPS。

- SoS 级 CPS：在系统级 CPS 的基础上，可以通过构建 CPS 智能服务平台，实现系统级 CPS 之间的协同优化。在这一层级上，多个系统级 CPS 构成了 SoS 级 CPS，如多条产线或多个工厂之间的协作，以实现产品生命周期全流程及企业全系统的整合。

白皮书分别以"网""平台"为标准，将 CPS 划分为三级，定义得非常清晰。请见图 6-1。

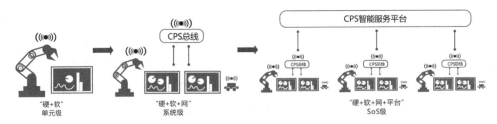

图 6-1　白皮书对 CPS 三个层次划分（来源：《信息物理系统白皮书（2017）》）

美国 NIST 的划分

美国国家标准与技术研究院（NIST）于 2016 年 5 月发布的《信息物理系统框架》也是典型的三个层次，分别是人机协同下的设备级、系统级和 SoS 级。请见图 6-2。

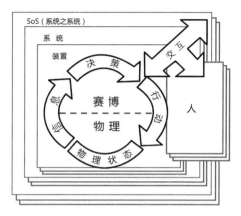

图 6-2　NIST CPS 框架（来源：NIST）

德国的划分

德国达姆施塔特技术大学的 Reiner Anderl 教授给出了如图 6-3 的 CPS 演进路径，

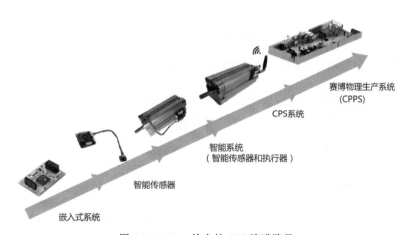

图 6-3　Reiner 给出的 CPS 演进路径

即在嵌入式系统与智能传感器等基础上形成智能系统（包含智能传感器和执行器）、CPS 及 CPPS（赛博物理生产系统）。

从中、美、德三国对 CPS 演进的划分来看，中国白皮书划分最为清晰（以"网""平台"作为划分标志），美国 NIST 的定义最为经典，并且突出了"人"的作用，德国 Reiner 教授的演进路径体现了德国一贯务实的风格，完美地融入了他最擅长的嵌入式、制造等技术。通过这些划分，我们可以很清晰地看到 CPS 由简单到复杂、由低级到高级的演进路径。

一维界定属性，二维更利落地

但作者认为，这种横向一维的划分只是对系统属性进行界定，对指导 CPS 如何落地尚显不足，如果加上纵向智能层级属性形成二维的定义，将有利于对 CPS 的理解，并可更好地促进 CPS 的落地。

智能系统的三个层级

结合《三体智能革命》对智能系统定义的五大特征：状态感知、实时分析、自主决策、精准执行、学习提升，我们可以将智能分成三个等级。

- 初级智能系统：具备状态感知、基于指定条件而自动决策、即刻执行的系统。

- 中级智能系统：具备状态感知、基于复杂条件但可进行实时分析、自主决策、精准执行的系统，在初级智能基础上强调了系统的分析与决策能力。

- 高级智能系统：具备智能的五个全部特征，状态感知、实时分析、自主决策、精准执行、学习提升，系统具有一定的认知能力，以及学习提升的持续发展能力。

"二维九格" CPS 落地方案

基于以上两个维度的划分组合，即通过横向的三个属性层级与纵向的三个智能层级，我们可衍生出九种 CPS 落地方案，请见表 6-1。

表 6-1 CPS 九种落地方案

	单元级	系统级	SoS 级
初级智能	初级智能/单元级	初级智能/系统级	初级智能/SoS 级
中级智能	中级智能/单元级	中级智能/系统级	中级智能/SoS 级
高级智能	高级智能/单元级	高级智能/系统级	高级智能/SoS 级

根据以上划分，在单元级这一列共有三组不同智能等级的 CPS，共同特点是最小的 CPS 单元，具有不可分割性。

- 初级智能 / 单元级：如冰箱恒温装置。该装置可感知温度，在温度超出一定范围后，能自动决策，即刻启停制冷开关。这是 CPS 一种最基本的初级智能、单元级的应用。

- 中级智能 / 单元级：如机床自适应切削系统。机床可根据主轴负载变化，基于设定的规则及算法，在较小载荷的情况下自动增大进给速率，在较大载荷的情况下又会自动减少进给速率，达到缩短加工周期、提高加工效率和提升加工质量的目的。系统具有实时分析、自主决策、精准执行的特点，并具有不可再分割的特点，所以是一种中级智能 / 单元级系统。

- 高级智能 / 单元级：如智能工业机器人。智能工业机器人可以利用视觉、力觉等外部传感器实时感知复杂的外部环境及工作对象，通过机器深度学习，灵活地调整机器人在生产中的轨迹、动作。系统除了状态感知、实时分析、自主决策以外，还具有学习认知的能力，但由于具有不可再分割性，也无须网络就可以工作，因此，智能工业机器人可以认为是一种高级智能 / 单元级系统。

第二列是三组系统级 CPS 的例子，共同特点是引入了"网络"的概念。

- 初级智能 / 系统级：如宾馆火灾烟雾自动监控报警系统。每个房间的感烟探测器感应到烟雾后，将信号通过网络传递到中央控制室，启动报警设施，自动启动喷水灭火系统进行灭火，并做出声光报警等应急措施。这是一种通过网络、具有实时感知、自动决策、即刻执行特点的初级智能系统级 CPS。

- 中级智能 / 系统级：如智能车间 / 产线。通过设备物联网子系统实现所有数字化设备的网络化通信、远程实时状态采集、工业大数据分析与可视化展现，并通过 MES 对计划、排产、派工、物料、质量进行智能化管理，当设备、物料、质量等出现问题时，系统会自动通知相关人员，甚至自动进行声、光、电等报警响应，实现了设备、生产过程等的状态感知、实时分析、自主决策（准确地说，这里是部分自主决策，有些需要相关人员基于数据与现场情况进行人为决策）与精准执行，实现了设备等物理世界与 MES 等赛博世界的深度融合，可以算是一种典型的中级智能系统级 CPS。

- 高级智能 / 系统级：这种系统具有自学习、自认知功能，如设备预测性维护系统。系统通过实时采集设备状态，进行数据挖掘与历史数据分析，并与其他类似设备数据进行比较，能通过自学习的方式推理、判断即将发生的故障，达到进行预测性维护的目的。

SoS 级具有"平台"概念，并实现了多 CPS 之间的协同优化，是比较复杂、相对高级的 CPS，以下是从智能层级方面对 SoS 级 CPS 的划分。

- 初级智能 /SoS 级：如共享单车。单车通过 GPS 定位单车位置，通过 APP 获知客户信息，从云端服务器发送开锁信息进行电控锁的开关，系统具备了状态感知、自动决策、即刻执行的特点。系统由众多初级智能的单元级系统组成，并是基于云平台进行多系统之间协作的大系统，这可以算是一种简单的初级智能 SoS 级 CPS。

- 中级智能 /SoS 级：如汽车导航系统。具备位置、路况等信息的状态感知，通过实时分析形成最优路线，并根据实时路况给出最优的路线，具有典型的"状态感知、实时分析、自主决策、精准执行"的四个特征，这些数据是基于云平台上众多汽车采集的信息并进行协同优化，是一种中级智能平台级的 SoS 级 CPS。

- 高级智能 /SoS 级：系统既具有自认知、自学习等高级智能特点，还具有多系统协同优化的特点，如一些带有预测性维护等高端功能的工业互联网平台等。这是复杂而高级的 CPS。

作者将这种从横向属性、纵向智能两个维度定义 CPS，并衍生出九种 CPS 落地方案的方法，称之为 CPS"二维九格"定义法。

通过上述定义，我们可以发现 CPS 并不神秘，通过界定、细化各 CPS 层级的属性、智能程度等因素，使 CPS 更容易落地。企业结合自身特长，将自己清晰地定位在某一格或某几格（不一定是难度最大的高级智能层级），重点突破，就可以相对容易地设计出富有创意的产品，支持企业创新的开展，这对"万众创新"具有积极的推动作用。同样，也可以很容易衍生出各种解决方案，比如，通过共享单车这类个体初级智能的 SoS 级 CPS，形成不同的商业模式，从而有效地支持"大众创业"。

CPS 多维定义迫在眉睫

现在，工业 4.0 已经成为影响全球的德国国家战略，也是非常成功的国家级营销。但假如说，德国对工业 4.0 的描述只是停留在一个核心（CPS）、三项集成（纵向集成、端到端集成、横向集成）的水平上，大家对工业 4.0 也只能有个模糊概念。如果对工业 4.0 如何落地，如何衍生新的商业模式仍然是一头雾水，那么就很难推动工业 4.0 的实现。聪明的德国人从三个维度进行了设计，通过"工业 4.0 参考模型架构（RAMI4.0）"这个模型（请参见图 2-8），工业 4.0 的各种落地方案、商业模式就呼之欲出了。

GE 公司则用一个二维的定义将工业互联网进行阐述，机器 – 设施 – 机群 – 网络，智能装置 – 智能系统 – 智能决策，从哪开始做，做成什么样子，都清清楚楚地表达出来了，请见图 6-4。

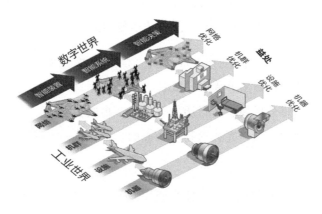

图 6-4 GE 公司工业互联网示意图

在中国制造全力向中国智造转型升级的关键时刻，我们可以将 CPS 作为重要抓手，通过 CPS 二维甚至多维的定义等方式，推动 CPS 的有效落地，从而助力中国智能制造的快速发展。

数字孪生，CPS 构建基础

近几年来，"Digital Twin"（数字孪生，也有人译作数字双胞胎）一词，因为若干知名外企频繁使用的示范带动效应和国内一些专家的介绍，在业界广为流传，并受到业界越来越多的重视，基本共识是它是构建 CPS（赛博物理系统）的基础，是软件定义的重要体现，也是复杂产品研制的必备手段。而"数字双胞胎"一词则是来自对"Digital Twin"一词的一种理解与翻译。

数字孪生的定义

根据目前所看到的资料，"Digital Twin"一词由美国密歇根大学的 Michael Grieves 教授，于 2003 年在他讲授的 PLM（产品生命周期管理）课程上引入，并且于 2014 年在其所撰写的白皮书"Digital Twin: Manufacturing Excellence through Virtual Factory Replication（数字孪生：通过虚拟工厂复制实现制造卓越）"中进行了详细的阐述。

美国国防部、PTC 公司、西门子公司、达索公司等都在 2014 年接受了"Digital Twin"这个术语，并开始广泛宣传中使用。

根据中航工业集团王鸿庆等人撰写的"Digital Twin 数字孪生 | 工四 100 术语"文章介绍，美国国防采办大学（DAU）的术语中这样介绍：数字孪生是充分利用物理模型、传感器更新、运行历史等数据，集成多学科、多物理量、多尺度的仿真过程，在虚拟空间中完成对物理实体的映射，从而反映物理实体的全生命周期过程。

按照《三体智能革命》中"三体智能模型"来理解，数字孪生是以数字虚体的形式，对物理实体的形、态、行为和质地等进行了尽量精确对应的"映射式"

描述。这一种描述可以有不同的颗粒度、精细度和逼真度。

对于有些人将"Digital Twin"翻译成"数字双胞胎",作者经过考证后认为,"Digital Twin"一词在翻译和理解时,既不宜限定在"双",也不宜理解为"胎",该词借用"Twin"之意,所表达的是一种数字虚体与物理实体非常相像的虚实映射关系。建议翻译为数字孪生更为符合原意。

数字孪生 ≠ CPS

在这里,也顺便澄清一个概念,很多人分不清楚数字孪生与 CPS,经常将二者搞混,误以为数字孪生就是 CPS。

应该说,数字孪生是建设 CPS 的基础,是 CPS 发展的必经阶段。所谓建立数字孪生关系,就是以"软件定义"的方式,对物理实体(物理孪生体)建立了完全对应的数字虚体(数字孪生体),所创建的数字虚体经历了一个从其"形"、其"态",逐渐向物理实体的"形、态"逼近的过程,直至看起来完全"相像",如同孪生兄弟一般(当然并不是)。

当数字虚体与物理实体在时空状态上都相像之后,距离 CPS 还有一步之遥,即控制。从物理实体一侧,是否能实现对数字虚体的控制(以 P 控 C)?反之,从数字虚体一侧,是否能实现对物理实体的控制(以 C 控 P)?尤其是"以 C 控 P",是判断是否实现了 CPS 的核心要求。

实际上,在三年前撰写《三体智能革命》书时,作者就给出了一个典型的 CPS 结构图,在图中明确以数字机器与物理机器相对应、虚实映射的方式,说明了数字孪生与 CPS 之间的关系。值得说明的是,当时所有作者并不了解 RAMI4.0 中 CPS 的结构,但是作者等根据 CPS 的基本原理推敲出来的 CPS 结构竟然与 RAMI4.0 中介绍的 CPS 结构几乎如出一辙。如图 6-5 所示。

数字虚体与物理实体在形与态的彼此相像属于"数字孪生",以"状态感知、实时分析、自主决策、精准执行"的智能方式实现了"以 C 控 P"的精准控制才算是 CPS。

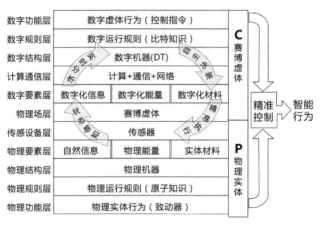

图 6-5　CPS 结构图（来源：《三体智能革命》）

数字孪生伴随产品终生

数字孪生是在产品全生命周期中每一个阶段都存在的普遍现象，大量的物理实体系统都有了数字虚体的"伴生"，而且，由于每个阶段与每个物理孪生体所对应的"数字孪生体"模型不止一种（不同的算法、不同的逼真/抽象程度等），于是就出现了"一对多"的现象。

有了越来越多的数字孪生体，人们可以做越来越多的事情，很多新技术、新模式、新业态也就此产生。在两个"体"之间，信息可以双向传输：当信息从物理孪生体传输到数字孪生体，数据往往来源于用传感器来观察物理孪生体（例如 GE 用大量传感器观察航空发动机运行情况）；反之，当信息从数字孪生体传输到物理孪生体，数据往往是出自科学原理、仿真和虚拟测试模型的计算，用于模拟、预测物理孪生体的某些特征和行为（例如用流体仿真技术计算汽车高速行驶的风阻）。

2018 年 2 月 7 日，美国太空探索技术公司 Space X 的猎鹰 -9 重型火箭发射成功，并将一辆特斯拉跑车送入了太空。这是人类现役运力最强的火箭，成为世界航天史上非常重大的事件。

猎鹰 -9 系列火箭不仅仅是运力大和可回收，在成本方面还是有巨大的优势。每次发射成本最高也只有 1.5 亿美元，只是竞争对手的 40%。而这在很大程度上得益于数字孪生的具体应用。

火箭助推器的分离装置就是一个非常典型的例子。

现在，各国都是采用爆炸联接螺栓的方式进行分离，而猎鹰-9采用机械分离的方式。更令人不可思议的是，这种全新的设计居然没有做过一次实物验证试验，完全是在计算机虚拟环境中，对数字孪生体进行设计、仿真与分析，最终与物理孪生体虚实精确映射，并且是一次成功。

美国《航空周报》两年前就做出这样的预测："到了2035年，当航空公司接收一架飞机的时候，将同时还验收另外一套数字模型。每个飞机尾号，都伴随着一套高度详细的数字模型。"每一特定架次的飞机都不再孤独。因为它将拥有一个忠诚的"影子"，终生相伴，永不消失，这就是数字孪生的本意。

数字孪生，是CPS中的必备技术构成。要搞好智能制造、工业4.0、工业互联网等新工业发展战略，就必须研究和实施CPS。要做好CPS，就必须充分认识数字孪生。要认识数字孪生，就必须研究与数字孪生有关的所有问题，从起源、命名、技术、应用到界限。

CPS织网，数据自动流动

智能制造的本质是"通过促进数据的自动流动去解决控制和业务问题，减少决策过程所带来的不确定性，并尽量克服人工决策的缺点。"（摘自工业互联网产业联盟《中国工业大数据技术与应用白皮书2017》）。可以说，数据是智能制造的基础，数据的自动流动是智能制造的重要特征。

在企业智能制造的过程中，以CPS为核心，在机器、物料等物理实体世界与信息化赛博虚体世界之间搭建起数据流动的桥梁，实现了数据的有序自由流动。

企业内互联，"人机网"一体化

机器互联，设备生产网络化

机床等生产设备是企业进行智能制造的主要工具，通过设备网络化改造，实现数据在设备、服务器、信息化系统之间自由有序流动，是车间层面走向智能制造的基础与前提。

通过专业的设备物联网系统，将数控机床、热处理设备（如熔炼、压铸、热处理、涂装等设备）、机器人、自动化生产线等各类数字化设备进行联网，实现设备的互联互通，发挥设备集群控制的优势，形成设备集群的数字化、网络化、智能化，实现集约化、网络化、柔性化的生产模式。通过对设备数据的远程自动采集，可采集到每台设备的实时状态，实现设备状态透明化的、实时化的管理。通过设备的远程诊断与预测性维修，在设备还没出现故障之前就得到及时预警、保养、维修，为设备健康、经济、高效地运行提供了保障。

2018年1月15日，中央电视台新闻联播栏目重点报道了贵州航天电器公司"大数据与实体经济深度融合"项目，这是一个典型的"设备物联网实现数据自由流动"案例。

贵州航天电器是我国电子元器件行业高端产品主要研制生产企业之一，产品被广泛用于载人航天、探月工程、大飞机等国家重大工程，是贵州省实施大数据与实体经济深度融合的重要基地。

近年来，该企业为实现自动化、数字化、网络化、智能化生产，通过"三哑改造"（哑岗位、哑设备、哑企业），实现了数控机床、柔性生产线、绕线机、电焊机等生产设备的互联互通，包括程序网络化传输、设备数据自动采集、大数据分析、可视化展现与智能化决策支持，实现了数据在生产设备之间、生产设备与信息化系统之间进行自由有序流动，促进了企业的生产过程透明化与管理决策科学化。

据央视报道，通过本套数字化生产系统的建设，使原来100人的生产线，只需10个人就能完成，取得了显著的经济与社会效益。

"人机物"互联，车间生产智巧化

在设备互联互通的基础上，通过MES（制造执行系统）在车间范围内打通人、机、物之间的数据流动，实现智巧化的制造新模式。

数字化设备可以通过数字接口的方式实现数据的通信，对不具备数字化能力的设备、物料、工件、工具等物体，可以通过无线射频识别电子标签（RFID）等技术手段接入信息化系统，在工件、AGV（自动导引运输车）、自动化生产线等物理实体以及信息化系统之间建立实时动态的联系，工件每经过一个生产环节，系统会自动读出相关信息并进入生产管控系统进行实时处理。结合设备物联网等系统，可实时知道工件所在位置，在哪台设备上加工，设备自身健康状况，设备的加工参数，工件加工时间，已生产件数，以及物料库存数量，是否需要补料等等。这些信息可在网络上实现高效、实时的流动和可视化展现，实现生产过程的智能化。

位于德国洪堡的博世力士乐液压阀生产线就是这方面的典型。

该产线采用 RFID 及蓝牙等采集及通信技术，将员工、物料、产品及机器联接起来，实现信息的互联互通。每个产品的工件托盘都配置一个 RFID 芯片，每经过一个生产或转移环节，读卡器会自动读出相关信息，实时反馈到信息化系统。比如，工件处于什么位置，在什么设备上加工，多长时间加工的，物料库存还有多少，是否需要补料等等。

每个工人都携带有蓝牙功能的 ID 卡，当工人到达某一工位时，系统会将相应的生产指令及技术指导说明书推送到工作站前的触摸屏上。产线上所使用的设备，比如拧紧枪也具有数据采集功能，可将工人装配产品时所用的力矩进行自动采集，便于组装质量的控制与历史追溯，系统还可将相关数据展示在车间大屏幕上，实时显示进度及各种异常信息。整个产线实现了人、机、物之间互联互通，实现了数据的有序流动。

该生产线能够在六大产品系列两千种不同产品之间进行零切换，完全满足多品种、小批量，甚至是单件生产的需求，并可使生产效率提升10%，库存减少30%。此生产线被德国知名行业杂志授予"工业4.0奖"。

在博世力士乐的北京工厂，还进一步地实现了数控机床数据的深度采集与信息化系统集成。一台计算机管理着所有的数控机床，加工程序集中存储在中心服务器中，每台机床会远程自动下载相应加工程序，机床的状态一目了然，开机、关机、运行、加工什么产品，加工参数，加工多少件，故障信息，机床的利用率等，所有信息都自动、准确地显示出来，实现了生产过程的透明化。

互联网+，打破企业围墙

现在，互联网+理念已经深入制造业。通过互联网可以消除企业与消费者的距离，实现与消费者零距离交互，进行友好交互的营销、服务等商业活动，还可以发挥互联网在社会资源配置中的优化和集成作用，形成更先进的生产管理新模式、新业态。

互联网+消费者，供需零距离

为实现从大规模制造向个性化定制的转型，海尔早在2012年就开始了互联工厂的实践，致力于打造按需设计、按需制造、按需配送的体系。海尔通过"去中介化"、"去产品化"与用户零距离地打造了用户交互定制平台，用户可以远程查看自己所购产品生产的全过程。从定制选择、订单流转、生产过程、物流运输等各个环节，数据实现了自动有序流动，用户将不再被动地等待，而是全流程的参与者、监管者。智能化的交互定制平台，将用户、企业融为一体，极大地拓展了企业智能制造的范围，实现了企业内外互联互通、协同生产，用户与企业关系更加紧密。

互联网+资源，重构商业生态

随着人工成本快速升高、市场需求频繁变化、竞争进一步激烈，以及数字化、网络化、智能化等新技术的快速普及，为适应市场发展，满足个性化、社会化、敏捷化的智能制造模式的需要，工厂需要改变当前"麻雀虽小，五脏俱全"的局面，要充分利用社会资源方面发展，包括订单、人员、物料、设备、知识的共享，也要淡化工厂之间的边界，甚至推倒横亘在工厂与社会之间的围墙，打破封闭、独立的生产模式，构建成开放的、服务型的平台，数据将在工厂内外、人机料之间、信息化系统与机器之间通畅地流动，工厂不只是生产产品，更是生产数据，数据将成为企业的核心竞争力。

在这方面，青岛海尔模具公司走在了行业的前面。为解决企业接单能力与企业人员成本的这对矛盾，该公司于2013年开始着手打造"模具云设计平台"，以期达到充分利用社会资源，改变以前工作全部由企业员工完成的封闭局面。现在，在这个平台上，活跃着上千名经过技能认证、信用审核通过的企业外部工程师，企业将工作分解后在平台上发布，这些被称为"云端资源"的工程师会根据技术要求、价格、工期等信息实现远程接单，任务交付并验收通过后，薪酬通过在线实时支付，整个工作全部通过网络实现了联接、协作。这样，通过"众包"这种社会化协作模式，社会上各种技能的技术人员，包括国企、外企、民营企业，以及学校中有初级技能的学生，他们均可利用自己的时间资源、智力资源，承接与自己技能匹配的工作，获取相应的报酬，实现自身"剩余智慧"的价值。对企业而言，通过互联网＋的思想，在不增加人员编制的情况下，可以将企业人力资源迅速提升到数倍乃至数十倍，企业在效率提升、成本降低，以及企业的市场竞争力、抗风险能力等方面，都有了质的提升。

这种"云设计平台"是一个典型的互联网＋应用新模式。是一种以工厂为中心，众多"云端资源"配合的社会化协作模式。将来的工厂为解决供需信息不透明、不匹配的矛盾，避免工厂产能过剩与订单找不到合适工厂的情况发生，工厂必然要打破自身组织的"围墙"，将自己的订单、设备、物料、人员等信息通过社会化的平台进行分享，实现企业—企业、企业—个人等多组织形态的社会化协作，构建"网状"的社会化制造生态圈。

未来的工厂，一切以客户价值为导向，承载知识的数据沿着产品价值方向而有序流动，从市场需求、产品研发、生产计划、生产执行、市场营销、售后服务，数据在收集、分析、决策、执行中增值，虚实精准映射，数字虚体世界指导、控制着物理实体世界的生产，以更加复杂、更加智能的CPS形式解决物理实体世界中的不确定性、多样性和复杂性问题，确保正确的数据在正确的时间发送给正确的人和机器，并正确执行。同时，物理实体世界又通过反馈优化数字虚体世界。虚实两世界相互融合，共同实现智能化生产。

虚虚联接、实实联接、虚实联接、内外联接，网联一切可以联接的数字化事物，实现数据在 CPS 中的有序自由流动。联接产生价值，数据流动产生价值，数据流动产生新的商业模式。

第七章

Machine Intelligence

工业互联网,"换道超车"新机遇

> 能用众力,则无敌于天下矣;能用众智,则无畏于圣人矣。
>
> ——三国·孙权

工业互联网是以数字化、网络化、智能化为主要特征的新工业革命的关键基础设施,通过物联网、大数据、云计算等技术手段,构建基于海量数据采集、汇聚、分析的服务体系,对产品、设备、人力、知识、信息等实现资源、能力的共享与协作,是汇众智、用众力的新型商业模式。

加快其发展有利于加速智能制造发展,更大范围、更高效率、更加精准地优化生产和服务资源配置,促进传统产业转型升级,催生新技术、新业态、新模式,为制造强国建设提供新动能。

2016年4月,习近平总书记在讲话中指出:"要着力推动互联网与实体经济深度融合发展,以信息流带动技术流、资金流、人才流、物资流,促进资源配置优化,促进全要素生产率提升,为推动创新发展、转变经济发展方式、调整经济结构发挥积极作用。"

2016年6月,在天津举办的第十届"夏季达沃斯论坛"上,李克强总理也指出:"我们要推动中国制造升级,必须向智能化的方向发展。而要使中国制造向智能化的方向发展,必须依靠互联网,依靠云计算,依靠大数据,这样才能使中国200多项产量占世界第一的工业产品跃上新的水平。"

很多人经常讲"弯道超车",作者对此持审慎的保留态度。作为驾驶员,深知弯道是不能加速的,需要谨慎驾驶,减速慢行,如果稍不注意,弯道超车就可能造成交通事故,甚至是车毁人亡。企业也是如此,现在,制造业正处于艰难的转型期,既要大胆创新,勇于进取,也要有危机意识、安全意识,不能盲目透支企业的财力与热情,需要借鉴国内外先进理念,结合企业实际情况,制订切实可行的转型升级战略,从而确保企业健康、长久地发展。

但在这个过程中,也并非没有快速超车的机会,"换道超车"就是一个可取的思路。而习总书记与李总理强调的、国家大力支持发展的工业互联网,就是企业实现"换道超车"的一个良机。

互联革命,经济发展驶入新赛道

前文提到,德国制订"工业4.0"的一个重要原因是德国感觉错失了互联网这个历史发展机遇,希望通过制造业与现代信息和通信技术实现对接,保障德国制造业在世界上的领先地位。

相对于德国等欧洲国家,近些年来,中国非常及时地抓住了互联网这个重大发展机遇,互联网经济成了中国经济高速发展的一个重要引擎。互联网不仅催生了以阿里、腾讯、百度以及京东、奇虎360等为代表的一批互联网新型业态,其在工业领域的深化应用也逐渐成为制造业转型升级的重要抓手。

2015年7月,我国国务院印发《关于积极推进"互联网+"行动的指导意见》,旨在从国家层面推动互联网由消费领域向生产领域拓展,以互联网促进各行业创新能力及快速发展,提升企业与国家的竞争力。

"互联网+"是借助信息通信技术,让互联网与传统行业,特别是与制造业进行深度融合,充分发挥信息共享、社会化协作等优势,实现社会资源的优化,促进实体经济的发展,并产生新的经济发展形态。李克强总理对此也寄予厚望:"制定'互联网+'行动计划,推动移动互联网、云计算、大数据、物联网等与现代制造业结合，促进电子商务、工业互联网和互联网金融健康发展，引导互联网企业拓展国际市场。"

2015年9月16日，我国国务院常务会议指出，要利用"互联网+"，积极发展众创、众包、众扶、众筹等新模式，促进生产与需求对接、传统产业与新兴产业融合，有效汇聚资源，推进分享经济成长，助推"中国制造2025"，形成创新驱动发展新格局。

互联网在中国经过20多年的发展，取得了巨大的成果和经济效益。这些成果和效益始终聚集在产品生命周期的后端，即产品出厂之后，从销售、物流、维修到报废等。但是，互联网如何进入到制造业价值链，一直是一个没有有效解决方案的问题，直到工业互联网的出现。

一般认为，工业互联网的概念在2012年由GE公司提出，即通过传感器、大数据和云平台，把机器、人、业务活动和数据联接起来，通过实时数据分析使得企业可以更好地利用机器的性能，以实现资产优化、运营优化的目的并最终提高生产率。这是一个典型的以生产和运维为主导的工业互联网定义。

而世界经济论坛与埃森哲在2014年的研究报告中指出：工业互联网通常定义为物联网（IoT）工业应用的简称，也称为工业物联网或IIoT。这是一个强调联接所有的工业资产/物件（Thing）的定义，范围比物联网稍有扩大。

中国信息化百人会认为：工业互联网是新一代信息通信技术与现代工业技术深度融合的产物，是制造业数字化、网络化、智能化的重要载体，也是全球新一轮产业竞争的制高点。工业互联网正成为领军企业竞争的新赛道、全球产业布局的新方向、制造大国竞争的新焦点。这是一个具有工业全局视野、将工业互联网作为实现智能制造的关键载体和新兴产业制高点的定义。

如果说互联网是已经硕果累累的革命，那么，工业互联网就是正在发生的革命。它必将为中国工业的转型升级注入巨大的推动力。

但是，工业互联网的出现不是突然发生的，它是长期的工业技术的发展与信息技术的交汇与融合，是一波又一波工业与信息技术浪潮的结果。其演进和发展经历了三波浪潮：

第一波浪潮是发端于英国、蔓延于西方的工业革命。机器和工厂打造了全球的规模经济与范围经济，对全球社会、经济和文化产生了近 200 年的深远影响。

第二波浪潮是发端于美国、壮大于中国的互联网革命。计算能力和分布式信息网络的蓬勃兴起，催生了无边无际的基于互联网的赛博世界，形成了世界的"第五极"。

第三波浪潮是工业互联网。基于对物理、深层领域专业知识、自动化、预测性的分析，智能设备、智能系统和智能决策所代表的机器、设施、机群和网络的物理世界，可以更深入地与数字世界的联接性、大数据分析有更好的融合。如图 7-1 所示。

图 7-1　工业互联网的崛起（源于 GE 工业互联网资料）

众所周知，"中国制造 2025"是中国未来二十年两化融合落地的具体行动规划，智能制造是"中国制造 2025"的主攻方向。而工业互联网是实现智能制造的关键基础设施和落地抓手。

2017年11月27日，我国国务院正式发布了《深化"互联网+先进制造业"发展工业互联网的指导意见》，以下简称为《指导意见》。该《指导意见》强调指出："工业互联网作为新一代信息技术与制造业深度融合的产物，日益成为新工业革命的关键支撑和深化'互联网+先进制造业'的重要基石，会对未来工业发展产生全方位、深层次、革命性影响。工业互联网通过系统构建网络、平台、安全三大功能体系，打造人、机、物全面互联的新型网络基础设施，形成智能化发展的新兴业态和应用模式，是推进制造强国和网络强国建设的重要基础，是全面建成小康社会和建设社会主义现代化强国的有力支撑。"

"工业互联网是以数字化、网络化、智能化为主要特征的新工业革命的关键基础设施，加快其发展有利于加速智能制造发展，更大范围、更高效率、更加精准地优化生产和服务资源配置，促进传统产业转型升级，催生新技术、新业态、新模式，为制造强国建设提供新动能。工业互联网还具有较强的渗透性，可从制造业扩展成为各产业领域网络化、智能化升级必不可少的基础设施，实现产业上下游、跨领域的广泛互联互通，打破'信息孤岛'，促进集成共享，并为保障和改善民生提供重要依托。"

该《指导意见》也明确地提出了分阶段实施的目标："到2020年，工业互联网平台体系初步形成，支持建设10个左右跨行业、跨领域平台，建成一批支撑企业数字化、网络化、智能化转型的企业级平台。培育30万个面向特定行业、特定场景的工业APP，推动30万家企业应用工业互联网平台开展研发设计、生产制造、运营管理等业务，工业互联网平台对产业转型升级的基础性、支撑性作用初步显现。到2025年，重点工业行业实现网络化制造，工业互联网平台体系基本完善，形成3~5个具有国际竞争力的工业互联网平台，培育百万工业APP，实现百万家企业上云，形成建平台和用平台双向迭代、互促共进的制造业新生态。"

2017年12月8日，习近平总书记指出：要深入实施工业互联网创新发展战略，系统推进工业互联网基础设施和数据资源管理体系建设，发挥数据的基础资源作用和创新引擎作用，加快形成以创新为主要引领和支撑的数字经济。

为加快推进我国工业互联网创新发展，加强对有关工作的统筹规划和政策协调，2018年2月14日，在国家制造强国建设领导小组下设立工业互联网专项工作组，工业和信息化部部长苗圩亲自担任组长，多部委联合协同推进工业互联网在我国的快速发展。

2018年3月5日，国务院总理李克强在十三届全国人大一次会议政府工作报告中明确指出："发展工业互联网平台，创建'中国制造2025'示范区。"工业互联网平台被正式写入政府工作报告，成为国家重要战略组成部分，这必将为我国制造业的智能制造、资源优化等发挥重要的作用。

在日新月异的今天，制造企业除了在产品创新、高效生产、一流质量、专业服务等方面继续努力以外，还应该充分借助互联网、工业互联网、物联网、云计算、大数据、移动互联等新理念、新技术、新模式，抓住历史发展机遇，大胆创新，形成研发、生产、营销、服务的新模式、新业态，从而实现"换道超车"，助力企业的快速发展。

工业互联网平台，新工业体系操作系统

工业互联网平台，是工业领域的新兴事物，是两化深度融合的产物。

按照工信部信通院发布的《工业互联网平台白皮书》定义：工业互联网平台是面向制造业数字化、网络化、智能化需求，构建基于海量数据采集、汇聚、分析的服务体系，支撑制造资源泛在连接、弹性供给、高效配置的工业云平台。

工业互联网平台的本质是通过构建精准、实时、高效的数据采集互联体系，建立面向工业大数据存储、集成、访问、分析、管理的开发环境，实现工业技术、经验、知识的模型化、标准化、软件化、复用化，不断优化研发设计、生产制造、运营管理等资源配置效率，形成资源富集、多方参与、合作共赢、协同演进的制造业新生态。

工业互联网平台包括边缘、平台（工业 PaaS）、应用三大核心层级，如图 7-2 所示。

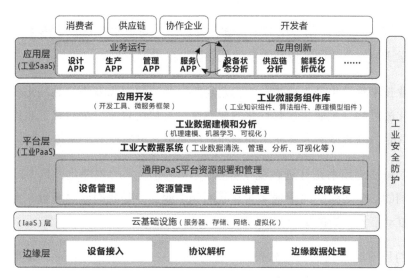

图 7-2　工业互联网平台功能结构（来源：《工业互联网平台白皮书》(2017)）

- 第一层是边缘层，通过大范围、深层次的海量数据采集，以及异构数据的协议转换与边缘计算处理，构建工业互联网平台的数据基础。

- 第二层是平台层，基于通用 PaaS 叠加大数据处理、工业数据分析、工业微服务等创新功能，实现传统工业软件和既有工业技术知识的解构与重构，构建可扩展的开放式云操作系统。

- 第三层是应用层，根据平台层提供的微服务，开发基于角色的、满足不同行业、不同场景的工业 APP，形成工业互联网平台的"基于功能的服务"，为企业创造价值。

《工业互联网平台白皮书》提到："三是知识积累，能够提供基于工业知识机理的数据分析能力，并实现知识的固化、积累和复用。"显然，知识的积累和复用是关键。没有工业知识，就没有工业软件，也就没有工业微服务，当然也就没有工业 APP。

如何对工业化进程中的海量工业知识进行提炼、沉淀、积累和复用，一直是衡量一个国家工业化发展水平的重要标志之一。在西方发达国家，发达的工业带来了发达的工业技术，但是对于中国这样一个尚未完成工业化进程的发展中国家来说，如何获得海量的工业技术与知识就是一个关乎整个工业发展的重大问题。因此，"工业技术软件化"作为工信部倡导的一个重要工程被提了出来，同时组建了产学研一体化的"工业技术软件化联盟"的学术组织。

工业技术软件化是工业技术、工艺经验、制造知识和方法的显性化、数字化和系统化的过程。工业技术软件化的成熟度，直接代表了一个国家工业化能力和水平。这是一种典型的人类使用知识和机器使用知识的技术泛在化过程。

中国科协党组书记怀进鹏院士曾指出："工业技术的软件化，是中国制造业走向强国的必由之路，而实现工业互联网和工业云，是我们搭建平台，实现全球共融和推动产业发展的重要基础。"

我们目前能看到的工业软件，只是冰山的一角。在冰山下面，其实还有大量的自有技术知识和工业软件没有公之于世，不在商用软件之列。而这些工业软件，才是真正的企业核心竞争力，是通用软件中最缺乏的内容。

现有德、美的工业发展（智能制造）架构模型，从工业4.0到工业互联网，都属于"功能导向"。因为不管用什么维度来展现、用什么尺度来衡量，看似模式不同、花样翻新的智能制造的架构模型，其实都是在提供"以功能为核心的服务"。

大家平时频繁使用的常规工业软件，功能都分散、深嵌在各种不同的模块中。如果需要不同的功能，则需要单独购买不同的工业软件。甚至同类工业软件之间的功能也无法相互替代。这是传统制造业信息化软件的先天弊病。

没有任何一个工业软件厂商能够提供覆盖所有专业领域的工业软件。这就不难理解制造业信息化搞了30多年，两化融合推动了十多年，企业里开发运行的信息化系统，往往呈千岛湖状态，孤岛遍布，烟囱林立，产品孤儿比比皆是。只有深度融合工业与互联网的工业互联网平台有可能解决这个问题，基于微服务的面向角色和场景的工业APP是发展方向。

所谓微服务，是指以单一功能组件实现在云上部署应用和服务的新技术。以实现一组微服务的方式来开发一个独立应用系统，其称作微服务架构。微服务最大的特点是独立：首先是组件功能独立，组件之间的关系解耦，由此实现部署独立，各自工作，互不干扰；其次是扩展独立，自动适应外部变化；再者是更新独立，可单独优化或增加某服务的配置。

作者认为开发APP的工作可以两条路径齐头并进：一是让现有的工业软件逐渐解构，变身成为工业微服务；二是工业技术软件化，直接将工业技术和知识转变成为工业微服务。让所有来自企业实践一线的工业技术、经验、知识和最佳实践都沉淀下来，经过模型化、软件化、再封装，成为互不相关、高度适应外部需求变化的微服务，然后再根据具体的工业场景，为组建工业APP提供服务。如图7-3所示。

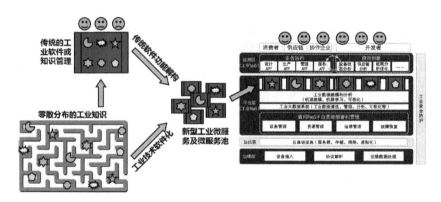

图7-3 软件的解构与重构

图7-3左下角的"迷宫"中，不同形状的符号代表了散落在企业内部不同部门、不同流程、不同位置、不同形式的"工业知识"，这些知识分散、隐蔽、难找、难用，会随时流失。过去的"知识管理"与自用软件开发，往往只是把这些知识收集到一个相对集中的地方（如企业知识中心），或者将其嵌入某些软件中，或导入某种数据库中。

而创建工业APP的具体路径是：传统软件功能解构（或者工业技术软件化）→微服务池（微服务组件库）→调用→工业APP→面向具体场景、不限时空的工业服务。而这种新型的工业服务，将为"结果经济"（参见下一节的介绍）提供强大而坚实的平台基础。

未来，传统架构的工业软件与工业 APP 将长期共存。传统架构的工业软件将通过不断解构实现重构；工业 APP 的种类和数量会逐渐增多，形成生态；传统架构的工业软件将不断向工业 APP 迁移；对工业软件的使用、购置、管理等都将面临重大改变。

工业互联网是实现智能制造的关键基础设施和落地抓手。工业互联网平台是基于工业互联网构建的新工业体系的"操作系统"。正是这样一种层层递进的关系，让工业互联网和工业互联网平台迅速成了智能制造主攻方向的先锋，成了重塑制造业的新范式。

工业互联网，既"姓工"也"姓公"

在互联网已经深入人心的今天，人人都在说"互联网"，但是互联网的形式多种多样，同样的词汇，其背后含义可能并不一样。例如工业互联网就与消费互联网差异很大。

工信部原副部长杨学山教授、中航工业集团信息中心宁振波研究员对此有着精辟见解，他们共同指出：工业互联网"姓工"，是机器设备之间的联接，难点在于工控协议；消费互联网"姓网"，是电脑及使用者的联接，成熟且分布广泛。二者常有交集，但是又互有明显区别。

作者认为，工业互联网与消费互联网的不同之处在于：

1）基础不同：消费互联网联接的是"数字化原住民（电脑、手机、平板、服务器等）"，这些设备本身就具备上互联网的基础；工业互联网联接的是"数字化移民"，即可以迁移到工业互联网而成为网络终端的人、机、物，这就需要对大量的设备与物料等进行"三哑改造"。

2）所有权不同：绝大多数电脑、手机等只具备个人属性，而绝大多数工业设备具备单位属性，是国有、公有、集体的，出于安全、保密、高价值等方面的考虑，工业设备上互联网的顾虑较多。

3）响应不同：消费互联网无须毫秒级的实时响应，适度延迟不影响使用结果；工业互联网需要毫秒或百纳秒级的实时响应，需要时间敏感网络（TSN）。

4）联接量级不同：消费互联网联接几十亿消费人群和电脑设备；工业互联网联接几百亿设备（PTC 预测，2020 年 IoT 设备接入量为 500 亿；Gartner 预计，2020 年 IoT 设备联网量为 260 亿；DHL 和思科预测，2020 年 IoT 设备联接数为 500 亿）。

5）联接难度不同：消费互联网是统一标准协议、开放网络，联接相对容易；工业互联网的联接对象是工业设备，存在存量大、种类杂、协议多、开放程度不相同，由此带来的是设备数字化改造成本高、数据采集精度差、协议兼容难度大、云端汇聚效率低等问题。

6）场景不同：消费互联网是为了人沟通在电脑之间传输数据；工业互联网是为了生产在设备之间传输数据，对可靠性、稳定性的要求更高。

7）用户心态不同：消费互联网用户群体愿意尝试新事物，拥抱变化；工业互联网用户群体趋于保守，驻足观望，想变又担心变化。

两个领域两回事，认识上不可混同，试图以一种领域场景直接套用另一种领域经验，是难以奏效的。但是二者可以相互跨界，可以相互借鉴经验。

按照埃森哲的描述，工业互联网的高速发展通常要经历四个阶段。四个阶段各自有不同的主题和发展重点，如图 7-4 所示。

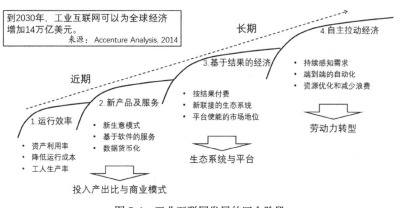

图 7-4　工业互联网发展的四个阶段

图 7-4 显示，从近期来看，工业互联网首先要达成的目标是通过降本增效来提高运行效率，这是第一阶段的目标；第二阶段则要由工业互联网来发展出新模式、新产品、新服务，由此改善企业的投入产出比。

从长期来看，在第三阶段，"结果经济"的概念被提了出来，在永远追求确定性结果的工业基因驱动下，在网络泛在化发展与市场竞争的综合作用下，客户不再满足于只是购买产品，而是希望能够按照结果来付费，即要求生产企业不仅提供产品和服务，而且提供能够产生确切结果的、可以量化的服务，如确切的节能数量、确切的谷物产量或较为准确的机器正常运行时间等。

以一个通俗的例子来比喻"结果经济"，就是客户要的是"直径为 20 毫米的孔"，而不是去买一个 20 毫米的钻头，也不是买钻头回来自己打孔。因此，当客户需求从"购买钻头"转变成为需要"20 毫米的孔"这样一个确切的结果之后，生产企业就必须要考虑以新模式、新技术、新生态来提供新型的"结果经济"服务。

因此，企业必须改变原有的商业模式了。这就不难理解为什么现在不少生产企业开始免费提供产品，并按照用户开机使用的有效结果时间或使用效果来收费，用了产品才收费，不用不收费，这彻底改变了原有的卖产品的商业模式。

结果经济的需求牵引要求各种设备必须时刻在网，泛在联接，准确感知，实时分析，精确计算，随时服务。于是，一批与这类服务有关的企业就找到了生存与发展空间，就能与设备生产厂商建立优势互补的关系，生态系统自然建成，工业互联网平台必然出现，人们需要构建在云上的操作系统（从单机操作系统、工业局域网操作系统到基于云的操作系统）来采集边缘层的设备数据，监测客户使用情况，预测设备寿命和客户需求，实现弹性供给、资源优化、高效配置。从这个意义上说，工业互联网不仅"姓工"，而且"姓公"，具有某些公益、公用、公平的属性。

而到了第四阶段，会出现大规模的"劳动力转型"，即人体、人脑离开系统回路，基于"人智"的数字化劳动力（智能机器）大规模登场，真正实现机器换人，以泛在联接、自主自治的智能机器来拉动经济的彻底转型。这就是智能制造发展到第三范式的美好前景（参见第三章第四节）。

生产企业需要注意的是，为客户（买方）提供量化结果，意味着厂家（卖方）需要承担更大的风险，而管理这些风险，需要自动量化的能力，而自动量化的能力，只有高度数字化、网络化并具备一定智能化的工业互联网平台才有。

全球的工业体系在转变，客户的需求在转变，工业互联网平台面世，既是"互联网与制造业深度融合"的结果，也是"结果经济"拉动与牵引的结果。

重塑制造业，新范式开始发力

随着传感器、网络、计算机、云计算、大数据等技术的发展，可安装的设备尺寸越来越小，功能越来越强，成本越来越低，数据处理速度越来越快，设备及系统的智能程度越来越高，以物联网为基础的工业互联网将会得到越来越广的应用，对制造业的影响也将越来越大。

据全球领先的信息技术研究和顾问公司 Gartner 报告，2017 年全球共有 84 亿个联网的设备正在使用中，相比 2016 年增长了 31%。华为预测，到 2025 年物联网设备数量或将达到 1000 亿台，新增传感器部署速度或将达到每小时 200 万个，设备联网呈高速增长的态势。

GE 公司前 CEO 杰夫·伊梅尔特说："我们相信，真正的工业互联网给我们带来的影响将超越消费互联网，工业互联网将是一个开放的、全球化的网络，使人、数据和机器三者真正互联。"

在工业互联网应用方面，作为全球农用机械龙头企业的美国约翰迪尔（John Deere）公司也值得中国制造业研究与借鉴。美国约翰迪尔公司是全球领先的工程机械、农用机械和草坪机械设备制造商，在面对激烈的全球化竞争中，该公司率先在数字化、网络化、智能化方面进行了成功转型，并打造出了全球领先的工业互联网系统。

2014年10月，迈克尔·波特与美国PTC（参数技术公司）总裁詹姆斯·贺普曼在《哈佛商业评论》上联合发表了《物联网时代企业竞争战略》一文，对生产农用机械的百年老店约翰迪尔基于工业互联网的转型进行了阐述。文章写道："信息技术为所有产品带来了革命性巨变。原先单纯由机械和电子部件组成的产品，现在已进化为各种复杂的系统。硬件、传感器、数据储存装置、微处理器和软件，它们以多种多样的方式组成新产品。借助计算能力和装置迷你化技术的重大突破，这些'智能互联产品'将开启一个企业竞争的新时代。"

"智能互联产品不但能重塑一个行业内部的竞争生态，更能扩展行业本身的范围。除了产品自身，扩展后的行业竞争边界将包含一系列相关产品，这些产品组合到一起能满足更广泛的潜在需求。单一产品的功能会通过相关产品得到优化。例如，将智能农业设备联接到一起，包括拖拉机、旋耕机和播种机，这些设备的整体性能就会提升。因此，行业的竞争基础将从单一产品的功能转向产品系统的性能，而单独公司只是系统中的一个参与者。如今制造商可以提供一系列互联的设备和相关服务，从而提高设备体系的整体表现。在农机设备业，行业边界从拖拉机制造扩展到农业设备优化。"

"约翰迪尔公司和爱科公司（AGCO）合作，不仅将农机设备互联，更连接了灌溉、土壤和施肥系统，公司可随时获取气候、作物价格和期货价格的相关信息，从而优化农业生产的整体效益。"

迈克尔·波特在图7-5中，对产品发展定义了五个阶段。

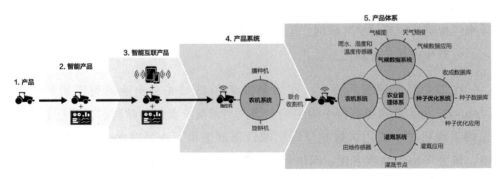

图 7-5 智能产品的竞争优势（来源：迈克尔·波特）

1）产品。这个阶段主要关注产品自身的功能、性能、价格及服务等。

2）智能产品。通过数字化,实现产品级的智能化。安装传感器、微处理器、网络装置等部件后,机器变成智能机器,功能更强大,操控更方便、更精准。比如对于安装了自动导航系统等数字化装置的拖拉机,驾驶员操纵更舒适,通过精准控制方向、深度和间距等,工作质量变得更高,效率更高。远程数据自动采集功能可以帮助企业对设备的使用状况进行实时监控,可以推送设备的维修、维护信息,可为用户进行二手设备交易时提供设备健康履历,为用户提供一系列的增值服务。

3）智能互联产品。通过多设备之间互联互通,实现设备之间的通信、协同。基于大数据分析等技术,实现多设备之间的对标管理、预测性维护等网络化应用。还可以在设备上安装各种采集传感器来监测土壤的成分数据。在云端对这些数据进行大数据分析后,APP可计算出每一块土地中的土壤成分、所需化肥品种、适合种植的植物种类,以及灌溉计划等,并为用户提供一系列的解决方案。

4）产品系统。以用户为中心,实现拖拉机、播种机、收割机等不同设备之间的互联互通,为用户提供更广范围的协同,提升其生产效率。

5）产品体系。通过系统之间的集成,形成系统之系统,构建一个新的生态。通过设备在工作过程中采集的信息,不仅仅为用户提供各种增值服务,还可以对这些数据进行更深入的分析,并做到二次增值使用,比如,可将化肥需求信息发送给化肥供应商,后者通过有针对性的定制化产品,更好地满足用户的需要,企业也可从这些合作中再次赚取相关利润。

为了加速完成向数字化转型,约翰迪尔公司除了本身进行研发以外,还通过公司并购手段等增强企业在这方面的实力。

2015年11月,约翰迪尔公司并购Precision Planting公司的农机设备业务,后者生产的播种机自动控制装置,会帮助播种机根据土壤性质调整播种间距和行距。通过本次并购,可使得农民基于精确的天气和土壤数据,做出精准的农耕决策,更加有效地管理农田。

2017年9月，约翰迪尔公司以3亿多美元收购人工智能Blue River公司，基于后者的计算机视觉与机器学习技术，所推出的机器将自动识别农作物与杂草，改变以前盲目喷洒的传统作业模式。现在，根据机器上APP的引导，只在需要喷洒农药或除草剂的地方进行精准作业，可以使农药的使用量减少90%，并明显提升作业效率，极大地提升农业生产力。

作为传统的装备制造企业，约翰迪尔公司基于工业互联网理念，以数字化、网络化、智能化、生态化的方式，正从生产、销售大型设备的传统模式向智能制造服务型企业转型，并取得了丰硕的成果，这些实践与经验，值得我国制造型企业认真学习与借鉴。

国内的工业互联网企业近几年进步很大，瞄准国际先进水平，在工业互联网平台方面发展很快，已经建成了一批国产工业互联网平台。

三一重工依托其设备管理经验孵化专注工业互联网平台建设的树根互联，基于开源Docker技术构建PaaS平台，具备灵活的应用开发及部署能力，提供资产管理、预测性维护、产品全生命周期管理、产业链金融和模式创新等工业应用服务。

徐工集团的Xrea平台已经上线的工业APP有115个，工业微服务有123个，注册开发者数量超过1000个，月活跃开发者有400多名。平台连接的设备数量超过46万台，分布在全球20多个国家，设备种类超过1000种，数据种类超过7000种，用户遍布150多个国家。

航天云网INDICS平台汇聚超过160万家企业，并在此基础上提供供需对接、智能工厂改造、云制造和资源共享等服务，目前已为近千家行业用户提供线上服务。其"工业滴滴"的设备维护服务颇具特色，受到了中小企业的广泛欢迎。

华为OceanConnect平台借助网关设备、软件Agent和物联网管理系统，实现各类底层数据采集和集成，并通过提供API接口、开发套件与数据分析服务，形成行业智能应用。

海尔的COSMO平台，将顾客需求、产品订单、合作生产、原料供应、产品设计、生产组装和智能分析等环节互联起来并进行实时通信和分析，以满足规模化定制需求。

东方国信 Cloudiip 工业互联网平台具备近 200 个可复用的微服务，包括高铁云、工业锅炉云、冶金云等 10 个工业互联网子平台，形成了超过 300 个工业 APP，服务全球 35 个国家近万家企业，覆盖行业年产值超万亿元，每年帮助企业创效上百亿元，减排千万吨级。

中国电信 CPS 平台以生产线数据采集与设备接口层为基础，以建模、存储、仿真、分析的大数据云计算为引擎，实现各层级、各环节数据互联互通，打通从生产到企业运营的全流程。

索为主要面向国防军工和高端装备制造业等领域提供工程研发和制造解决方案，以知识自动化和工业技术软件化为出发点推出 SYSWARE 平台，并开发了大量的工业 APP。

富士康的 BEACON 平台实现了生产过程全记录、无线智慧定位、SMT 数据整体呈现（产能 / 良率 / 物料损耗等）、数据智能集中管理、基于大数据的智能能源管控和自适应测试平台。

还有很多工业互联网平台的解决方案，此处不再一一介绍。

根据《工业互联网平台白皮书》介绍，目前，平台企业主要有以下四类：一是装备与自动化企业，从自身核心产品能力出发构建平台，如 GE、西门子、ABB、和利时等；二是生产制造企业，将自身数字化转型经验以平台为载体对外提供服务，如三一重工 / 树根互联、海尔、航天科工等；三是工业软件企业，借助平台的数据汇聚与处理能力提升软件性能，拓展服务边界，如 PTC、SAP、Oracle、用友、金蝶、兰光创新等；四是信息技术企业，发挥 IT 技术优势将已有平台向制造领域延伸，如 IBM、微软、华为、思科等。

总之，作为制造业，要深刻认识工业互联网的价值，充分把握工业互联网的先发优势及换道超车的窗口期，打破以前在人才、资源、生产场所、市场、管理等方面存在的时间、空间的限制，发挥信息共享、社会化协作、分散式管理以及基于大数据的智能化营销等方面优势，重新构建自身的研发、生产、营销、管理、服务等新体系，形成更为广泛、紧密、社会化的合作新模式，构建自身的竞争优势。

Part 利器篇

数字化车间,智能制造主战场

工欲善其事,必先利其器。

——孔子

智能制造的纵向集成发生在企业里,企业的价值体现在产品与服务上。而车间是企业将各种图纸转变为产品的主要场所,是决定生产效率与产品质量的重要环节,同时,车间往往也是企业中员工数量最多的部门。在很大程度上,车间强则企业强,车间智则企业智。

设备物联网、MES等数字化车间系统就是助力企业实现智能制造的基础与利器。

——作者

第八章

Machine Intelligence

从数字化车间走向智能制造

取其法度，兼以巧思。

——唐·裴孝源

《中国制造2025》明确指出："推进制造过程智能化，在重点领域试点建设智能工厂/数字化车间。"数字化车间建设是智能制造的重要一环，是制造企业实施智能制造的主战场。

前面我们一起探讨了智能制造的一些原理与方法，本章将以离散制造行业为例，探讨数字化车间建设时应该遵循什么样的基本原则，采取什么样的灵活策略以及系统选型方面的注意事项，确保智能制造在车间沿着正确方向推进。

数字化车间的定义与建设主线

数字化车间（Digital Shop Floor）

经济学家威廉·拉佐尼克在《车间的竞争优势》一书中强调指出："在价值创造过程中，其核心是通过车间生产将原料转化为产品——这可以称为生产性转化。"

在制造型企业，车间处于非常重要的位置。企业价值最终表现在产品与服务上，而车间是企业中将各种图纸转变为产品的主要场所，是决定生产效率与产品质量的重要环节，车间往往也是企业中员工数量最多的部门。因此，在很大程度上，车间强则企业强，车间智则企业智。数字化车间是企业走向智能制造的基础。

目前，国内外对数字化车间还没有标准的定义，作者基于自己的理解，对数字化车间进行如下描述：

数字化车间是基于生产设备、生产设施等硬件设施，以降本提质增效、快速响应市场为目的，在对工艺设计、生产组织、过程控制等环节优化管理的基础上，通过数字化、网络化、智能化等手段，在计算机虚拟环境中，对人、机、料、法、环、测等生产资源与生产过程进行设计、管理、仿真、优化与可视化等工作，以信息数字化及数据流动为主要特征，对生产资源、生产设备、生产设施以及生产过程进行精细、精准、敏捷、高效地管理与控制的场所。数字化车间是智能车间的第一步，也是智能制造的重要基础。

需要指出的是，此处的"数字化车间"，是企业已经熟悉和常用的基本术语，其中"数字化"的内涵包括但并不限于数字化本身，而是将数字化、网络化要素集成为一体并在内涵上有所扩大的"数字化"概念，其基本含义与德国工业4.0中的"Smart（智巧）"相对应，与中国工程院提出"数字化网络化"的智能制造第二范式相对应。本书提及的"数字化车间"，皆采用该术语内涵。

图8-1是数字化车间典型架构图。

很多人认为，大量采购和引入数字化设备是建设好数字化车间的前提。这是一个很大的误解：数字化设备与数字化车间之间既非必要条件，也非充分条件。即便车间中全是数字化设备，如果没有实现设备的互联互通，没有实现生产过程的数字化管理，数据没有实现真正的有序流动，也不能称之为数字化车间。相反，即便车间里的设备不全是数字化设备，但经过"三哑改造"，设备被接入信息化系统，生产过程实现数字化、网络化与智能化（如智能排产、决策支持分析等），对生产计划、生产资源、生产进度与产品质量等数据在信息化系统中进行有效管理，并可以根据生产需要进行有序流动，也可算是数字化车间。比如，在服装加工等劳动密集型企业都可以通过数字化、网络化改造实现车间的数字化管理。

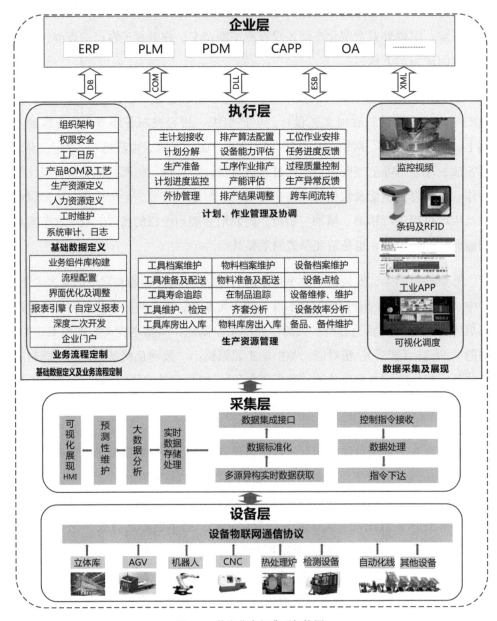

图 8-1　数字化车间典型架构图

智巧工厂（Smart Factory）

德国工业 4.0 的纵向集成的全称为"纵向集成和网络化制造系统"，其实质是"将各种不同层面的 IT 系统集成在一起（例如，执行器与传感器、控制、生产管理、制造和执行及企业计划等不同层面）"。纵向集成就是在智巧工厂实现的。可以说智巧工厂是德国工业 4.0 的基本单元，而数字化车间又是智巧工厂中的基本管理区块。

德国萨尔大学希尔教授曾对智巧工厂做过一个清晰的描述，请见图 8-2。在希尔教授智巧工厂的架构图中，我们可以看到智巧工厂由三大部分组成：以订单为核心的运营平台，包括个性化、以人为中心的营销计划、销售活动、采购管理等；以产品为中心的研发平台，包括产品研发、服务等；以及以 MES、CPS 赛博物理系统为核心的生产管控平台。而后两者，MES 与以设备为中心的 CPS 是数字化车间的核心信息化系统，是企业进行智能制造建设的基础与关键。

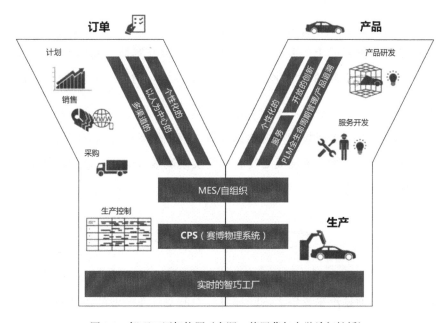

图 8-2　智巧工厂架构图（来源：德国萨尔大学希尔教授）

三条主线交汇于赛博空间

对于数字化车间建设，我们可以参考德国工业 4.0 中对"智巧工厂"的定义：重点研究智能化生产系统及过程，以及网络化分布式生产设施的实现。前半句"智能化生产系统及过程"，指除了包括智能化的机床、机器人等生产设施以外，还包括对生产过程的智巧化管控，站在信息化的角度，就是智巧化的 MES 制造执行系统。而后半句："以及网络分布式生产设施的实现"，是指将生产所用的生产设备与设施（如机床、热处理设备、机器人、AGV、测量测试设备等各种数字化设备），进行互联互通、智巧化的管理，实现信息化系统与物理系统的深度融合。目前很多企业实施的设备物联网（包括传统的 DNC/MDC 功能）是其重要的表现形式。

从中可以看到，数字化车间建设有三条主线，第一条主线是以机床、热处理设备、机器人、测量测试设备等组成的自动化设备与相关设施，实现生产过程的精确化执行，这是数字化车间的物理基础。第二条主线是以 MES 为中心的智巧化管控系统，实现对计划调度、生产物流、工艺执行、过程质量、设备管理等生产过程各环节及要素的精细化管控，这是典型的赛博系统。第三条主线是在互联互通的设备物联网基础上，并以之作为桥梁，联接起赛博空间的 MES 等信息化系统与机床等物理空间的自动化设备，实现了赛博与物理两个世界的相互作用、深度融合。

三条主线交汇，实现数据在自动化设备、信息化系统之间有序的流动，将整个车间打造成软硬一体的系统级 CPS，最终实现高效、高质、绿色、低成本的生产模式，提升企业竞争力。

数字化车间贯穿精益思想

精益生产（Lean Production，简称 LP）源自日本丰田汽车。20 世纪 80 年代，随着日本商品特别是汽车竞争力不断提升，对欧美汽车产业的市场地位产生了严重威胁，引起了欧美产业界对以丰田汽车为首的日本汽车产业的广泛关注。在美国麻省理工学院（MIT）提议下成立了国际汽车计划组织（IMVP），承担名为"国际汽车计划"的研究项目。该项目汇集了 17 个国家的专家、学者，历时五年，耗资 500 万美元，在全球范围内对丰田汽车管理方式进行了充分的调查与研究，而精益生产则是这一项目的研究成果。

精益生产就运营层面而言，它以关注客户价值，着眼于消除七大浪费，在不断改善价值流动和实施拉动的基础上，追求以客户价值最大化、短交付周期、低成本、高效率、生产高度柔性与快速响应等目标的管理方式和管理哲学。

精益生产，智能制造的重要指导思想

精益生产是管理学史上重要的实践成果之一，深刻地影响着汽车工业，乃至全球制造业。精益生产基本思想和追求的管理目标，并没有随着智能制造的发展而落伍，恰恰相反，精益思想是企业进行智能制造体系构建的重要指导思想之一。

在此，作者总结出五条可以指导智能制造建设的精益思想原则。

1）关注客户价值：精益生产强调，流程中所有环节的输入与输出都应当用客户价值这个标尺去衡量。在前端要打通客户真实需求之间的接口，在企业内部，以客户需求来定义自己的产品与服务。如果系统不能满足客户对高质、高效、低成本、高满意度的要求，即便是设备或技术非常先进，也不能算是一个成功的智能制造项目。

2）识别并消除浪费：企业在实施智能制造系统之前，应当对流程中各种浪费进行梳理与改善。精益生产中将制造过多过早、库存、搬运、等待、不必要的作业、不必要的动作以及不良品流窜这七种形式，归纳为七大浪费，这七大浪费是企业生产效率不高、盈利能力不足的根源，需要不断进行改善与消除。如果这些问题没解决，就直接实施智能制造，很可能是用系统的方式把浪费固化下来，既丧失了改善的机会，又增加了不必要的投入。

比如，没有对库存过多的浪费进行改善，就投入大量财力物力去建设智能化的立体仓库；没有对动作浪费进行改善，就引进机器人或机械臂去从事这些本属于浪费的动作,这些都造成了很大的浪费。

3）价值的快速流动：精益生产强调价值流的快速流动,包括物理布局工艺流程化,信息传递自动化,以及人、产线设备、仓储物流之间高效协同化。如果在物理布局上有大量断点存在,就会给智能制造的排产与调度带来了更大复杂度。

在系统整体运转的过程中,尽可能多地消除停滞和等待,需要将人、产线设备、仓储物流之间的相互协作机制、信息传递机制、防错与纠错机制,在统一的系统框架内进行设计与建设。

4）高度柔性与适应性：精益生产的柔性是指通过快速切换（SMED）的实施与改善,实现产线在生产不同型号、不同配置,甚至是不同种类产品时,可以根据需要进行快速切换。

在小品种多批量、客户需求千变万化的今天,智能制造建设也必须要考虑产线柔性与适应性等问题,否则就可能造成大量投资的浪费。

5）尽善尽美原则：精益生产中标准作业、自工序完结、良品条件创建与维持、质量内建、安灯控制、防错与纠错机制、变化点管理、全员生产性维持（TPM）等术语之下,都有一套品质维持的理念、原则与方法,这些原则和方法同样可以指导智能制造的建设。

比如,上下工序之间,设备与零件部之间都需要建立全数良品的加工条件与标准。当条件发生偏离时,应当向相关人员发出异常提醒,甚至停止生产。如果智能制造系统缺少这样的机制,自动化程度越高,损失往往越大。

智能制造,精益生产的有效使能手段

经过几十年的发展,精益生产已经成为制造业的重要指导思想。在技术快速进步的今天,智能制造又可以很好地促进精益生产的落地与进一步发展。

维持与改善是精益生产实践过程中两个永恒的主题。简单地讲,维持就是对现有最佳作业方法的总结,制定并遵守标准作业、控制变化点等手段使得管理能获得相对稳定成果；改善是指通过对更好管理成果的追求，改进作业的方法与手段，探索并控制更多未知变化因素。而维持与改善通常都是目视化管理为基础，良好的目视化管理会使得问题与浪费以明晰的形式展示管理者面前，触发产生改善的动力与着力点，或是对于执行标准偏移进行及时纠正复原。传统精益生产目视管理有很多很有效的手段和方法，比如5S管理、安灯、标准作业三票、可视化看板等方法。这些方法可以直观地提示发生问题的区域、工位或是机台、材料等信息，但是要深究问题的根本原因还需要大量的观察与分析，当变异的条件发生变化时，会给分析带来很多困难。

而智能制造以数字化、网络化、智能化等新技术、新手段就可以较容易地解决这些问题。比如：识别浪费是精益改善的重要组成部分，除了传统的精益方法，通过设备物联网系统采集设备稼动率、待机原因等，能够准确地识别出设备利用等方面的浪费；通过MES对物料、工具等进行精益化库存管理，可以明显地减少库存的浪费；通过APS高级排产优化生产计划，可以减少人员与设备等待的浪费等。

实现流的生产、均衡化生产是个不断改善的过程，但在离散制造车间，生产设备动辄上百台、工序上千上万项，如何保证这些工序在不同设备上生产的均衡化、流动化？如果只靠人的经验很难实现这种生产方式，很容易造成设备忙闲不均，造成工序的等待或停滞。通过APS高级排产和生产过程协同管理等信息化手段，就可以有效解决这些问题，有助于实现产品"流"的生产及生产的均衡化。

品质改善的目的是确保输出产品品质一致。但由于生产条件的变化，比如设备故障、热处理温度、刀具磨损等，都可能导致产品质量不稳定。通过设备状态、工艺参数、刀具磨损等的实时监控，就可以快速发现问题，保证生产过程的受控，有效地提升产品品质。

作为重要的使能手段，智能制造不仅可以有助于精益生产的落地，还可以促进精益生产的进一步发展。

看板（Kanban）是精益生产中传递信号与控制生产的工具，分传送看板和生产看板两种。传统的看板大多以卡片、纸张等形式存在，通常以手动方式进行填写。但在智能制造进程中，这些数据可以通过 MES 等信息化系统在电子屏等数字化终端上实时显示，具有更强的实时性与自动性。

知识内建与管理也是精益生产中的重要理念。在精益运行良好的企业，都非常重视对知识的管理与传承。以前主要是靠师傅言传身教、标准作业文件与流程制度等传统方式，存在学习时间长、可复制性差等缺点。通过数字化、网络化、智能化等智能制造新技术、新手段，可以将知识体现在流程与系统中，隐性知识显性化，对知识的沉淀、传承、挖掘、使用都具有重要的促进作用。

目前，大众所熟知的精益生产管理方法与实现手段总结于 20 世纪 80 年代，带有明显的时代特征。但事实上，如果现在重新去研究今天的丰田汽车，就会发现其实现方式已经发生了巨大的改变，体现了自动化、数字化、网络化、智能化等很多最新技术成果。因此，精益生产的理念与手段也应该随着智能制造的发展而发展。

殊途同归，精益智能共促企业良性发展

虽然精益生产与智能制造是两个领域的概念，侧重点也不尽相同，精益生产主要是强调了生产过程中的管理理念与实现方法，智能制造更侧重技术实现，但两者是相辅相成的。

从生产过程来看，精益生产中的很多理念，如生产布局、节拍、后工序拉动、标准作业等，是实施智能制造的基础。快速切换、减少浪费、可视化生产、均衡化生产、准时化生产、工序流动化等理念，也是智能制造要实现的过程目标。同样，智能制造中的设备互联互通、高级排产、过程协同、资源精益化管控、质量过程管控、大数据分析、可视化、预测性维护等方法与手段，都有助于促进精益生产的落地与提升。

从实现的目标来看，智能制造与精益生产也是殊途同归，实现敏捷、高效、高质、低成本的生产与服务模式是两者的共同目标。

精益生产理论界有一个众所周知的模型,即精益屋。传统的精益屋核心架构为两大支柱及一个屋体,分别是 JIT(准时化)、JIDOKA(自働化)和组织发展与成员成长。以工厂现场实践应用场景为例,JIT 用三个必要(必要的时间、必要的数量和必要的部品)来表达广义供需双方之间协同的最佳成果,分别代表了最少的时间资源消耗、最低的成本资源消耗以及最适合的品质输出。JIDOKA 则是通过赋予除了人之外的生产资料以人的智能,以及辅助人的解决系统变异能力,从而使得人、设备、部品部件的供给之间协同难度不断降低。精益生产大部分的实践基本都遵循这个基本逻辑,只是应用的场景不同而已:小可以至具体的工位,大可应用于供应链的上下游之间。

为体现精益思想与智能制造之间相辅相成、殊途同归的关系,作者从智能制造的视角设计了一个智能制造背景下的精益屋,请见图 8-3。

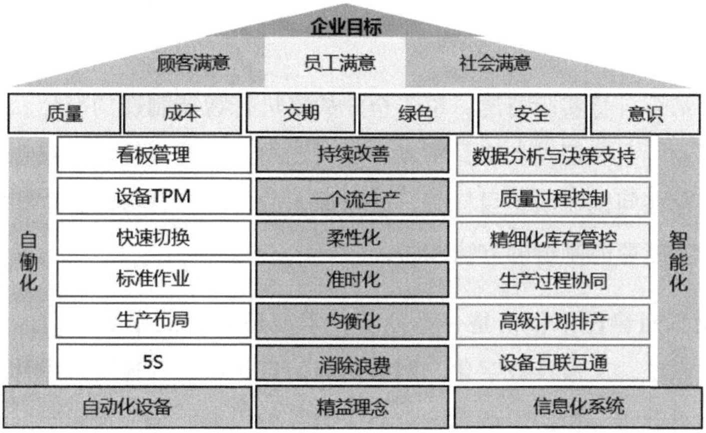

图 8-3 智能制造背景下的精益屋

该精益屋以自动化设备、信息化系统为基础,以精益思想为主线,以自働化、智能化(含数字化、网络化)为新时代的支柱,基于 5S、生产布局、标准作业、设备 TPM 等传统精益理念,在设备互联互通、高级计划排产、大数据分析等数字化、网络化、智能化手段的支撑下,实现自动化、智能化、精益化三者的深度融合,并通过智能化手段更好地促进生产过程的均衡化、柔性化、准时化以及实现消除浪费与持续改进,从而确保企业的质量、成本、交期,构建一个客户满意、员工满意、社会满意、充满活力与竞争力的智能化、精益化企业。

数字化车间实施策略

数字化车间建设原则

数字化车间建设是一项复杂的系统工程，数字化车间建设可遵循以下几条原则。

统筹规划，服务战略

智能制造不是企业的目的，企业真正目的是通过智能制造实现降本提质增效，提升企业竞争力。数字化车间建设也要为这个目的服务，从整体上服务于企业经营战略。

企业要结合自身实际情况，基于企业战略进行智能制造的设计。比如，要对企业所处行业、企业规模、产品特点、盈利能力、行业地位、发展趋势以及企业自身基础、存在问题、实施目标等，进行深入分析并综合考虑，这些因素决定了企业不同的实施智能制造的方法和路径。

数字化车间建设不仅仅是一系列新技术或新系统的单纯应用，而是既涉及生产自动化系统，又涉及数字化、网络化等信息化系统，还要考虑计划调度、生产工艺、物料配送、精益生产、安全环保等各种因素，是一项影响到车间各个层面，甚至是可以影响到企业层面的综合性工程，一定要有全局的概念与系统的思维。

北京航空航天大学刘强教授有一个著名的智能制造"三不要理论"，即"不要在落后的工艺基础上搞自动化，不要在落后的管理基础上搞信息化，不要在不具备数字化网络化基础时搞智能化。"刘强教授强调了在智能制造规划与建设时，也要注意工艺优化、管理优化等方面工作，而不能只盯着自动化、信息化、智能化。

企业在进行数字化车间建设之前，一定要在企业战略目标指导下进行系统规划，逐步厘清企业存在的问题、建设目标、解决思路和实施步骤，调动企业各方资源，通力合作，避免信息化部门或车间等部门孤军作战，通过工艺优化、组织优化、流程优化、管理优化等工作，为数字化车间建设提供坚实基础。

聚焦痛点，扎实推进

基于降本提质增效、快速响应市场的目的，从车间存在的实际痛点出发，打造一个能解决实际问题的数字化车间管控系统，在工艺、设备、管理以及信息化、网络化、智能化等各个方面有重点地进行优化、挖掘潜力，最大限度地提升企业生产效率及管理水平。

首先要聚焦痛点。根据痛点明确要解决的主要问题，比如，是生产效率不高，是产品质量不稳定，还是生产过程不透明等问题，并以问题为导向，制订相应的解决方案。在这个过程中，还要有全局的思维，避免局限于设备或生产等某个单一环节，否则，将很难达到预期效果。试想一下：如果生产计划不准确，排产的结果本来就延期，工人怎能保证按期完成？如果生产计划都不科学，本身就存在大量的等待时间，企业又如何发挥最大生产潜能？在生产过程中，操作工与工具、物料等生产准备人员本来就应该是并行协同的关系，如果一直延续传统的串行工作模式，出现"操作者很忙，设备很闲"的局面就在所难免，单个工人身上的可挖潜力有限，必须从生产流程、组织管理等方面进行优化管理。

再比如，如果信息化管理系统与生产设备脱节，不能充分发挥高端设备数字化通信、数据自动化采集等方面的优势，还在靠人工输入及人工统计，怎么能保证数据的实时性、准确性、客观性？没有这些数据的支撑，又怎么能及时地做出科学的管理决策？如果不能对物料、刀具、量具、夹具等生产资源进行精益化的管控，积压或短缺的情况经常发生，这种粗放型的管理又如何能保证生产效率提升与成本降低？

其次，还需要分步实施，扎实推进。数字化车间建设有很多阶段，其实施顺序取决于存在问题、生产特点、企业基础及资金投入等多种因素，切忌贪大贪全，可从基础、较易成功的地方着手。比如，从设备互联互通做起，因为设备通信、数据采集这些内容都是客观因素，不太涉及人员、管理等主观因素，实施的可控性强，成功率高。项目成功后，大家对信息化建设的信心与热情就会增加，就会主动要求更多的改进与功能扩展。这时，再在前面成功实施的基础上，逐渐推进到 MES 等涉及人员、管理等信息化系统，由于这些系统需要部分变更人员工作习惯及车间生产管理模式，主观成分较大，甚至会触动一些人的利益，实施的难度相对较大，可放在设备互联互通等步骤之后，这也是一种较为务实的做法。当然，基础好、推进力度大的企业，也可采取同步实施的方式。

以人为本，管理取胜

如前所述，本次智能制造不是"机器换人"的过程，而是以自动化、数字化、网络化、智能化等新理念、新技术手段，帮助人类实现更高效、更高质、更绿色、更低成本的生产与服务。在智能制造时代，人变得更加重要，而不是相反。无论是机器人等设备，还是 MES 等信息化系统，都要基于帮助人、服务于人这个出发点，而不是简单地替代人、减少人。另外，无论多么先进的系统，如果不把人的积极性调动起来，系统就不能发挥最大价值，智能制造就不可能取得成功。

在数字化车间建设中，要以人为本，以更好地发挥人的价值为基本出发点。另外，还要充分意识到数字化车间建设的主体与应用对象不同。不像 PLM 等系统用户基本上都是年轻的技术人员，数字化车间的主要用户是人数众多、文化水平偏低，甚至年龄偏大的车间工人，要充分考虑系统的易用性、便捷性、安全性、环保性等特点，以精益生产为指导思想，以使用者为中心，在流程优化、工艺优化等基础上，以自动化、数字化、网络化、智能化为手段，以降本提质增效为目标，以管理优化为突破口，通过数字化车间的建设实现精益化、智能化、高效化的生产模式，为企业在车间层面实现智能化转型升级奠定坚实的基础。

效益驱动，落地为王

在数字化车间建设中，既要符合智能制造的理念，有一定的先进性、前瞻性，又要本着务实落地原则。要汲取当年 CIMS 的经验与教训，不要过于理想化,不要过多强调自感知、自决策、自执行、自组织、自学习等所谓高大上技术,企业不是研究机构,应该以创造效益为根本目的。

根据"二八原则",解决80%的问题,通常只会耗费20%的成本,而剩下的20%却需要高昂的成本。以前,产品更新换代慢,往往很多年都在重复生产同一款产品,而现在市场变化快速,为了适应日新月异的市场变化和个性化需求,即将建设的系统很可能过几年就需要更新和调整。系统满足当前需求并有一定的前瞻性即可,不要过分复杂、不要过于强调先进性,否则,沉重的投资会给企业带来很大的经济负担。

总之,数字化车间建设要以实际需求为牵引,以经济效益为驱动,以成功落地为导向。在先进设备的基础上,在管理方面深挖潜力,充分发挥人的作用,构建数字化、网络化和适度智能的生产模式,切实做到明显的"降本提质增效"。并以量化数据为基础,循序渐进,有效地提升企业的竞争力。比如通过三年时间,能将设备利用率提高一倍,将产品合格率提升一个档次,就极有可能"确保企业的未来",这才是比较务实的数字化车间建设原则。

"六维智能"数字化车间

如何在车间层面体现精益生产理念?如何打造领先的数字化车间?针对这些企业关心的问题,作者结合近些年对工业4.0与智能制造的研究与应用实践,提出了"六维智能"理论,从六个维度打造中国特色的数字化车间。"六维智能"分别从计划源头、过程协同、设备底层、资源优化、质量控制、决策支持六个方面着手,以智能计划排产、智能生产过程协同、智能设备互联互通、智能生产资源管控、智能质量过程控制、智能大数据分析与决策支持等六个维度,实现车间数字化、网络化、智能化、精益化的管理与控制。请见图8-4。

图8-4 "六维智能"模型图

智能计划排产

智能制造，首先要从计划源头上确保计划的科学性、精准性。通过集成，从 ERP 等上游系统读取主生产计划，利用 APS 高级排产功能进行自动排产，按交货期、计划优先级、生产周期等多种排产方式，自动生成的生产计划可准确到每一道工序、每一台设备、每一分钟，并做到设备等待时间少、生产效率高、交货期短。

这是车间智巧生产的源头与基础。

智能过程协同

为避免贵重生产设备因操作工忙于找刀、找料、检验及手工输入加工程序等辅助工作而造成设备有效利用率低的现象，企业要从生产准备过程上，通过物料、刀具、工装、工艺等工作的并行协同准备，实现车间级的协同制造。

随着 3D 模型的普及，在生产过程中实现以 3D 模型为载体的信息共享，将 3D 模型、工艺直接下发到现场，做到生产过程的无纸化，也可明显减少图纸转化与读图时间，提升工人的劳动效率。

实现计划、生产准备、工艺等信息的共享与重用，是高效协同的重要方式。

智能互联互通

无论是工业 4.0、工业互联网，还是"中国制造 2025"，实质都是以 CPS 赛博物理系统为核心技术，通过信息化系统与生产设备等物理实体的深度融合，实现智巧化的生产与服务模式。对企业来讲，将那些贵重的数控设备、机器人、自动化生产线等数字化设备，通过数字化生产设备的分布式网络化通信、程序集中管理、设备状态实时监控、大数据分析与可视化展现，实现数据在设备与信息化系统之间的自由流动，使"聋哑傻"设备变得"耳聪目明"，充分发挥数字化、网络化、集群化的协同工作优势，就是 CPS 赛博物理系统在制造企业中的具体应用。

智能资源管理

通过对生产资源（如物料、刀具、量具、夹具等）进行出入库、查询、盘点、报损、并行准备、切削参数、统计分析等管理，有效地避免因生产资源的积压与短缺，实现库存的精益化，可明显减少因生产资源不足带来的生产延误，也可避免因生产资源积压造成生产辅助成本的居高不下。

智能质量管控

除了对质量问题进行及时处理，分析出原因，减少问题再次发生之外，还需要在生产过程中对生产设备的制造过程参数进行实时采集、及时处理，这也是确保产品质量的一个重要手段。

通过设备物联网系统对数控机床、熔炼、压铸、热处理、涂装、检测等数字化设备进行实时数据采集与管理，如采集设备工作状态、各类制造过程数据，可实现对加工过程实时、严格的工艺控制。

当生产了一段时间，质量具有一定规律后，通过对工序过程的主要工艺参数、产品质量进行综合分析，为技术人员与管理人员进行工艺改进提供科学、量化的参考数据，并在以后的生产过程中，通过控制这些参数，保证产品的一致性与稳定性。

智能决策支持

在生产过程中，系统中运行着大量的生产数据和设备的实时数据，这是一种真正意义的工业大数据，这些数据是企业宝贵的财富。对这些数据进行深入的挖掘与分析，生成各种直观的统计、分析报表，如计划制订、计划执行、质量、库存、设备等方面的分布及发展趋势，可为相关人员进行科学决策、优化生产提供帮助。

数字化车间实施效果

通过成功实施数字化车间系统，企业在车间管理方面将会有质的提升，为企业智能化转型升级奠定良好的基础。

设备互联，"哑设备"聪明起来

通过设备的互联互通，将车间的数控机床、热处理设备、机器人等数字化设备实现程序网络通信、数据远程采集、程序集中管理、大数据分析、可视化展现、智能化决策支持，将设备由以前的单机工作模式，升级为数字化、网络化、智能化的管理模式。

协同生产，让设备高效地运转

通过系统中的计划、排产、派工、物料、质量、决策等模块，以信息化系统为手段，实现各种信息的共享与协同，做到车间层面精准化计划、精益化生产、可视化展现、精细化管理，将以前串行生产转变为并行的协同生产模式，实现"一个流"的生产，工件转移到设备前，加工程序等技术文档、工装夹具等生产资源已经全部准备就绪，大大减少设备的各种等待时间，可明显提升设备生产效率、降低生产成本、提高客户满意度。

虚实融合，数据在流动中增值

改变传统的制造模式，做到虚拟世界与物理世界深度融合，虚实精准映射、相互促进。车间各岗位、各设备都融于整个信息化系统，以数据有序流动为特征，以高效高质生产为核心，人、机、料、法、环、测各环节相互融合，基于数字化、网络化、智能化的管理系统，使管理者能做到"看得见、说得清、做得对"，实现了生产过程的"Smart"，即敏捷、高效、高质、低成本、绿色、协同的智巧化生产与服务模式。

智能制造，降本提质增效是标尺

通过数字化车间建设，对车间进行全面的科学管控，大幅度提升车间计划科学性、生产过程协同性、生产设备与信息化系统的深度融合度，并在大数据分析与决策支持的基础上进行透明化、量化管理，可对企业生产效率、产品质量、生产成本等方面有明显改善。

以下是数字化车间系统实施后的统计结果：制造信息量提高15%～60%；生产效率提高10%～30%；计划质量提高25%～70%；生产透明度20%～70%；经济效益提高10%～25%；生产灵活性提高15%～60%；生产周期降低15%～40%；外协费用降低5%～15%；生产准备成本降低15%～40%；处理紧急事故的成本降低20%～60%；生产管理成本减少15%～25%；生产计划成本降低10%～30%；产品准时交货率提高15%～40%。

数字化车间系统选型原则

数字化车间系统是一项复杂的工程，目前市场上号称能做数字化车间系统或MES的公司有很多，良莠不齐。企业在系统选型时应从以下几个方面进行考虑：

1）完整性。很多系统只是停留在生产、库房、质量等部分模块上，不能够对车间进行全方位的管理，这类系统不能称之为真正意义上的数字化车间系统或MES。

2）先进性。制造企业需要的是一套理念及技术先进的系统，高级排产、数据自动采集、协同制造等都是数字化车间系统的核心功能，虽有很大的技术难度，但只有真正突破这些技术瓶颈，才能支撑起智能制造的发展需要，才能最大限度地发挥车间的生产潜能，而不仅仅满足于台账的电子化或者简单的看板管理。

3）成熟性。系统应该是有行业成功案例的成熟产品，并具有良好的灵活性和扩展性。最好是平台化产品，便于根据企业实际情况进行快速定制开发与系统部署，减少企业的实施风险。

4）专业性。数字化车间系统具有非常明显的行业背景，除了分为流程、离散两个大类之外，即便是同为离散行业，也分机械加工、电子组装、服装加工等很多类型的行业。用户要根据自己的行业特点、具体需求来选择专业的系统。比如，有的系统即便在太阳能领域很成功，但可能没做过军工行业，甚至机械加工都没做过，面对多品种、小批量的军工等行业，这类系统就很难成功。

5）技术团队。数字化车间系统需要专业团队进行二次开发与实施，需要周到、及时、专业的服务，制造企业需要对供应商进行公司实力、服务能力、典型客户等多方面的考察，确保项目的成功率及将来可持续性的服务。

6）选型人员组成要合理。最好采用"IT为主导，用户为主体"的方式，IT部门组织交流、调研等活动，并从IT技术方面进行把关；而精通生产管理的使用部门则从功能上、使用方便性等方面进行确认，相互配合，共同完成选型工作。否则，纵然是IT部门精挑细选回来的软件，使用部门感觉不好用，不愿意配合使用，这样的系统，即便是架构再好，集成性再好，最终还是避免不了失败的结局。

7）易用性。系统使用界面友好，操作简单，易学易用，确保车间工人能掌握。

8）性价比高。在满足使用要求前提下，还要做到价格合理、功能实用，降低企业购置成本。

作者在此也呼吁，MES等数字化车间系统供应商要立足高远，抓住历史发展机遇，肩负起民族工业软件的发展重任。

首先，要服务好制造业。参考国内外先进理念，研发出先进的产品，有效地提升制造企业的管理水平与市场竞争力，促进企业智能化转型升级，助力中国由制造大国走向制造强国。其次，自身要尽快做强做大。在CAD/CAM/CAE等工业工具级软件方面，我们远远落后于欧美，在PLM、ERP等管理系统方面，本土软件企业在高端市场也几乎全线沦陷。但在MES市场方面，因为深厚的行业背景和复杂的工作场景,国外软件很难一统天下。现在,由于离散行业 MES 起步较晚,国内外系统在技术上的差距不是很大,再加上中国庞大的市场支撑,只要本着高起点、严要求、善细分、深耕耘的原则,完全有可能在 MES 等领域涌现出一批可以与国外公司相抗衡的软件企业,与中国制造业携手走向强大。

第九章

Machine Intelligence

设备互联，机器不再"聋哑"

用众人之力，则无不胜也。

——《淮南子》

再先进的设备，单机工作也是潜力有限。需要改变传统的设备孤岛式生产模式，发挥生产设备集群化的生产潜能，在网络化通信的基础上，实时采集生产设备的关键运转数据，对设备进行可视化、智能化管理以及预测性维护，并通过与信息化系统进行深度集成，实现设备网络化、集群化、智能化的生产管理模式，为促进企业智能制造落地打下坚实基础。

数字化车间从设备"治哑"开始

工信部原副部长杨学山教授指出："中国工业依然处于大而不强的阶段，工业1.0还有不少，工业2.0大量存在，工业3.0不到10%，这是中国工业的特色与现状。"对大部分企业而言，工业3.0是当前主要的建设目标。充分发挥生产设备，特别是比较贵重的数字化设备的价值，是数字化车间建设的重要内容。

常见的车间数字化设备

数字化设备是指在生产设备中，嵌入了传感器、集成电路、软件和其他数字化元器件，从而形成了机械、电子、信息技术深度融合的设备。数字化设备是车间进行生产的重要工具，是数字化车间建设的物理基础。

车间中的数字化设备大致可分为生产设备、生产设施、辅助设备三种。

生产设备

生产设备是指直接参与生产过程的设备。在车间中，常见的数字化生产设备主要有数控机床、热处理设备、3D 打印设备、自动生产线、柔性生产线、专机设备、注塑机等。

数控机床是数字控制机床（Computer Numerical Control Machine Tool）的简称，也有人简称为 CNC 机床，是一种装有程序控制系统的自动化机床。数控机床通过通信端口与外界通信，以数控加工程序驱动机床动作，自动地将零件加工出来。数控机床又分数控车床、数控铣床、加工中心、线切割机床等不同用途的机床种类。数控机床是机械加工车间中的重要生产设备，在复杂、精密、小批量、多品种的零件加工方面，数控机床具有得天独厚的优势。

热处理设备是通过退火、回火、淬火、加热等热处理工艺，改变金属材料组织结构来改善工件性能的一种工艺设备，包括渗碳炉、真空炉、回火炉、退火炉等不同种类。近些年来，随着自动控制、数字仪表及计算机等技术的发展，越来越多的热处理设备具备了数字化的精确控制以及与外界通信的能力，是数字化车间中的常见设备。

3D 打印（3D Printing）也称为增材制造（Additive Manufacturing），是以数字模型文件为基础，利用粉末状金属或塑料等可黏合材料，通过逐层打印方式完成产品成型的技术。3D 打印消除了产品的复杂性，适用于生产传统制造方法制造不出来或者制造困难的复杂零件。3D 打印不需要传统的刀具、夹具和模具等，就可以快速地将三维设计转化为实体模型，甚至是直接制造零件或产品，有效地缩短了产品研发与制造周期。近几年，3D 打印技术得到了快速的发展，3D 打印设备在车间中也得到了越来越广泛的使用。

自动化生产线是由工件传送系统和控制系统构成，可以将一组自动化机床和辅助设备按照工艺顺序自动完成产品部分或全部制造过程的生产系统。随着数控机床、工业机器人和计算机等技术的发展与应用，自动线生产的经济批量得以降低，促进了自动生产线在机械制造业中的广泛应用。现在很多自动化生产线具有与外界进行数据通信的能力。

限于篇幅，其他生产设备就不一一介绍了。

生产设施

立体仓库、工业机器人、AGV（Automated Guided Vehicle，自动导引运输车）及水电气等设施，用来服务或支撑生产设备工作的机器或装置，通常被称为生产设施，以区分机床等直接加工工件的生产设备。

立体仓库也叫自动化立体仓储，是利用立体仓库设备实现仓库高层存储，可通过计算机、条形码、RFID等技术实现存取的自动化、高效化。

工业机器人是面向工业领域的多关节机械手或多自由度的机器装置，是可以根据预先设计好的指令，依靠自身动力和控制能力来实现各种功能的一种工业机器。在焊接、喷漆、组装、搬运、产品检测和测试等不同场景，特别是有一定批量而又繁重、重复、有毒、有害和危险的作业环境中，工业机器人优势更为明显。汽车与汽车零部件制造业是其主要的应用领域。

近年来，工业机器人得到了快速的应用。据统计，2000~2015年这十五年间，全球工业机器人每年的供应量增速是12%左右。2016年，中国市场工业机器人消费总量达8.9万台，比2015年增长26.6%。2017年，中国继续成为全球第一大工业机器人市场，销量突破12万台，约占全球总产量的三分之一。

AGV是指通过电磁或光学等自动导引装置，能够沿规定的导引路径行驶，具有安全保护以及各种移载功能的运输车，属于轮式移动机器人的范畴。AGV具有无须铺设轨道、支座架等固定装置，不受场地、道路和空间限制的优点。现在，越来越多的AGV在车间中得到了应用。

辅助设备

辅助设备是指车间中除了生产设备与生产设施以外的设备或装置的总称，这类设备不直接参与工件加工或热处理等直接作用于工件的过程，但服务于生产过程。主要包括测量测试设备及其他各类工具，如三坐标测量仪、机器视觉检测设备、对刀仪、探伤设备、光谱仪、硬度计、振动仪、测试设备、维修工具等。

三坐标测量仪是数字化车间常见的测量设备，是测量和获得尺寸数据的有效方法之一，测量功能包括尺寸精度、定位精度、几何精度及轮廓精度等。测量数据可通过系统导出功能等方式与其他信息化系统进行集成。

视觉图像检测设备是采用CCD（电荷耦合器件的简称）照相机将被检测的目标转换成图像信号，系统对这些信号进行各种运算与判断，再根据预设的条件输出结果，包括尺寸、角度、数量、合格/不合格、有/无等，实现自动识别与检测功能，可大大提高检验效率和生产自动化程度。

对刀仪又称刀具预调仪，全名为刀具预调测量仪，主要用于测量和调整各种数控刀具长度及直径等几何尺寸的测量仪器，测量数据通过集成可输出到第三方信息化系统。

随着网络及计算机技术的发展，现在的生产设备与设施大多具有对外通信的能力，为设备互联互通以及数字化车间建设奠定了坚实的数字化基础。

设备"治聋哑"

作为制造企业，生产设备与生产设施等硬件是企业的重要竞争力，将这些生产设备与设施进行互联互通是企业走向智能化的基础，也是数字化车间建设的重要内容。

什么是"哑"设备

据中国航天科工集团公司网站报道，该集团在其"十三五"期间建设的重点内容是"实现企业全部经营活动的数字化、信息化、智能化（简称为"三化"，作者认为叫数字化、网络化、智能化可能更准确些），解决'三哑'（哑岗位、哑设备、哑企业）问题，实现与外界信息交换、资源共享、能力协同。"

这里的"三哑"是指那些没有入网、不能自动汇报、不能进行透明化管理的岗位、设备与企业。一个"哑"字，生动形象地描述出这些岗位、设备与企业的信息存在不交互、不共享、不透明的状况。

在工业 4.0 中，也非常重视生产设备的互联互通。德国国家科学与工程学院院长孔翰宁（Henning Kagermann）认为，"在工业 4.0 时代，工厂越来越聪明，知道怎么样进行生产，机器也变得更加智能化，可以相互交流，来控制产量。"作为德国工业 4.0 提出单位，弗劳恩霍夫协会在工业 4.0 愿景中着重强调了机器的智能化与系统的自组织管理。请见图 9-1（注：作者对本图进行重新绘制，背景图来自德国 ASM 公司）。

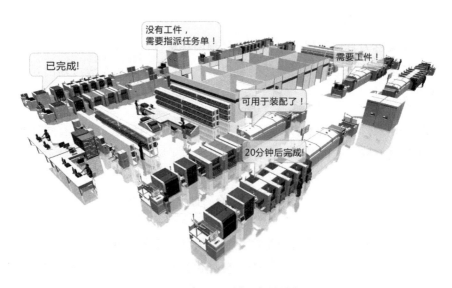

图 9-1　智巧工厂中的智能设备

由图 9-1 可知，车间里的设备、物料、工件都"会说话"，比如设备会说："我在 20 分钟后就加工完成。"工件说："我已经被加工完成，可以用于装配了。"等等，这是典型的 Smart 级别的智巧特征。

作为智能制造的重要一环，智能的设备及系统就应该能做到"四能"：即"能听话、能说话、能思考、能执行"。请见图 9-2。

但是，对于国内大多数企业来说，目前的设备仅仅是制造产品的机器，这些设备"说不出、讲不明"，是地道的"哑巴"，不只是"哑"，还"听不见"，是"聋哑"并存，更谈不上"耳聪目明"与"精准执行"。通常生产现场的实际情况是：

1）聋。在车间现场，我们经常看到工人在设备控制面板上手工输入加工程序，设备对外的通信功能形同虚设。一方面，设备"听不到"外界信息，另一方面，这种人工在线编写程序的方式也会造成工人很忙而设备很闲的情况。企业购买了那么多贵重设备，因为不能充分发挥设备互联互通的功能，造成设备的利用率低下，着实令人遗憾。与外界信息不通畅，设备单机孤立工作，可称之为"聋"。

图 9-2　智能设备的"四能"

2）哑。如果设备没有远程监控、数据自动采集等功能，设备运行状态、生产信息，甚至是故障信息等都不透明，相关人员不能及时获知出现的问题，容易造成更大的损失。这种状态，可以说设备是"哑"，是不会说话的。

3）傻。由于设备没有互联互通，设备状态、生产信息等无从自动获知，只能靠人工反馈，效率低，易出错。建立在这种人为数据基础上的决策必然是不及时、不科学，甚至是错误的。不科学，不智能，从另外一个角度可用"傻"来概括。管理学大师彼得·德鲁克曾经说过，"你如果无法度量它，就无法管理它。"没有准确可靠的数据支撑，想进行科学管理是一句空话。

智能制造，先从"治哑"开始。

设备"治哑"有共识

前文讲过，智巧工厂是德国工业 4.0 的核心主题，其定义为"重点研究智能化生产系统及过程，以及网络化分布式生产设施的实现。"其中的"网络分布式生产设施的实现",就是指将生产所用的生产设备与生产设施进行互联互通以及智巧化的管理,实现信息技术与物理设施的深度融合。

作为美国工业互联网联盟的发起单位,通用电气(GE)在工业互联网概念中,更是明确了"通过生产设备与 IT 相融合,目标是通过高性能设备、低成本传感器、互联网、大数据收集及分析等技术的组合,大幅提高现有产业的效率并创造新产业。"GE 的"生产设备与 IT 相融合"与德国的"网络分布式生产设施的实现"是一脉相承的。

"中国制造 2025"则强调指出:"在重点领域试点建设智能工厂/数字化车间,加快人机智能交互、工业机器人、智能物流管理、增材制造等技术和装备在生产过程中的应用,促进制造工艺的仿真优化、数字化控制、状态信息实时监测和自适应控制。"也强调了生产设备的数字化控制、状态信息实时监测和自适应控制是智能工厂/数字化车间的重要组成部分。

从以上分析可以看出,无论是德国、美国还是中国,都非常强调生产设备要不聋不哑,非常重视生产设备的互联互通、大数据分析、智能化决策支持,视之为智能制造的重要基础。

如何"治哑"

1)GE 工业互联网可借鉴。GE 工业互联网在全球掀起了一股智能制造的浪潮。"他山之石,可以攻玉",尽管 GE 描述的不是生产设备,但我们完全可以借鉴它的先进理念,为我所用。从 GE 工业互联网的价值链循环图中(请见第四章图 4-1)可以看出,工业互联网主要由安装仪器仪表的工业机器、工业数据系统(以数据采集为主要功能)、大数据分析、可视化展现、智能化决策、数据流返回机器等环节组成,实现"设备"-"数据"-"人"三者的高度融合,从而实现设备的智能化服务。这里的工业机器,对 GE 来说,就是它的航空发动机、昂贵医疗设备等,对制造企业而言,我们就可以理解为企业中重要的生产设备。

可以说,美国 GE "工业互联网"已经为我们指出了一条"治哑"的路径。

2)"三化"是治"三哑"的良方。中国航天科工集团说得更清楚，治"三哑"的药方就是"三化"，即数字化、网络化、智能化。在设备具有数字化接口的基础上，通过实现生产设备与设施的互联互通，就能够很好地解决设备"聋哑"问题，为智能制造奠定坚实的基础。

总之，生产设备的互联互通，是走向智能制造的基础。

互联互通，设备携手变聪明

设备互联互通在流程制造行业被称作数据采集与监视控制系统（SCADA-Supervisory Control And Data Acquisition），主要是在电力、冶金、石油、化工等流程行业中，实现对生产设备数据采集、监视控制以及过程控制。SCADA 技术发展较为成熟，应用较广。

相对流程行业，在航空航天、军工电子、机械制造等离散行业，由于生产厂家杂、设备种类繁多，接口形式不同，通信协议多样化，设备互联互通技术难度大，普及率要低很多。但最近这几年，随着工业 4.0、工业互联网等理念与技术的普及，离散行业的设备互联互通发展非常迅猛。

在离散行业车间层面，设备联网与数据采集系统一般叫 DNC/MDC 系统，或者叫设备物联网系统。当然，设备物联网与 DNC/MDC 还是有所区别的，设备物联网的应用广度与深度都要较 DNC/MDC 更广、更深，可以认为设备物联网是 DNC/MDC 新的发展阶段，详细区别请见后文。

为什么要实施 DNC/MDC

制造企业拥有越来越多的数控设备，但大部分设备都没联网工作，还处于单机运行的状态。

据日本经产省 2016 年的调查显示，有 40% 的日本工厂在 2015 年前就已经实施了数据采集，到 2016 年时，这一数字就提升为 66%，其中大型企业达到了 88%。

我国在这方面还存在着比较大的差距。据对 5 万家企业两化融合评估的结果显示，我国企业 2015 年设备数字化率为 38.9%，数字化设备联网率仅为 32.1%。这里面还包含了联网率比较高的流程行业设备，在离散制造行业，实际的联网率肯定要低于这个数字。根据兰光创新估算，现在全国数控机床保有量 200 万台，真正实现联网的数控机床不足 20%，甚至更低。

这些数控设备在单机使用过程中，比如在程序传输、程序编辑与仿真、数控程序的管理等方面存在着很多不足，制约着数控设备产能的发挥，具体表现如下：

1）车间现有的数控系统繁杂，各系统之间所用的通信软件也不一样，相互之间不兼容，给技术人员、操作人员的编程和应用带来诸多不便。

2）程序通信采用笔记本的单机传输形式，频繁的热插热拔容易烧坏机床或计算机接口。

3）编程员缺少数控程序数值处理、程序模拟仿真、程序版本比较等数控编程专用软件，编程效率低，数据处理、程序检查效率低且容易出错。

4）程序没有集中管理，一般是编程员自己各自保管，容易丢失或误操作，也存在安全与泄密的风险。

5）设备开工状况和运转率情况不能自动采集，不能准确分析设备利用较低的原因等问题。

6）现有生产管理的基础数据来自于人工采集，缺乏实时性、客观性、准确性。

企业通过建设一套成熟的、完善的 DNC/MDC 软件系统，用一台计算机实现对所有数控设备的程序传输、程序编辑与仿真、程序数据库管理、数据采集与分析，从而避免上述种种弊端，为这些信息化孤岛式、"聋哑"设备实现互联互通，将它们融入赛博系统，成为数字化、网络化、智能化系统的重要组成部分，这也是数字化车间建设的重要一步。

DNC/MDC 概念及发展历史

DNC/MDC 概念

DNC（Distributed Numerical Control），中文翻译为分布式数字控制，一般通称为机床联网。狭义的 DNC 概念是指用一台计算机实现多台机床的程序传输，广义的 DNC 包含了程序网络传输、程序编辑仿真、程序管理、设备监控与数据采集、大数据分析与报表展现等内容，是对数控设备进行网络化管理的一套综合系统，是机械加工类车间不可缺少的信息化管理系统。

MDC（Manufacturing Data Collection），直译是制造数据采集，由于当前市面上大部分 MDC 解决方案都是以机床为采集对象，所以很多人称之为机床监控系统。MDC 通过先进的软硬件采集技术对数控设备进行实时、自动、客观、准确的数据采集，实现生产过程的透明化管理，并为 MES 提供生产数据的自动反馈。MDC 既可以单独构成应用系统，也可以与 DNC 其他模块配合使用，可认为它是广义 DNC 系统的一部分。

现在，DNC/MDC 已经从单纯的数控机床联网管理，进化成为各类数字化设备联网管理的系统，将数控机床、机器人、检测设备、热处理设备等数字化设备进行联网与数据采集，是 CPS 赛博物理系统在车间的具体应用。

DNC/MDC 发展历史

DNC 并不是一个新的概念，最早的研究始于 21 世纪 60 年代。在 21 世纪 80～90 年代，随着计算机网络技术的广泛应用，在统一的串口通信与网卡传输协议下，一台计算机对多台数控系统实现了程序传输。

21 世纪 90 年代以后，DNC 技术得到了快速发展，其内涵和功能不断扩大，DNC 的概念也随之发生了质的变化。1994 年颁布的 ISO2806 对 DNC 定义为：在生产管理计算机和多个数控系统之间分配数据的分级系统。DNC 逐渐演变为 Distributed Numerical Control——分布式数字控制。请见图 9-3。

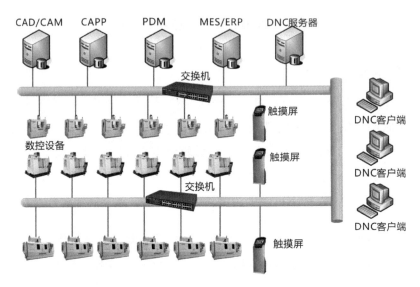

图 9-3　DNC/MDC 系统架构图

此后，人们不断赋予 DNC 系统新内涵，如数控程序的管理、程序编辑仿真也陆续成为 DNC 的功能。DNC 系统在离散型加工企业中越来越受到重视，逐渐成为生产车间的数字化建设"标配"选项。比如军工单位，由于企业对产品质量的高要求，强调对数控程序进行规范、严格的管理，如权限、流程、版本、关联文件等管理功能。目前 DNC 系统已经涵盖军工、高端机械制造领域内的大多数企业，实现了数控加工程序在计算机、现场机床、中央服务器之间的有序流动。

2006 年以后，随着企业对车间生产管理更加重视，数据采集逐渐凸显重要性，MDC 通过对数控设备进行数据采集，监控其工作状态，通过 OEE 提高设备管理水平。此后，MDC 逐渐成为 DNC 系统扩展的新功能。

2010 年以后，越来越多的企业开始实施 MES 等数字化车间系统，DNC 系统在企业信息化中扮演着更为重要的角色，承担着与底层设备之间的网络通信与数据自动采集，是 MES 与数控设备之间信息沟通的桥梁。一方面，DNC 系统接收来自上层 MES 的计划指令，并将生产指令、数控程序等信息传递给车间现场和设备；另一方面，MDC 可以实时采集数控设备的生产数据，经过分析、计算将生产运行状况反馈给 MES，成为上层信息化系统如 MES、PDM、ERP 决策的依据。这时,DNC 系统作用日益扩大,已经成了整个信息化网络组成的重要部分,这个阶段可称为集成化 DNC 系统。

2014 年以后,随着工业 4.0、智能制造、工业互联网等理念的影响,DNC/MDC 已经不只局限于机床的范畴,开始兼容热处理设备、机器人、AGV 等工厂的生产设备与设施,并为昂贵设备提供预测性维护等服务,逐渐演变为工厂级的设备物联网系统,成为工业互联网在企业的重要基础与组成部分。系统在企业信息化系统的位置请见图 9-4。这是 DNC/MDC 最新的发展阶段,也称新一代 DNC/MDC。

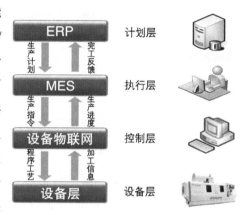

图 9-4 DNC/MDC 在企业信息化系统中的位置

DNC 及设备物联网的五个发展阶段请见图 9-5。

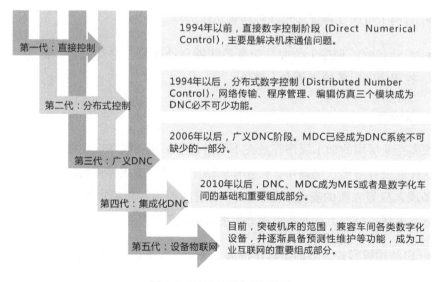

图 9-5 DNC 的五个发展阶段

DNC/MDC 系统组成及主要功能

DNC/MDC 系统软件部分一般由网络传输、数控程序管理、数控程序编辑与仿真、设备监控与数据采集、统计报表五部分组成，主要功能如下。

网络传输

网络传输是 DNC 的基础部分，实现数控机床的联网与远程通信等功能。

- 通过 RS232 接口或机床网口，一台服务器可实现对超过 256 台数控机床的双向并发通信。

- 除了支持像 Fanuc、Siemens、Mitsubishi 这类典型控制系统外，还支持 Heidenhain、Mazak、Fagor、Okuma 及 Fadal 等常见控制系统。

- 支持 RS232、RS485、RJ45 等不同接口通信方式。

- 远程操作，机床操作工可以在机床控制面板上，直接远程上传下载所需加工程序。

- 对网卡机床支持远程推送程序到机床内存。

- 自动接收，程序上传时，服务器能够自动接收、自动命名、自动保存数控程序，服务器无须专人值守。

数控程序管理

很多企业所用的加工程序存放在不同目录下，同一程序又往往存在不同的版本，这样就很容易出现误调用、误操作的情况，极易造成零件的报废，甚至是发生设备或人身等方面的安全事故。DNC 系统的程序管理模块是基于 PDM 理念，并充分考虑到数控加工行业特点而开发的信息化管理软件。主要功能如下：

- 以结构树形式，对加工程序按加工单元、加工设备和产品零件进行管理。

- 对数控程序的各种信息，如程序号、图号、零件号、机床、用户信息等进行关联管理。

- 角色管理功能，如编程员、编程主管、检验员、技术主任等，对加工程序进行可靠的权限管理，不同的人员设置不同的权限。

- 实现程序的版本管理，可方便查看不同版本之间的区别，并可快速恢复历史版本。

- 对程序有完善的流程签审管理，支持编制、校对、审核、批准等流程，用户可以根据企业实际情况进行流程的自定义。请见图 9-6。

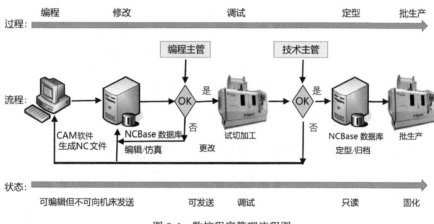

图 9-6 数控程序管理流程图

- 可以直接浏览各类文本以及 3D 模型等生产中所需的文件，可对 CATIA，CREO（PRO/E），NX 等三维模型进行缩放、旋转、平移、剖切、测量等操作。

- 自动产生程序管理记录，包括创建、修改、试切、批准、删除等事件的时间及人员均自动进行记录，具有可追溯性，符合 ISO 9001 管理标准。

数控程序编辑与仿真

这是 DNC 系统里的一个辅助模块，具有实用的数控编辑、程序比较、刀位轨迹三维模拟等功能，有助于进行加工程序的高效处理，发现程序错误，避免质量问题发生，以及减少操作人员在线程序编辑与仿真时间，从而有效提升设备利用率。主要功能简述如下：

- 可以方便地实现对各轴数据的运算，快速完成程序数值的缩放、旋转、镜像以及主轴转速、切削进给的动态调整等数控程序专用功能。

- 程序文件比较功能，能快速标识出两个不同版本程序文件的差异。

- 方便的三维刀位轨迹动态模拟功能，能够对程序文件进行刀具轨迹模拟仿真和校验功能。请见图 9-7。

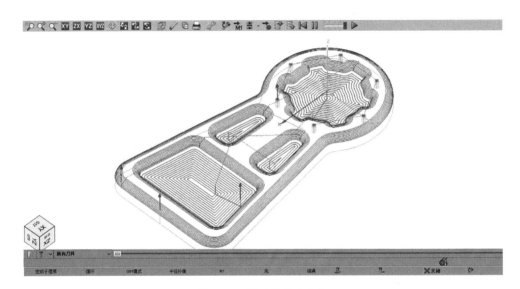

图 9-7　三维刀路轨迹仿真

MDC 设备监控与数据采集

随着很多企业 DNC 系统的成功实施，构建了企业数字化车间的网络基础，从根本上改变了以前加工程序手动传输、分散管理的局面，MDC 就成为数字化车间下一步建设的重要内容。

MDC 是 DNC 系统的有机延伸，通过对设备进行实时、自动的数据采集，有助于企业实现透明化、量化管理。同时，MDC 提供的生产数据对 MES 成功实施也非常重要，MES 只有及时获知生产任务执行情况，形成生产的闭环管理，才能使计划更准确、更科学。MDC 电子地图如图 9-8 所示。

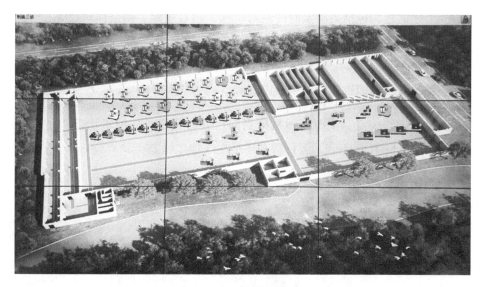

图 9-8 MDC 电子地图

常见的 MDC 系统主要功能如下：

- 一台计算机可同时采集超过 256 台数控设备的数据。

- 兼容包括 Fanuc、Siemens、Heidenhain 在内的上百种控制系统。

- 通过直观形象的电子看板和电子地图，可将设备状态、当前加工任务、设备利用率等实时信息展现出来。请见图 9-8。

- 可从网络上任何计算机监控所有设备的状态。

- 为用户提供 OEE 等各类专业报表。

MDC 针对不同设备有不同的采集方案，可大致分为网卡采集、PLC 采集、硬件采集、辅助采集等几种方式。

1）网卡采集。对高端带网卡的机床，如 Fanuc/Siemens 840D/Heidenhain 等带网卡机床，不用添加任何硬件，可方便地获知更多实时信息（请见图 9-9）：

- 机床状态信息，如开关机、故障状态等。

- ▶ 坐标信息，包括刀具实时的绝对坐标、相对坐标、剩余移动量等。
- ▶ 转速和进给，可以实时采集机床的主轴转速和进给速度。
- ▶ 报警信息，如报警号、报警内容等。
- ▶ 机床操作信息，实时显示机床当前所处的状态，如编辑状态、自动运行状态、MDI 状态、试运行状态还是在线加工状态。
- ▶ 主轴功率等。

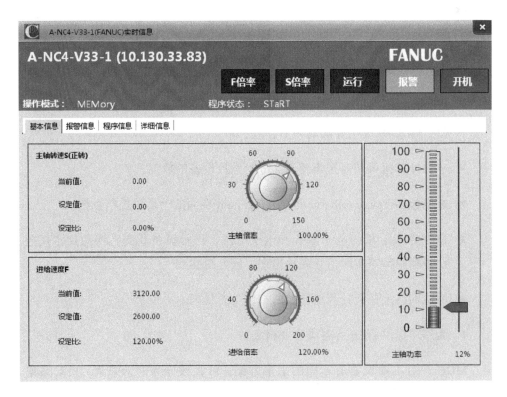

图 9-9　FANUC 网卡采集界面

2）PLC 采集。对这类设备，利用 PLC 自身的通信接口或另外增加通信模块的方式实现数据自动采集。这种方式适合所有带 PLC 的设备，可以采集到较多的数据类型。

3）硬件采集。对不具备网卡采集或 PLC 采集的设备，可以通过智能采集硬件进行数据采集。这种方式适合所有的数控系统，但采集数据种类有限，可采集到的信息只有设备开关机等状态信息。

4）条码扫描。也可以通过条码扫描这种辅助采集手段，将常见事件做成条码的形式，可采集到系统不能自动采集的信息，比如采集设备空闲的具体分为：等待夹具、等待刀具、等待原料、设备维修、正在装夹等。

5）客户机或现场触摸屏。也可通过现场触摸屏或客户端电脑，由操作工输入生产方面的信息：废品数量、调试数量、装夹时间、维修时间，以及用户所需要的其他信息。

6）宏 B 采集方式。有些数控机床，如 Fanuc、Hass 等控制系统，通过在加工程序中人为地增加宏指令的形式，也可采集到相关信息，如程序名称、刀号、进给速度、主轴转速等。

这种采集方式的优点是不用增加任何硬件，通过串口就可以进行"自动"采集。缺点是需要人为在程序中进行手动添加相关指令，工人也可以擅自修改或删除，导致采集的数据不客观、不准确。有时因为宏 B 采集的原因，会导致机床运行缓慢，甚至宕机等情况发生，这些都不符合自动、准确、客观、不影响设备的采集原则。因此，这种采集方式已经被逐渐淘汰。

统计报表

该模块是主要基于 MDC 采集数据的基础上，进行数据挖掘、分析与展现。可提供各种各样的统计报告模板供用户选择，高效、有序地显示用户需要的各种数据，用户可准确获取每台设备实时状态及生产计划完成情况。如：①每个操作工或每班组加工的工件数量；②设备的开机时间、停机时间、故障时间、运行时间；③操作工的效率、设备利用率等；④各种形式的日报、月报、季报、年报；⑤可以具体统计到每台设备、每个操作工、每个班组、每个车间；⑥可以用饼图、柱图、折线图、统计表格等多种方式统计、分析数据；⑦设备故障分析功能，包括历史故障查询、故障时间分布等；⑧支持以 APP 形式在手机、IPAD 等移动设备上进行查看与管理，请见图 9-10。

图 9-10 以 APP 形式进行管理

DNC/MDC 系统实施效果

通过实施 DNC/MDC 系统，企业生产管理水平与经济效益将会有明显提升。应用场景请见图 9-11。

生产管理方面

1) 实现工厂的网络化管理。构建基于以太网的 DNC 网络，改变以前的单机通信方式，实现设备的集中管理与控制，设备由以前的信息孤岛转变为信息节点，实现数字化设备的网络化管理。

2) 节约固定投资。由于采用网络进行程序集中管理和传输，从而避免了以前对车间现场计算机等方面的频繁投资。

3) 程序管理科学。程序签署流程、权限管理、版本管理以及良好的可追溯性，可实现对加工程序的跟踪管理，提高加工程序的规范化管理水平，让编程员、操作工在正确的时间轻松地处理正确的工作，生产出正确的产品。

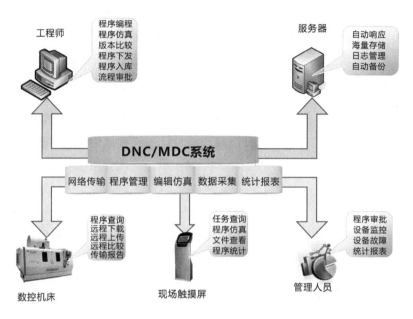

图 9-11　DNC/MDC 应用场景

4）生产状况透明程度提高。企业管理者可实时获知设备是在开机中、空闲中、还是故障中，以及正在生产的产品种类及数量，便于企业及时、准确制定和调整生产计划。

5）明显降低相关人员劳动强度。版本比较、程序仿真、数据处理、程序管理、自动传输等功能，可将编程员从枯燥的程序编辑、检查、调试、传输中解脱出来，更轻松、高效地从事其他有创造性的工作。服务器端无人值守、机床端自动远程传输，操作者不用离开机床就能完成程序的远程调用、远程上传等工作，明显降低了操作者因程序传输东奔西走的辛苦。

6）车间现场更加整洁。实现了程序的集中管理与集中传输，整个车间显得更整洁、美观，更符合车间 5S 管理的要求。

7）初步实现车间的无纸化生产。操作工可更简便地实现数控程序的远程调用，并通过现场计算机实现数控程序、刀具清单、三维模型、加工工艺等相关文档的调阅，以及程序加工过程的三维仿真，操作工也可利用其中的快速统计功能，准确地预测程序加工时间和刀具更换时间。程序编程员，在计算机客户端完成数控程序的编辑仿真、流程签署、程序及关联文件管理、程序版本管理、程序入库、程序下发等功能。系统管理员，实现对系统的流程定义、角色定义、权限划分、数据库的备份与恢复等管理工作。具备相应权限的管理者，通过系统可查看分析报表。

8）奠定数字化车间生产管理基础。通过 DNC/MDC 与 CAPP、MES、ERP 等管理系统的集成，将车间制造资源与产品设计资源有机整合在一起，为实现企业智能制造奠定良好的基础。

设备管理方面

1）提高设备利用率。可以将程序编辑、仿真、管理等生产辅助任务在计算机端快速高效地完成，提高设备的有效利用率。

2）提升设备管理能力。可实时显示故障设备信息；通过使用设备故障分析功能，包括历史故障查询、故障时间分布等，提升企业设备故障管理能力。

产品质量方面

DNC 系统可有效避免程序错误，从管理手段与措施上保障了产品质量。程序模拟仿真把程序错误有效地消除在虚拟环境中，确保程序的正确性；规范严谨的程序管理，可避免因程序调用错误而出现批次报废的情况；传输过程中的多重检验机制，确保程序的传输更加安全可靠。

现在，DNC/MDC 系统已经成为军工、机械制造等离散制造企业实施智能制造的重要组成部分，在日常生产与管理中发挥着越来越重要的作用。

设备物联网，新一代 DNC

广度深度双向拓展

随着制造企业智能化转型升级的推进，越来越多的企业已经不再只满足于实现数控机床的联网与采集，还希望在设备广度方向，将更多的其他数字化设备，如热处理炉、机器人、AGV（自动导引运输车）等也联入互联互通的信息化系统。在应用深度方面，有些企业也不再只满足于程序传输、设备状态采集等浅层次的应用，还希望在此基础上，通过数据的深度挖掘，实现智能化的分析、预测性维护。

显然，传统的 DNC/MDC 已经不能满足智能制造的新需求。在 CPS、工业互联网等理念以及客户需求的推动下，DNC/MDC 的广度与深度都需要得到拓展，设备物联网概念应运而生。

设备物联网系统（或称新一代 DNC 系统）是通过以太网卡、RS232、RS485 以及 Modbus、OPC、ProfiNet、Profibus 总线等不同接口和通信协议，用一台服务器对车间数字化设备进行互联互通，实现程序的数据库管理、网络化传输、数据自动采集、大数据分析与可视化展现，并通过与 MES 等信息化系统深度集成，对生产设备进行更为科学的管理。系统既包括传统意义上的 DNC/MDC 等功能，也包含对热处理设备、机器人、AGV、自动化立体仓库、测量测试等各类数字化设备与设施的智能化管控，在工业大数据分析的基础上，为用户提供实用的决策支持报表以及预测性维护。设备物联网架构请见图 9-12。

助力工业互联网落地

工业互联网作为新一代信息技术与制造业深度融合的产物，通过连接设备、物料、人、信息系统等资源，实现工业数据的感知、传输、分析与科学决策，以提升生产效率与设备运行质量，形成新兴业态和应用模式，是推进制造强国和网络强国建设的重要基础设施。

设备物联网作为企业的重要信息化系统，是构建工业互联网的基础，是工业互联网在制造企业的具体应用。

一方面，设备物联网为工业互联网提供数据来源，是工业互联网的重要支撑。另一方面，通过云架构、大数据及人工智能等技术的应用，将以企业为主要应用范畴的设备物联网进化到以社会化工业设备为管理对象的工业互联网。

以设备物联网为基础，通过社会化海量工业设备连接，以设备为中心，实现设备维修、维护计划远程推送、设备对标管理（如不同企业同等型号设备的对比，整体效率的对比等），以及跨行业、跨区域设备配件、生产能力、维修人员等方面社会化的协作、共享与资源配置优化。

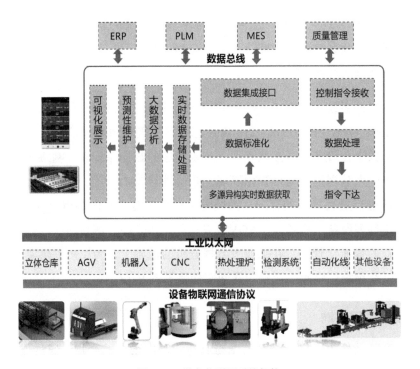

图9-12　设备物联网系统架构

工业互联网将重构制造业的生产与组织模式，催生新技术、新业态、新范式，为促进传统产业优化升级与制造强国建设提供新动能，设备物联网将有助于工业互联网在制造业的落地与应用。

预测性维护，打造无忧生产

作为车间生产的主要载体，生产设备不可避免地会发生故障，设备维护是数字化车间建设的一大课题。

三种维护方式，场景应用各不同

智能维护专家、美国辛辛那提大学李杰教授在《工业大数据》一书中写道："制造企业设备故障的突然发生，不仅会增加企业的维护成本，而且会严重影响企业的生产效率，使企业蒙受巨大损失。据调查，设备60%的维护费用是由突然的故障停机引起的，即使在技术极为发达的美国，每年也要支付2000亿美金来对设备进行维护，而设备停机所带来的间接生产损失则更为巨大。"

在企业中，常见的设备维护方式可分为三种：事后维护、预防性维护与预测性维护。请见图9-13。

图9-13 常见的三种设备维护方式

事后维护

事后维护（也称被动维护）是企业中最常见的维护方式，是在故障出现后用最短的时间快速完成设备的维护，最大程度上减少停机时间。但由于机床的主轴、丝杠等关键部件损坏所导致的故障维护时间较长，除了设备直接损失以外，设备故障也会对生产进度带来更为严重的影响。

与被动维护相对的就是主动维护，主动维护又分预防性维护与预测性维护。

预防性维护

预防性维护是指为避免突发和渐进性故障及延长设备寿命，按照经验、相关数据或设备用户手册等传统手段对设备定期或以一定工作量（如生产产品件数）为依据进行检查、测试和更换，可在一定程度上避免潜在故障带来安全和停机等风险。但这种定期或者凭经验的维护存在不够准确、不够经济等缺点。有些设备可能并没有磨损或没有衰退到要维护的程度，提前的维护就造成了人工及资源的浪费，并影响正常的生产。对衰退严重的设备按照固定时间去维护，又可能因为时机的延迟而造成设备的加速老化，影响产品质量，甚至带来严重的安全隐患。

传统的设备维护与维护管理方式制约了企业高效、高质、低成本的生产，也远远滞后企业实现智能制造的需求。

预测性维护

随着数字化设备以及传感器、数据采集、网络传输、大数据分析等技术的发展，准确、及时、经济的预测性维护已成为当前发展趋势。

预测性维护是在设备运行时，对设备关键部位进行实时的状态监测，基于历史数据预测设备发展趋势，并制订相应的维护计划，包括推荐的维护时间、内容、方式等等。预测性维护集设备状态监测、故障诊断、故障（状态）预测、维护决策和维护活动于一体，是近些年新兴的一种维护方式，见图9-14。

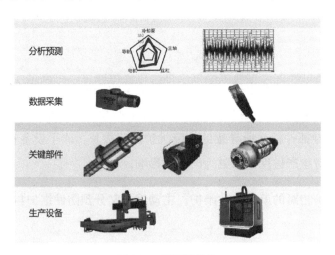

图9-14　预测性维护

美国联邦能源管理计划所（FEMP）研究表明，预测性维护对于工厂的应用效果明显，可以降低维护成本25%~30%，消除生产宕机70%~75%，降低设备或流程的停机35%~45%，提高生产率20%~25%。

除了在生产效率方面带来明显提升外，由于设备关键参数可以一直被监测并能得到及时的维护与保证，预测性维护还能在产品质量、设备寿命、人机安全等方面发挥重要的价值。

在事后维护、预防性维护、预测性维护三种维护方式中，由于事后维护是在设备出现问题后的被动维护，除设备自身维护成本以外，还会因设备停机而造成生产损失，造成损失最大。预防性维护常常是在很多设备并不需要维护时或者超过最佳维护时间点后做的维护，容易造成维护成本增高和生产停滞。而预测性维护是基于设备自身健康状况，在恰当的时机，比如生产任务不饱满时，进行相关维护，既保证了设备的正常维护，又将对生产影响降到最低，维护成本最低，同时还能保证设备性能一直处于最佳工作状态。

图9-15是三种维护方式在维护成本、设备性能等两方面的比较。

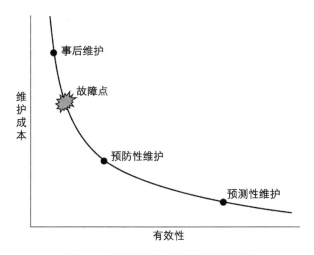

图9-15　三种维护方式成本及性能比较

当然，三种维护方式对不同设备、在不同场景下各有优势，还需要根据实际情况与性价比综合确定，比如，车间中一些常见的、低成本设备就不可能采用预测性维护的方式去代替事后维护，从技术上与经济上都不划算。

预测性维护，四步知未来

预测性维护从技术层面可分为四个步骤：状态监测、故障诊断、状态预测、维护决策。

状态监测

该步骤工作主要是通过设备数字化接口或者外置传感器等方式采集所需数据，为后续工作提供数据基础。

对于数控机床等数字化设备，由于设备的开放性越来越好，设备支持相关的接口函数或者通信协议，预测性维护系统可以通过设备物联网等方式直接读取所需数据，比如实时的主轴功率、主轴温度、故障信息等，为预测性维护提供数据基础。

对设备不能提供的数据，需要外加传感器采集，比如振动、噪声等状态参数。

故障诊断

根据设备实时状态及相关参数，基于大数据、专家知识库等技术对这些参数进行数据清洗与分析，判断诊断设备是否正常。

状态预测

状态预测是根据设备的运行状态与参数信息，评估部件当前状态并预测未来的发展趋势。常用的有时序模型预测法、灰色模型预测法和神经网络预测法等算法。

对标对象分为单机对标及集群对标等。单机对标就是指以设备自身健康状态的历史数据，通过机器自学习等方式建立基准模型，当监测到设备参数有不健康趋势时予以提醒。但单机对标有一定的局限性，比如，由于采集数据种类等的不全面容易导致预测不准确。

集群对标就是通过互联网、大数据、云计算等技术，对同类机台之间的差异性进行比较与分析，从而提供更加可靠的健康评估和诊断结果，实现整个企业甚至更大范围的集群管理与预测。

维护决策

维护决策是系统基于知识库及相关算法，根据状态监测、故障诊断和状态预测的结果进行维护可行性分析，以可视化手段给出维护计划，包括维护的时间、地点、人员和内容等。

近年来，设备预测性维护得到了快速的发展，据权威的物联网研究机构 IoT Analytics 预测，在 2016～2022 年，预测性维护的复合年均增长率为 39%，预测性维护进入了高速发展期。

设备物联网建设注意事项

设备物联网是数字化车间的重要组成部分，除了自身系统以外，还涉及网络布线、设备接口、工控安全等诸多方面，如果这些方面出现问题，将直接影响到设备物联网系统的正常运行，甚至会给企业带来非常严重的后果。

网络布线原则及注意事项

网络是设备物联网的基础。为建设好设备物联网等信息化系统，在车间网络布线方面要提前规划与专业设计，避免因为网络质量或方案不合理而影响整个项目建设或重复投资。

网络布线基本原则

1）先进性与可靠性。车间网络建设不同于企业办公网络，最明显的特点就是环境差、要求高。一方面，网络工作环境较为恶劣，如电磁、辐射、油污、振动、粉尘等影响，对网络正常工作造成了很大干扰。另一方面，设备物联网系统对网络通信实时性、稳定性、安全性有更高的要求。如果设计不科学或者施工质量不能保证，很可能会带来严重的后果。

2014年7月，某大型制造企业独自搭建的一个小型DNC网络，因网络布线材料不满足电磁屏蔽要求，加工程序传输出现数据丢包，导致某一关键零件加工报废，造成重大经济损失，而该零件报废又导致下游客户装配线停线，造成了严重的二次损失。

设备物联网系统的网络布线要充分考虑到车间实际情况及特殊要求，如防爆、耐高温、耐腐蚀、涉密等因素，在网络系统架构、组网技术、设备选型、技术手段以及走线方式、线缆保护、组网材料等方面进行科学设计、精心施工、严控质量，确保数据传输的可靠性、稳定性。

2）安全性与保密性。网络的安全性和保密性也非常重要。在考虑网络数据共享的前提下，做好网络安全保护和接入安全，比如，要把网络中不同的使用部门、区域划分为不同密级网络，设置安全访问机制，并结合完善的管理手段，确保网络的安全性与保密性。

3）扩展性与易运维。由于大多数企业车间设备不能一次到位，新设备会不断采购到位以及后续将有MES等信息化系统的建设，这就要求网络应该具有良好的可扩展性。同时还要考虑后续维护工作的简单化，选择节点故障不影响网络整体运行的网络结构。

网络布线注意事项

在具体网络布线施工方面，由于车间的特殊性，有以下注意事项。

1）水平布线。车间水平布线的主干线一般是地沟管道走线或墙面高空桥架，跨厂房间要预设光纤管道。水平线缆在敷设路径的选择上，应尽量避开热源、电源、强电干扰和室外恶劣环境，保证水平配线间有独立的办公室区域，并建有带接地系统的强电系统。

2）垂直布线。厂房楼层之间的垂直布线系统要预设管道井，到车间加工区要采用预设隐形管保护走线，设备端要采用美观且方便终端接入的模块部署方式。

3）地面走线。由于要在车间现场部署信息终端，而终端摆放位置会直接影响到系统使用的方便性，因此，在前期规划时，要预留足够且合理的信息终端接入点，避免将来因布线施工破坏车间地面美观及增加布线成本。

设备控制系统及接口

很多企业在采购设备时往往只考虑其行程、精度等设备性能，而没有关注程序通信、数据采集等数字化车间建设方面的内容，在后续建设时又被迫重新购买或者与设备厂家协商这些功能，费时费力且造成额外开支。为避免上述情况发生，建议企业在采购设备时注意以下几点：

网卡采集

很多先进的控制系统具有良好的开放性，通过网卡可直接采集到丰富的数据，具有较为理想的采集效果。比如：

FANUC 数控系统，FANUC 0i、15i/150i、16i/160i、18i/180i、21i/210i、31i/310i、32i/320i 等系列带有以太网功能，但系统必须具备 FOCAS 或 FOCAS2 协议。

Siemens 840D 数控系统，系统后台操作系统 Windows XP 以上，必须具有 OPC 通信协议，PCU 版本在 5.0 以上。

Heidenhain 数控系统，需 Heidenhain 530（Millplus 除外）以上，且开放 Heidenhain 18 号功能参数，即 "Heidenhain DNC"。

支持 MTConnect 协议的控制系统及国产的华中数控 8 型控制系统等。

如果条件允许，建议企业采购上述系统或其他能支持网卡采集的数控系统，并配备所需的相关通信协议，确保将来能取得理想的采集效果。

PLC 采集

如果系统不支持网卡采集，通过 PLC 也可采集出很多数据，企业在选购设备时也要优先选择支持这些 PLC 的设备，如 Siemens PLC S7-300、S7-400、

S7-200、三菱 PLC，以及具备 Modbus 协议的施耐德 PLC、欧姆龙 PLC 等。

智能仪表等其他硬件

对于一些没有 PLC 或所需数据不能通过 PLC 直接采集的设备，如智能温控仪表、压力仪表、记录仪等，需要具备串口（RS232/RS485/RS422）、以太网（TCP/IP）或 Modbus、OPC 等标准的工控通信协议。

企业采购设备时，不能只关注设备本身，还需要有智能制造概念，需要注意上述数字化通信形式，并与设备一同采购，为将来的数字化车间建设提供良好的数字化基础。

至关重要的工控安全

工控安全刻不容缓

智能制造时代的一大特点就是万物互联，但从安全角度来说，设备联入网络，就增加了被病毒和不法分子攻击的可能，有可能给企业带来严重损失。

2010 年的"震网（Stuxnet）"病毒是非常著名的工控安全事件。这是第一个专门定向攻击工业系统的蠕虫病毒，它利用 Windows 系统和西门子数据采集与监控系统的多个漏洞进行攻击，能够定向破坏工业关键设备。由于被"震网"病毒控制，伊朗布什尔核电站 1/5 的离心机被损毁，纳坦兹核电站 8000 台离心机中有 1000 台也被先后换掉。专家估计，"震网"病毒使伊朗核工业技术水平倒退十年。

据美国网络安全公司 FireEye 发布的《2016 工业控制系统漏洞趋势报告》数据显示，2015 年相比 2014 年，安全漏洞增加了 49%。截止 2016 年初，全球已发生 300 余起针对工业控制系统的安全攻击事件。

近些年来，针对工控网络的攻击事件还有很多，比如：

2007 年，加拿大一个水利 SCADA 控制系统受到攻击，取水调度的控制系统被破坏。

2008 年，波兰某城市地铁系统的轨道扳道器被改变，导致四节车厢脱轨。

2011 年，美国伊利诺伊州城市供水系统的 SCADA 控制系统遭到入侵，供水泵遭到破坏。

2011 年，全球独立安全检测机构 NssLabs 发布报告称，西门子一个工业控制系统存在新的漏洞，该漏洞易受黑客攻击。

2014 年，全球上千座发电站遭到"超级电厂"病毒感染。该病毒可以控制受害企业的计算机设施与工业控制设备。

2014 年，西门子对中国 100 多家工业企业开展了一项调查，结果显示 80% 以上的被调查企业声称曾遭遇计算机病毒感染或其他类型的袭击，部分受攻击的企业甚至表示它们不得不临时停产。

2017 年 5 月，全球范围内发生的大规模 WannaCry 勒索软件，导致了包括罗马尼亚汽车制造商达契亚、雷诺汽车部分地区、日产在英格兰桑德兰等工厂停产。

2017 年 12 月，一款针对工控系统的恶意软件——"TRITON"攻击了施耐德 Triconex 安全仪表控制系统，造成中东地区一家能源工厂停运。

病毒与黑客攻击造成的危害不仅仅是生产停产或工厂瘫痪，还可能使企业机密数据泄露。

2012 年，美国工业控制系统赛博应急响应小组共进行了 138 个赛博入侵事件的响应活动，约 50% 发生了非授权读取数据等行为。

2016 年，美国博思艾伦咨询公司针对全球 314 家的工业控制系统进行调查，发现有 34% 的企业在一年内遭遇了 2 次以上数据泄露。

近些年来，对工业控制的攻击与数据窃取已呈常态化、高频化。

国家高度重视

在我国，由于大部分设备的控制系统是国外产品，很多 SCADA 等工控数据采集系统也是国外产品，在安全方面的隐患更为突出。据工信部 2014 年统计，我国 22 个行业 900 套大型工业控制系统大部分由国外厂商提供，特别是可编程逻辑控制器（PLC），外商占据了 94% 以上的份额。

党中央、国务院高度重视信息安全问题，习近平总书记多次做出重要指示，强调安全和发展要同步推进。2016 年 4 月 19 日，习总书记在"网络安全和信息化工作座谈会上的讲话"中指出："网络安全和信息化是相辅相成的。安全是发展的前提，发展是安全的保障，安全和发展要同步推进。"

国家相关部委也针对工控产品安全问题进行了充分研究，并制订了相关制度与措施。

2011 年 9 月，工业和信息化部印发《关于加强工业控制系统信息安全管理的通知》，要求相关单位切实加强工业控制系统信息安全管理，保障工业生产运行安全、国家经济安全和人民生命财产安全。

2012 年 6 月 28 日，国务院颁布《关于大力推进信息化发展和切实保障信息安全的若干意见（国发〔2012〕23 号）》，强调要"保障工业控制系统安全"及"定期开展安全检查和风险评估。"

2015 年 5 月，国务院颁布的《中国制造 2025》中，指出要"开发自主可控的高端工业平台软件和重点领域应用软件，建立完善工业软件集成标准与安全测评体系。推进自主工业软件体系化发展和产业化应用。"

2016 年 10 月，工业和信息化部发布《工业控制系统信息安全防护指南》，涵盖了工业控制系统设计、选型、建设、测试、运行、检修、废弃各阶段防护工作，提出了 11 项具体防护要求。

2017 年 6 月，互联网、工信部、公安部和监督管理委员会联合发布《网络关键和网络安全专用产品目录》强制认证要求，同时也发布和制定了针对工控网络领域安全的相关指南。

2017 年 12 月 29 日，工业和信息化部正式印发了《工业控制系统信息安全行动计划（2018—2020）》，旨在深入落实国家安全战略，加快我国工业控制系统信息安全保障体系建设，提升工业企业工业控制系统信息安全防护能力，促进工业信息安全产业发展。

制造企业工业设备受工业控制系统的控制，如果这些系统被攻破或者损毁，将给企业带来不可想象的损失。企业的设备、产品、生产等信息如果被非法窃取，企业将无秘密可言。如果是军工等保密单位，造成国家秘密泄露，损失远远不止于经济方面，后果更为严重。

正如中国工程院倪光南院士强调的："发展是硬道理，安全也是硬道理。自主可控不等于安全，但不自主可控一定不安全。""自主可控意味着不存在后门，可以主动增强安全（能掌控源代码，能自己分析、研究、增强安全），发现了漏洞可以主动打补丁等等，而不自主可控意味着丧失主动权，在网络攻击下完全处于被动挨打地位。所以应当将自主可控作为网络安全的必然要求，因为在此基础上才能构建安全可控的信息技术体系。"

制造企业在进行智能制造建设过程中，一定要树立工控安全意识，通过各种技术手段提升安全防护能力，并在可能的情况下，尽量选择自主可控的软硬件系统，从源头上规避工控安全的不确定性。

常见预防措施

为确保工控系统及工控网络的安全，需要采取严密的技术和管理防护措施。常见的措施有：

1）划分安全域。利用 VLAN、ACL 等技术按部门或职能划分成不同的安全域，通过权限分配控制访问等手段，保证系统的访问安全。

2）端口绑定。将网络接入终端设备的 MAC 地址 /IP 地址与交换机端口进行绑定，防止非授权终端的接入。

3）识别审计。通过主机审计系统对于接入系统的终端进行身份识别认证和鉴别，防止非法设备接入网络。

4）隔离技术。在车间内网与企业高涉密办公网之间，通过防火墙、网闸、VPN等各种安全隔离设备以及严格的访问控制，实现安全可靠的控制访问。

5）入侵防护。通过部署入侵防护系统，可自动对网络通信行为进行分析，实现对网络攻击的监测和分析。当入侵系统监测到网络攻击时，不仅可以记录攻击源的IP、攻击类型、攻击目的、攻击时间等信息，还可以对入侵攻击进行自动防御。

6）边界防护。按国家涉密等级划分，设备物联网/SCADA等系统应用于车间生产设备为低密级工控网，应采用专用的物理网络及有效的安全防护措施，确保各个安全区域有清晰的边界设定，并保障各区域边界安全。

7）管理制度。信息保密安全是"三分靠技术，七分靠管理"。将技术、管理与标准规范制度相结合，以安全保密策略和服务为支持，形成信息安全保密工作的能力体系。以防护、监测、响应、恢复为核心，对涉及安全保密的相关组织和个人进行工作考评，并结合标准化、流程化的方式加以持续改进，使企业信息安全保密能力不断提高，确保企业的安全生产。

第十章

Machine Intelligence

MES 赋能，智造精益双落地

多算胜，少算不胜，而况于无算乎。

——孙子

市场竞争越来越激烈、客户要求越来越高、人力与生产资源成本不断上涨，企业既需要进行宏观的统筹与规划，又需要对具体事项进行"精打细算"。

车间有众多设备、设施、物资及人员，还有大量的生产任务，且产品属性不同、交货期不同、紧急程度不同，做到精细、精准、精益的管理，难度很大。

"君子生非异也，善假于物也"。MES 就是帮助企业解决这些问题的信息化系统，可以帮助企业实现生产管理数字化、生产过程协同化、决策支持智能化，可有力地促进精益生产落地及企业智能化转型升级。

作为智能制造的重要组成部分，MES 是制造企业非常关注的信息化系统，也是当前市场上炙手可热的软件系统。

近期，国内知名制造业信息化咨询公司 e-Works 发布了《中国制造执行系统（MES）应用研究报告（2018 版）》，通过对 1700 余份企业调查问卷分析表明，在 547 家已实施 MES 企业中，有 531 家企业提出了 MES 下一步投资计划，占比高达 97%；在未实施 MES 的企业，1032 家企业对 MES 有潜在需求，占比高达 92%。

从以上调查报告结果看，无论是已经实施还是未实施 MES 的企业，都对 MES 寄予厚望，在供过于求的今天，这种比例是别的行业很难想象的。

"忽如一夜春风来，千树万树梨花开。"近年来，中国 MES 软件公司及产品如雨后春笋般地冒了出来。据 e-Works 统计，目前市场上已经超过 150 家公司进军到 MES 市场。据作者估算，MES 实际厂家数量要远远大于此数字。这些公司里面，既有潜心研发十多年的专业公司，也有刚刚杀入这个行业的新兴公司；既有做信息化起家的，也有做自动化跨界的；既有从 ERP 向下延伸的，也有从 CAPP 横向切入的；既有从传统制造企业衍生出来的软件公司，也有以前与行业毫无关联而直接闯入的"新锐"力量。

在智能制造大背景下，如何打造既能解决企业实际问题，又与工业 4.0/ 智能制造理念一致的 MES？面对如此众多的 MES 厂家，制造企业又应该如何进行甄别并选出真正适合自己企业的产品，以便支撑企业智能化转型升级呢？这些问题都值得我们认真思考。

MES 有关概念

MES 的定义

为解决 ERP 不能管理到设备层的问题，1990 年美国先进制造研究协会 AMR（Advanced Manufacturing Research）提出了 MES 这个新概念，将 MES 定义为"位于上层的计划管理系统与底层的工业控制之间，面向车间层的管理信息化系统。"，它为操作人员 / 管理人员提供计划的执行、跟踪以及所有资源（人、设备、物料、客户需求等）的当前状态。

MES 是处于计划层和车间层操作控制系统之间的执行层，主要负责生产管理和调度执行。它通过控制包括物料、设备、人员、流程指令在内的工厂资源来提高制造竞争力，提供一种在统一平台上集成诸如计划管理、质量控制、文档管理、生产调度等多功能的管理模式，从而实现企业实时化的 ERP/MES/DNC 三层管理架构。请见图 10-1。

第十章　MES 赋能，智造精益双落地　235

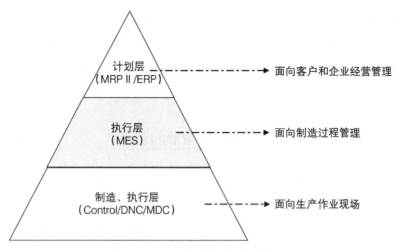

图 10-1　MES 在制造企业中的位置

作为 MES 领域的专业组织，制造执行系统协会（MESA）于 1997 年提出了包括 11 个功能模块的 MES 功能组件和集成模型。同时，规定只要具备 11 个之中的某一个或几个，也属于 MES 系列的单一功能产品。这 11 个功能模块分别是：制造资源分配与状态报告、详细工序作业计划、生产调度、车间文档管理、数据采集、人力资源管理、质量管理、工艺过程管理、设备维修管理、产品跟踪、业绩分析。

MESA 协会还详细地给出了企业实施 MES 后的改变，请见图 10-2。

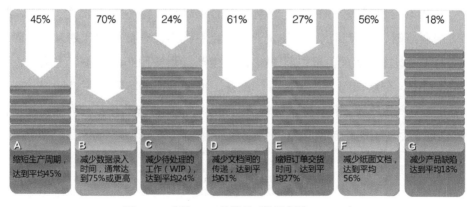

图 10-2　实施 MES 的效果（数据来源：MESA）

MESA 的这个定义明确指出 MES 功能模块的组成，实施 MES 后的效果，这对当时及以后相当长的一段时间内，在规范 MES 标准、界定软件范围方面做出了积极的贡献。2004 年，MESA 提出了协同 MES 体系结构（c-MES），对 MES 的定义进行了进一步的拓展。

MES 对制造企业的意义

现在，制造企业逐渐认识到信息化的重要性，很多企业陆续实施了以管理研发数据为核心的 PLM 系统，以物料管理、财务管理、生产计划为重点的 ERP 系统，以及企业日常事务处理的 OA 等系统，这些系统在各自领域都发挥了积极作用。但由于市场环境变化和生产管理理念不断更新，单纯依靠这些系统还不能帮助企业实现高效的运营，很多环节还处于不可控、不科学的状态中，比如：如何实现计划和实际生产的密切配合；如何使企业和生产管理人员在最短时间内掌握生产现场的变化，从而做出准确判断和快速应对；如何保证生产计划得到合理而快速修正等。虽然 ERP 和现场自动化设备都已经很成熟了，但 ERP 服务对象是企业管理的上层，对车间层的管理流程一般不提供直接和详细的支持。尽管车间拥有众多高端数字化设备，也在使用各类 CAD/CAM/CAPP 软件，但在信息化管理方面，特别是车间生产现场管理部分，如计划、排产、派工、物料、质量等，还处于传统的管理模式，影响和制约了车间生产能力的发挥。

而 MES 恰恰就是 ERP 等上游系统与 DNC/MDC 等下游系统之间的桥梁，MES 强调控制、协调和执行，使企业信息化系统不仅有良好的计划系统，而且能使生产计划落到实处。可以将 ERP 的主生产计划按照车间设备、人员、物料等实际情况，分解成每一工序、每一设备、每一分钟的车间工序级计划。MES 能使企业生产管理数字化、生产过程协同化、决策支持智能化，有力地促进精益生产落地及企业智能化转型升级。

MES 是智能制造的枢纽

美国著名的工业领域咨询机构 ARC 顾问集团在 2014 年指出，MES 是产品研发、生产、营销等活动的枢纽，MES 是制造企业的核心信息化系统。请见图 10-3。

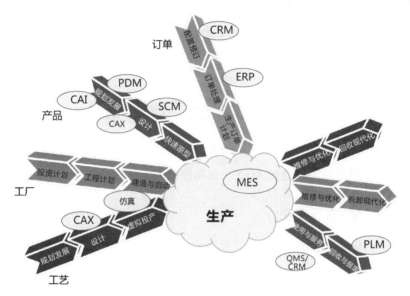

图 10-3　MES 是制造业信息化的枢纽（来源：美国 ARC 顾问集团）

在前面第八章德国萨尔大学希尔教授的图 8-2 智巧工厂架构图中，希尔教授也是把 MES 作为智巧工厂的基础与重要组成。

国务院颁布的《关于深化制造业与互联网融合发展的指导意见（国发〔2016〕28 号）》中重点指出，要"加快计算机辅助设计仿真、制造执行系统、产品全生命周期管理等工业软件产业化，强化软件支撑和定义制造业的基础性作用。"MES（制造执行系统）被重点列出，国家对 MES 的重视程度可见一斑。

以上是从制造信息化与智能制造视角看 MES 的重要性，其实，从工业互联网的视角，MES 的位置同样重要。

工业互联网联盟（IIC）技术工作组及架构任务组联合主席林诗万博士认为，"工业互联网在生产现场应用的关键在于如何利用或加强对生产环境的数据采集，实现或增强对生产过程的状态感知，并通过对数据的实时分析，做出最佳决策，通过独立或辅助现有的工业软件系统（如 MES 的功能模块）进行精准执行，完成对生产过程的闭环优化。"

简而言之，随着上游 ERP、PLM 等信息化系统建设的逐步完成，以及越来越多的自动化设备普及，作为企业中起到承上启下作用的 MES，其地位越来越重要。无论是从智能制造视角还是从工业互联网视角，无论是美国、德国还是中国，都不约而同地将 MES 视为智能制造的枢纽与核心信息化系统。

立足行业，MES 解决车间管理难点

目前，在市场上 MES 产品种类较多，既有流程行业的 MES，也有离散行业的 MES，即便同为离散行业的 MES，其功能及行业侧重点也有所不同。

流程与离散，MES 大不同

流程生产又称"连续性生产"，是指在流程生产企业中，物料是均匀地、连续地按一定工艺顺序运动，采用按库存、批量、连续的生产方式，典型的行业如石化、钢铁、食品、医药等。

流程生产由于生产批量大、物料需求均匀，生产计划等管理相对简单，但对自动化的设备依赖度高，对设备运行状态监测和控制显得极为重要，需要通过设备及工艺参数确保设备完好率、生产过程的可控性及产品质量稳定性。这些特点体现在流程行业 MES 上就是重点解决设备及生产过程中的数据采集、分析、追溯等问题，确保生产安全、稳定、高质、高效地运转。

离散制造企业产品具有多品种、小批量等行业特点，其生产管理较流程企业更为复杂。典型离散制造行业包括军工企业、机械制造、电子电器、汽车制造等行业。因产品较为复杂，一般每个产品在生产过程中分解为多个加工任务，由不同的加工工艺来制造完成。生产车间一般下设工段/班组，零件在不同工段/班组之间进行流转。由于设备能力的因素制约，要求零件加工的工艺路线和设备使用非常灵活，这样就造成了计划的频繁变更，也导致了管理困难和计划预见性差。

离散 MES 更侧重对生产过程的管控，包括生产计划制订、动态调度、生产过程的协同及库房的精益化管理等，管理难度大，但对企业可挖潜力也大。

在数据采集方面，离散行业也比流程行业的难度要大。

流程企业设备往往是一次性建成，设备厂家比较集中，设备数据开放性较强，很多设备供应商本身就提供 SCADA 等采集系统，数据采集相对容易。离散企业由于设备种类不同、厂家不同、年代不同、接口形式与通信协议不同，数据采集难度较大。

在管理方面，流程行业 MES 在管理方面相对简单，且应用时间久，成熟度高，而离散行业 MES 本身管理复杂、行业种类众多、研发与应用时间较短，离散行业 MES 的研发与实施更具有挑战性。

离散行业 MES 的技术难点

针对离散制造企业生产的特点，MES 需要重点解决以下难点：

- 品种多、批量小、交货期紧、影响因素多，计划制订非常复杂，如何进行高效、科学地排产，是离散行业 MES 的一大难题。

- 插单现象时有发生，能否及时、准确、全面地评估出插单后对其他任务的影响。

- 现场生产任务多，变化频繁，生产过程控制如何确保通畅、有效，并具有灵活的应变能力。

- 每个生产任务都是一个系统工程，会涉及现场操作、技术准备、物料准备、刀具准备、设备管理等诸多任务。针对同一任务，如何实现相关人员的协同配合，有效提升生产效率。

- 如何精益化地管控好车间的物料、刀具、夹具、量具等物资，既能保证生产的正常进行，又能使库存成本降至最低。

- 设备、生产过程、产品质量等数据的收集、管理、使用工作难度较大，如何避免以前靠人跑现场，或是依靠质检记录等方式来掌握进度而造成生产信息的滞后。

- 如何实现对整个计划、产品生产过程的动态监控，为车间领导或公司级管理部门提供任务制订、执行状态等所需信息，如何为管理者决策提供及时、准确的数据基础与各类分析报告等。

MES 模块组成

典型离散制造业生产管控流程

- 车间接收来自企业生产部门下达的年度计划、月度计划，计划人员对月计划进行快速分解，生成详细的车间工序级计划。

- 车间生产计划下达后，进行相关技术准备和物料准备工作。

- 班组长根据作业计划和生产准备进度，进行任务下发及派工。

- 由车间技术部门编制加工工艺，如果是机加车间还要编制数控加工程序。工具管理人员根据任务清单进行工装、刀具、夹具、量具的准备工作，材料员提前进行物料准备。

- 工人在现场终端接收生产任务，如果是数控加工机床，需在机床端发出程序请求命令，将正确的程序下发至正确的设备上，开始生产并对加工情况进行及时反馈。

- 根据工人反馈，质量管理人员进行及时检验。

- 整个生产过程中，系统自动生成各类统计分析报表，以不同视角和方式对车间生产进行全面分析和管理。

MES 模块组成

由于 MES 是一套涉及车间生产方方面面的信息化系统，功能模块众多，又因很强的行业特点，行业不同、厂家不同，MES 模块组成及软件功能也不尽相同，很难进行面面俱到的阐述。本书以兰光 MES 为例，对离散行业 MES 的组成模块及主要功能展开阐述。

MES 以精益生产为指导思想，对生产计划进行管理、拆分、下达，通过文档、物料、工具等相关辅助工作的协同制造，将车间生产管理、质量检测、库存管理集于一体，达成车间准时完工、及时检验、及时入库、及时反馈，实现生产过程中各个环节信息共享，减少传统的纸张传递。通过 MES 的建设，可以帮助企业快速响应计划变更、及时追溯产品加工 / 装配过程信息，做到生产管理透明化，减少管理人员及员工的工作量，有效地提升生产效率、产品质量，降低生产成本。

MES 从模块组成上可分为两条主线，一条是围绕计划、派工、作业、库房、质量等以人为中心的生产管理，可称为狭义上的 MES。另外一条是以设备互联互通为中心的设备物联网系统，包括车间中网络传输、程序管理、设备数据采集、工业大数据分析、预测性维护等模块。两者可单独应用，也可一起使用，并通过深度集成，虚实融合，互为支撑，这是广义的 MES，或称为数字化车间系统。

狭义上的 MES 包含以下模块：

- 基础数据管理：包括组织结构、人员权限、客户信息、设备信息、产品 BOM（物料清单）及工艺路线、系统设置、日志管理等；

- 计划管理：包括计划的创建、分解、浏览、修改、激活、暂停、停止、统计等；

- 作业管理：包括派工管理、调度管理、零件流转卡管理等；

- 高级排产：通过各种算法，自动制订出科学的生产计划，细化到每一工序、每一设备、每一分钟。对逾期计划，系统可提供工序拆分、调整设备、调整优先级等灵活处理措施；

- 现场信息管理：任务接收、反馈、工艺资料、三维工艺模型查阅，利用多种数据采集方式，进行计划执行情况的跟踪反馈。支持条码、触摸屏、手持终端、ID 卡扫描登录等各类反馈形式；

- 协同制造平台：实现生产准备、现场作业的协同进行，包括对工具、工装、加工程序、物料、工艺等准备状态管理，以及生产过程中的各种异常处理、统计分析等功能；

- 物料管理：包括车间二级库房的出入库等日常事务管理；

- 工具管理：包括工具库房的出入库、刀具维修、报损等日常事务管理；

- 设备管理：包括设备维修、设备保养、备品备件管理等功能。通过与设备物联网进行集成，实现设备运行数据的实时显示；

- 质量管理：对车间内生产过程质量进行及时的监控与管理，对质量信息进行相关分析、统计，支持质量追溯等功能；

- 决策支持：对系统内数据进行深入挖掘，提供计划制订、任务执行、库存、质量、设备等多视角的统计分析报表，为车间相关人员，如管理者、库房员、操作工等各角色提供决策依据；

- 输入输出：包括与条码扫描仪、触摸屏、手持终端、LED 大屏幕等硬件设备进行集成使用，便于进行信息采集、接收、展现等；

- 系统集成：与其他系统进行集成，实现数据共享。

按照业务特点，可将上述模块划分为五个层次（请见图 10-4）。

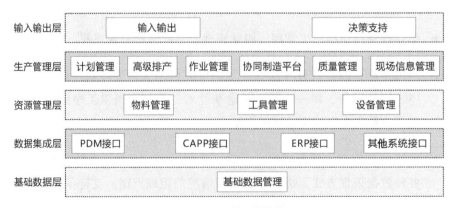

图 10-4　MES 的五个功能层

- 基础数据层：包括组织机构、人员及工作日历（工作日、节假日、排班计划）、产品 BOM 及工艺路线等，该部分是整个 MES 运行的基础。

- 数据集成层：提供 MES 与其他系统集成接口，实现数据源出于一处，全局共享。

- 资源管理层：主要是管理车间设备、技术文档、物料等与资源有关的业务流程及管理，这些资源是以后进行计划、调度、派工等工作的基础，并直接影响这些生产计划制订与执行。

- 生产管理层：涵盖了计划管理、高级排产、作业管理、协同制造平台、现场信息管理、质量管理等模块，是车间生产的核心与主线。

- 输入输出层：包含了与外部软硬件相关的模块及功能。比如，相关人员可通过胸卡扫描方式登录系统；生产数据可用条码扫描、触摸终端等辅助手段进行及时数据采集；工人也可以通过触摸终端进行任务查看、工艺文件调阅等功能，实现一个无纸化制造的环境；提供各类统计分析功能，并支持电子看板等实时显示各种数据等。

MES 模块功能简介

MES 相关模块的主要功能如下。

基础数据管理

该模块主要是根据车间业务建立 MES 的相应基础模型。

MES 基础数据一般可分业务、工艺、系统设置参数等三类基础数据。第一类业务基础数据，如企业组织架构、人员、生产加工单元（设备及非设备资源）、工具工装、工厂及设备日历等信息。第二类工艺技术数据，包括对产品及零部件、BOM 层级、工艺种类、工艺路线、工艺参数要求、工艺版本、工时定额等基础数据的维护；第三类系统设置参数定义，实现对原材料、成品、系统属性、功能属性、系统字典等进行分类定义，通过系统功能的配置化管理，按照物理对象和逻辑对象实际的生产操作或功能建立对应的执行逻辑。通过企业组织架构管理，实现对企业各部门基础信息的管理与维护，包括部门名称、部门信息、部门所属类型等。对工人工作班次、工时、人工成本、所属工段班组、技能等级、培训情况等属性信息进行管理，同时分配工人可操作及管理的设备。

系统安全对于企业非常重要，防止企业运营的信息泄露，需要进行详细的权限设置管理。系统能够按部门、人员/岗位定义相应角色，进而分配相应的操作及管理权限，员工仅能查看个人相关的业务信息，无权查看或操作业务范围之外的信息，可有效防止人为及误操作现象发生。

针对保密企业，要通过三员分立机制进行更为严格的权限管理，即以最小权限分离为原则，将超级用户权限细分为系统管理员、安全管理员和审计管理员，分别负责系统运行、安全保密管理和安全审计工作。并要按照涉密信息化系统分级保护要求，具有密级标识、身份鉴别、访问控制、安全审计等功能，从而最大限度地保障数据安全。请见图 10-5。

图 10-5 人员角色及权限管理

产品 BOM 工艺数据是 MES 重要的基础数据。MES 中 BOM 的来源主要有两个，第一个是由上游工艺系统进行集成而来，如 CAPP、PLM 系统，这种方式具有高效、数据唯一性好等特点。另外一个则是在 MES 中通过文件导入及手动维护的方式而获得。MES 中的 BOM 工艺管理功能，主要包括对 MBOM（制造物料清单）结构、物料、工艺、生产单元、工时、工装、检验要求等信息及内容进行添加、修改、删除等操作。

BOM 管理需要支持多种工艺版本的管理，具有为工序指定生产单元，添加量具、工装、刀具和技术文件，支持三维数字化工艺的接收、浏览等功能。支持生产批次、工艺、物料、工序的一站式查询与追溯。对于具有替代料的零部件，系统可进行相关替换零部件的维护，允许进行工艺路线的版本变更等管理工作。请见图 10-6。

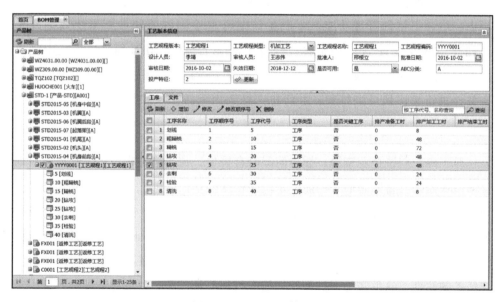

图 10-6　BOM 工艺管理

计 划 管 理

在计划管理模块中可以对计划进行分解及相关操作。

生产计划一般可以分为订单计划、生产任务，生产计划一般是指由 ERP 系统生成的主订单计划（也叫节点计划），而在 MES 中生产计划，主要是依据主订单计划分解出的生产任务。对没有实施 ERP 系统的制造型企业，MES 还需要具有建立计划任务的功能，比如，通过 Excel 导入或者手动创建等方式建立生产计划。

视角不同，计划类型也不同。根据生产过程，计划可分为产品交付计划、零部件需求计划、工序计划；根据计划内容，计划可分为零部件制造执行计划和生产准备计划（包括技术资料准备、物料准备、程序准备、工具工装准备等）；根据计划属性不同，计划可分为批产订单计划、科研订单等；根据投产计划批量，计划可分为大批量订单计划、小批量或单件订单计划。

计划管理模块主要用于生产计划的编制、分解、浏览、修改、激活、暂停、停止、统计等计划管理功能。生产主计划可直接读取公司计划系统数据或手工创建多级作业计划，并能够进行方便地手工调整。在计划管理模块中创建批次订单后，系统将根据产能、订单优先级、物料、设备、工作日历等关键约束条件进行工序级计划排程，并将排产结果生成派工单和生产任务准备单用于指导生产。

对于离散制造企业来讲，插单情况时有发生，在生产过程中不可避免，计划管理模块需要具备紧急插单功能。系统会根据插单任务的优先级将其放到整个计划序列中，并明确标识，便于计划员对该任务的特别处理。如果插单任务比较紧急，那么已经制订的正常生产任务就要为其让路，优先保证该插单任务的完成，但在这种情况下，容易对生产计划造成较大范围的影响，甚至会造成很多正常生产任务的脱期。这就需要通过调度功能进行相应地调整，尽可能不影响或者少影响正常的计划任务。如图 10-7 所示。

在计划管理中，通过图形化的展示界面实现生产订单的状态监控。现场操作人员对派工任务及时执行并反馈进度，系统实时显示实际的生产进度。可利用系统产品结构树查看每一个订单信息和工序状态，包括投产状态、计划数量、计划交货期、所用时间、提前（或延迟）时间、已完成数量等，所有信息一目了然。

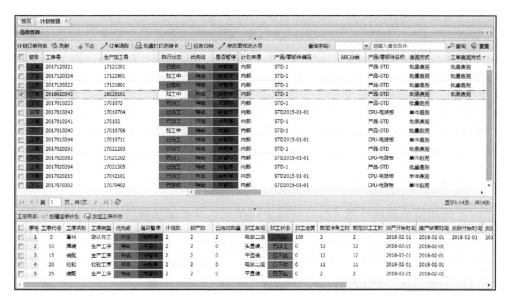

图 10-7 计划管理

有关计划模块的其他功能还有：

- 计划状态监控，方便计划员及时跟踪和掌握计划进度和态势；

- 工序进度的状态与跟踪；

- 用不同颜色标识工序进度情况以及所处工位；

- 关键节点的计划监控与展示；

- 订单结构化的进度展示；

- 订单进度的统计与分析。

作 业 管 理

作业管理模块主要包括发送生产准备指令、生产任务调度、生产任务下达、零件流转卡管理等功能。对多级计划管理体系的生产管理模式，任务下达班组或者直接指定到具体工人，调度人员可根据现场情况，将生产任务在班组间调配，实现各班组均衡化生产。

系统根据计划任务自动生成生产准备指令，内容包括产品名称、图号、工序名称、设备名称、工时等各种信息。根据车间排程后的生产任务，以物资需求计划为基础，在对工艺、工装、刀具、物料等生产资料进行齐套验证检查后，将生产准备计划发送至相应相关部门及人员，便于提早开展准备工作。对未准备就绪的工作，系统会向相关系统、部门发送指令，敦促其按生产任务进行及时准备，从而实现生产过程的协同。

车间调度员根据计划进行自动或手动派工，可根据现场实际情况对作业任务进行调整。零件流转卡随产品一起流转，操作、检验等相关人员可扫描上面的二维码进行信息查询及录入，如图10-8所示。通过系统，相关人员能及时看到每个订单、零部件、工序执行情况。

零部件流转卡片

零件名称	产品-STD	条码	STD-1$18031401	图样流水号		工艺版本		工艺规程2	物料版本	A001
零件图号	STD-2015	生产加工号 (单件号)	18031401	工单号	2018030344	交货日期		2018-03-14	投产特征	1
零部件编号	STD-1	零部件版本号	A001	计划数	3	投产数		3	外协厂商	
工序号	工序名称		操作者	交验数	检验者	下线数		检验日期	备注	
5	备料									
10	焊接									
15	装配									
20	检验									
25	调试									

图 10-8　零件工序加工流转卡

作业管理模块还具有外协管理功能，包括外协计划的分解、修改、浏览、完工反馈、统计分析等功能，以及外协流程审批管理功能，可记录外协相关内容，如外协工序、外协车间、外协厂家、外协原因等相关信息。

协同制造平台

协同制造平台充分利用网络技术、信息技术，将原来传统的串行工作变为并行工作，实现生产准备、现场作业的协同进行，包括对工具、工装、加工程序、物料、工艺等准备状态管理，以及生产过程中的各种异常处理、统计分析等功能，可有效避免由于生产准备未完成，例如缺少物料、工艺、刀具等情况，而影响生产的正常进行。

生产管理人员可方便地查看计划准备情况、工序状态、在制品信息、质检信息以及生产过程中设备的详细运行信息等内容，可以查看工单执行进度与在制品进程等动态信息，便于采取科学措施来应对生产过程中的各种变化。

系统不只是在 MES 各模块之间进行协同，还可以与其他上下系统进行协同。从接收厂级制造任务到产品交检完工入库，在各项业务执行过程中，当出现各种异常问题时，系统会按照不同的问题类型，向 OA、ERP、PLM、CAPP、EAM、DNC/MDC、计量管理等对应信息化系统发起处理流程，并实时显示问题处理进展。请见图 10-9。

图 10-9　生产异常管理

协同制造平台还提供丰富的查询功能，可按时间、工单、零件进行相关信息查询，提供工单实际工时分析统计功能，为标准工时制订提供数据依据。

物 料 管 理

在 MES 中，物料管理主要包括物料库房日常事务管理、基于库存及在制品的物料齐套分析、物料配送、过程防错等功能，并与 ERP 中的物料管理模块进行数据交互。

物料数字化管理的必要性

传统生产模式下，企业对物料的管理往往停留在手工管理的层面，主要是由库管员通过纸质单据或者电子表格管理。由于车间现场生产繁忙，每天收发工作任务繁重，经常记录不及时，导致月末盘点账物不符，管理不够精细化。

由于库房与生产计划缺乏直接联系，现场人员不了解库存情况，库管员也不了解现场情况，只能被动地等待现场人员来领料，不能根据现场计划作业情况提前做准备。现场和库房之间没有及时有效的沟通手段，导致现场人员不能准确的告知库管员"我在什么时候，需要什么物料，需要多少。"而库管员也不能准确告知现场人员"我能为今天生产任务提供的物料可用数量是多少。"为了解决这种矛盾，不影响正常生产，企业往往会增加库存量，导致库存成本居高不下，但由于临时订单、工艺变更频繁出现，仍然不能避免物料短缺的情况发生，影响了生产的正常运转。

现在，这些问题都可以通过 MES 数字化、精细化、精益化的管控得到解决。

编码及应用

在 MES 中，编码是进行数字化管理的重要基础工作，对物料数字化的管控尤为重要。原则上，对 MES 涉及的实体对象均应进行编码，比如原材料、工件、人员、设备（加工设备、运输设备及其他辅助设备）、刀具、工装、量具等，这是实施 MES 的基础条件。请见图 10-10。

1）分工原则。通常，编码制订应以企业信息化管理部门及标准化部门为主，信息化管理部门负责确定编码对象，标准化部门负责具体编码规则制订。编码尽量统一在 ERP 中实现，MES 编码继承 ERP 系统的定义与规则。ERP 不擅长的编码，可由 MES 制订具体的编码规则，最终交由 ERP 系统进行具体编码。

图 10-10　二维条码

2）编码原则。

- 唯一性：同一种生产资源只能使用一个编码。对于批量物资，如棒料、板料等原材料、通用刀具/工装等，采用类别码；而需要进行个体追踪的资源，如毛坯、专用工装、量具、设备等，必须实行一物一码。

- 全面性：无论外来资源还是企业内部资源，均应采用统一的编码。特别是外来物料，即便物料供应方已进行编码，入厂后仍然需要按照企业规则重新编码，或者要求供应方直接使用企业提供的规则进行编码。

- 扩展性：随着企业规模的扩大，资源量也将快速增长，要预留一定的编码长度，以适应大量资源的管理维护，便于改造旧有编码。

- 可识别性：编码中应包含资源的实际参数，如材质、批次、规格、流水号、生产厂家及其他特殊信息，便于进行快速识别。此外，应对编制中的格式进行规则设置，如编码长度、使用字符（数字、字母、符号）等，实现在编码输入时自动校验其正确性，确保编码的准确性。

- 稳定性：编码规则一旦确立，不允许随意变更，否则将严重影响系统的使用，例如在进行数据统计分析时，由于历史数据采用旧的编码，或者系统设计时未考虑编码的继承性，将出现一物多码的情况，相关信息的查询会变得非常混乱、困难，甚至会影响系统的正常使用。

3）编码载体。在 MES 中，编码的载体包括一维条码、二维条码、电子芯片等形式。通常情况下，可将条码打印在相应的纸质单据或操作手册上。借助条码扫描枪，对标记生产资源的一维/二维条码进行信息读取和查询。也可采用其他方式进行标识：

- 激光刻码：当零部件表面形状不再发生改变时，可以进行激光刻码，也可打印出条码贴到零件上，方便系统查询及相关信息的录入。当条码丢失后，可以根据激光刻在零件上的编码进行补贴条码。

- 铭牌标码：对于质量要求比较高，尤其对外观表面精度要求较高的零部件，无法进行刻码。这种情况下，可采用在每个零部件上面吊一个铭牌，上面刻上相应的条码，为防止条码标签丢失后无法确认具体物料信息，可在零部件上用记号笔标注编码，产品加工完成后可用酒精擦掉。通过这种方式可实现对无法刻码类零部件进行标记与追踪。

- 电子标签。随着技术的发展，RFID（射频识别技术）得到广泛的应用，这是一种非接触式识别技术，通过射频信号，能够对物体进行自动识别，借助其信息载体——电子标签，为编码保存及识别提供了一种新的方式。

当电子标签进入 RFID 工作的范围（磁场）后，接收系统读写器发出的射频信号，向 MES 发送物料相关信息（无源标签）；或者主动发送信息（有源标签），经过读写器解码后，发送至 MES 进行信息处理。

同传统的一维/二维条码相比，电子标签具有如下优势：

- 快速扫描：读写器可同时读写多张电子标签。

- 抗污染：一维/二维条码的载体是纸张，容易被污染及损坏。电子标签对水、油等具有很强的抗污染能力。

- 重复使用：一维/二维条码一旦生成，就无法进行更改。电子标签可擦除、修改，能够重复使用。

- 穿透性：条码扫描枪只能在近距离且无遮挡的情况下才可以读取条码信息，电子标签的读写采用射频信号，能够穿透金属、玻璃等特殊材料，还能够通过增大功率进行远距离读写。

- 容量大：一维条码容量为 50 字节，二维条形码最大的容量根据图像的大小，可储存 2~3000 字节，电子芯片的最大的容量则有数兆字节。

- 安全性：电子芯片的存储信息可进行加密，增强了应用的安全性。

在生产过程中，电子标签除了能够记录产品的物料编码，用于物料信息查询外，还能够对生产过程中的各种信息，如质量信息、加工工艺参数、加工人员、加工时间等进行记录、查询，更具实用性。

日常事务管理

1）MES 与 ERP 集成。由于企业物料库房一般采用两级管理模式，即企业一级库房和车间二级库房，一级库房在 ERP 中管理，二级库房在 MES 中管理，通过系统集成实现 ERP 与 MES 数据的共享与交互。

物料采购完成后，首先进入企业级 ERP 库房，然后通过库房调配方式进入车间级 MES 库房。企业级库房有限，有的物料会在采购完成后直接发往车间，此种情况下，仍需在 ERP 中履行相关流转手续，避免出现数据断层。产品生产完成后，在 MES 中入库，然后根据生产主计划，确定其去向：零/部件由 MES 库房调配至 ERP 库房，由 ERP 负责完成转移至下一主制车间的流转过程；成品由 MES 库房调配至 ERP 库房，由 ERP 负责完成发货工作。在制品过程信息由 MES 反馈 ERP，实现 ERP 对在制品工序过程的跟踪。

2）车间库房管理。通过对车间二级库房的原材料、辅料、标准件等进行出入库、配送、库存盘点、安全库存预警等管理，在正确的时间，配送正确的物料，并可进一步优化库存，减少库存资金的浪费。主要功能如下：

- 物料入库、出库管理；

- 物料退库、调配管理；

- 根据物料使用情况进行物料库存的自动盘点；

- 通过物料安全库存设置，当数量达到限额时，进行库存自动报警；

- 各类统计分析报告。

物料齐套

在产品生产过程中，尤其是装配类产品的生产，齐套分析非常重要，其意义在于以计划驱动物料库存，实现准时化生产。系统可帮助计划调度人员及时、准确地了解生产计划所需物料的配套信息，根据产品需求量，结合现有库存量及在制数量，计划人员可及时发现影响计划的因素，做出精准调整。

计划员在制订生产计划时，单车间的 MES 一般只对自制件、外购件进行齐套分析。在多车间的厂级 MES 中，除了查询库存外，还需根据在制件（如机加件及部件）的生产情况安排计划。由于同一批次的在制件存在两种状态，即线上加工与已完工反馈（库房未入账），还必须在系统中设置这两种状态的在制件是否参与齐套分析。请见图 10-11。

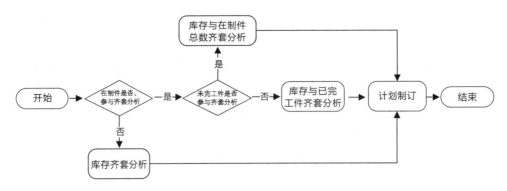

图 10-11　物料齐套分析

与 ERP 系统集成后，MES 就可根据 ERP 外购件采购信息进行齐套分析。

物料配送

根据计划及齐套分析的结果，系统生成配送清单，按当天的工序任务计划，由 AGV 小车或配送工人将所需工装、工件等运送到相应工位。加工完成后，工位端通过系统呼叫，AGV 小车或配送工人到达工位，运回库房入库或向下工位流转。第一批配送工件完工后，如配送数量没有达到计划要求的加工数据，系统提示再次配送。

过程防错

系统的过程防错功能是以产品 BOM 信息、生产计划工单信息为对比基础，通过条码技术、RFID 等编码读取技术进行投料信息的查询，对符合要求的物料信息予以记录确认，对不一致的情况进行投料异常记录，并通过信息报警、声光报警等予以提示。同时，还可结合设备自动采集及计数功能，对生产过程进行防错控制。

工具管理

从管理角度来讲，刀具、量具、夹具等工具都属于生产资源中的物料范畴。但由于工具的使用具有特殊性，需要针对其特点进行更专业的管控。

工艺准备

通过与工艺管理系统 CAPP 集成，在进行工艺设计时，即可调用 MES 中的工具库房数据，查询相应工具的库存数量。在库存不足的情况下，需考虑对工艺进行提前调整，避免现场加工时出现无工具可用的情况。还可以从减少浪费和去库存的角度出发，优先选择库存积压较多的刀具编制工艺。

出入库管理

工具管理中，需对不同的出入库模式进行区分。

领用：消耗类工具，如刀片、油石等，在配送完成后即视为员工个人使用物品，直接在库存中下账。

借用：刀体、工装等，属于车间固定资产，在配送完成后，库存数量不变，只对其状态进行变更，即由在库变更为在线。同时需在系统中设置其使用周期，周期临近时,提醒借用人员归还。

刀具修磨

机械加工使用的刀具,在已不具备加工性能时,通过修磨的方式可实现再次使用。由于此时刀具形状已发生变化,如半径、长度等,需在系统中记录刀具参数的变化,并对物料编码进行重新定义,实现与新刀具的区别管理。

组合 / 拆卸

刀具组装:通过在库存中选取合适组件(刀具、刀柄等),对刀具进行组装。只需扫描刀具、刀柄及各种附件的编码,即可便捷完成刀具的组装。

刀具拆卸:在组合刀具需要分开使用,或者因刀具某一零部件损坏而需要更换时,进行此项操作。

工具采购

当库存不足或车间需要采购新的工具时,需在系统中完成工具申购流程审批。审批通过后,将申购单提交 ERP 系统,由采购部门安排相关工作,并可通过 ERP 系统反馈采购进度。

工具报损

由现场技术员和库房管理员提出报损申请单,并注明报损原因,经车间领导审批确认后进行报损处理。有唯一编码的工具,需要注销该编码供以后待用,并跟随报废工具作编码注销记录,同时更新库房信息。待报损工具在库中应有专门的待报损库位标识,不得进行使用。

周期检定

对量具 / 工装,需要在系统中设置检定周期,当临近检定周期时,提醒库管员交检。在检定未完成前,不允许在系统中进行相关的借用操作,同时,对仍在现场的量具 / 工装,提示使用人员归还。

设备管理

在 MES 设备管理模块中，既包括对设备的台账、维修、保养、备件等常规管理功能，也包括通过与设备数据采集系统（MDC）进行集成，实现对设备实时信息采集与管理。

台账管理

从 ERP 系统中获取与设备相关的固定资产信息，构建 MES 设备台账信息，并能够生成设备台账报表。可以方便设置设备基本信息、工作时间、指定操作人员等，也可对设备进行分组管理、分工段管理，以及支持设备盘点、设备调入/调出、备品/备件管理等功能。

维修管理

当设备发生故障，操作工在系统中触发"设备故障"，该信息被发送给维修人员，通知内容包括设备名称、报警信息、发生时间等。维修人员到场后进行维修，并在系统中建立设备维修记录库，包含维修时间、维修人员、维修项及是否更换过备件等。经过一定时间的积累，形成维修经验知识库，便于后期遇到类似问题时快速诊断及维修。

保养管理

设备保养一般分为一级保养、二级保养。一级保养和二级保养的内容、时间、规则可自定义设置，也可设置周期性保养或自定义保养提醒规则，根据设备近期运行状况进行保养提醒。临近设备保养时，系统自动提示，相关人员进行日常保养，登记保养记录。

设备点检

MES 提供设备点检计划的维护和管理功能，对于已经制订的点检计划，在操作工登录系统后，系统根据点检项目及点检频率，自动对设备进行点检提示，点检结束后将点检结果录入到系统中。

每个点检项均设置对应的二维码，以扫码形式进行点检，用于监控保证点检位置准确性和及时性。

实时信息采集

通过与 MDC 模块集成，借助先进自动采集技术对生产设备进行实时、自动、客观、准确的数据采集，实现生产过程的透明化管理，为 MES 提供生产数据的自动反馈，并进一步分析生产中的各类问题，比如，制订的生产计划是否科学？是否需要重新调整等。

现场信息管理

现场信息管理模块主要用于现场操作工人进行加工计划接收、技术文档调阅、工序报检、完工确认以及齐套性分析（包含工装、刀夹量具、原材料、装配件等）。工人可以用 PC、手持移动终端、手机 APP、平板电脑等多种方式进行登录操作。

通过现场工作站扫描工卡登录系统，工人进行上岗开工、任务签收、查询信息等操作。班组长通过派工单、零件图号等查询条件查看班组的生产进度、计划完工时间、预计完工时间、质量情况等信息。

系统支持条码扫描方式完成物料交接、派工任务接收、检验报工等。可以选择按工序开工或者按产品号开工等模式，工人接收工作任务开始加工，任务完成后，可通过完工汇报将计划实际执行情况反馈到系统中，实现订单跟踪等闭环管理。根据生产模式，可设置任务协作(多人同时完成一项任务)，支持单人或多人报工。请见图 10-12。

现场信息管理模块具有二次派工功能，班组长可以根据车间现场实际情况进行任务的二次派工，以便将任务安排到更合理的人员和设备。生产设备出现故障时，工人能够进行故障报告，信息自动反馈到维修人员处，通知其及时到现场进行处理。工人通过终端，可查看与工作相关的零件流转卡、工艺资料、工序卡片、三维模型、加工指导说明视频等，实现现场无纸化管理。请见图 10-13。

第十章 MES 赋能，智造精益双落地 259

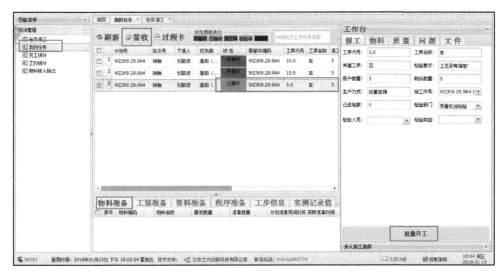

图 10-12 现场信息管理

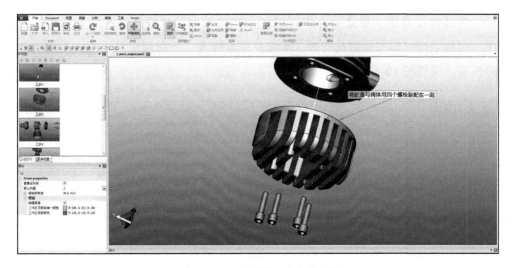

图 10-13 现场浏览工艺指导文件

由于现场管理界面主要是为现场工人使用，界面与操作应该简捷、简单。

▶ 操作简捷：班组长派工时只需一次操作，工人也只需两次操作就可完成任务接收与完工反馈；

- ▶ 方便操作：系统支持条码扫描、触摸屏等信息输入方式。在触摸屏上采用大图标的形式，方便工人现场操作；

- ▶ 界面清晰：未派工、已派工、未到、在制、已完成、外协等分类显示，自由选择；

- ▶ 技术文档：工艺文件、图纸、3D 模型均可在线直接浏览；

- ▶ 检验信息：检验标准、检验结果都可以在线查看及录入；

- ▶ 统计分析：可以自定义人员、时间段、设备等条件进行工作任务查询与统计。

质量管理

质量管理模块主要是解决车间层面生产过程中的质量活动及质量管理等工作，包括生产过程质量数据管理、半成品质量管理、质量跟踪与追溯、质量统计分析等。请见图 10-14。

批次号	任务号	零件名称	工序编码	工序名称	零件数量	已完成零件数量	首检次数	操作
wq2013-12-3	wq2013-12-3	机匣体	11.0	六角车	80	67	0	
wq2013-12-3	wq2013-12-3	机匣体	12.0	卧铣	80	57	0	
wq2013-12-3	wq2013-12-3	机匣体	13.0	立铣	80	52	0	
wq2013-12-3	wq2013-12-3	机匣体	1.0	卧铣	80	75	0	
2014-1-1	2014-1-1	机匣体	2.0	卧铣	100	0	0	
ww2013-12-2	ww2013-12-2	机匣体	7.0	卧铣	90	85	0	
ww2013-12-2	ww2013-12-2	机匣体	9.0	钳工	90	80	0	
ww2013-12-2	ww2013-12-2	机匣体	1.0	卧铣	90	85	0	
ee2013-12-1	ee2013-12-1	机匣体	1.0	钳工	100	0	0	

图 10-14 质量管理模块

可通过现场终端以及各类自动化检测设备，实现过程质量信息自动采集。比如，通过与自动检测设备进行联网通信，实现对产品合格、不合格品数量统计以及每个产品生产过程数据的记录与管理。质量管理模块的主要功能如下：

- 检验计划和车间生产作业计划全程绑定，在接收检验计划之后，检验人员可以方便地进行检验准备与及时检验；

- 具有质量信息录入、处理、查询、追踪、打印等功能，支持条码和工位终端等输入方式；

- 能够进行包括首检、自检、巡检、关重件及关键工序在内的生产加工过程全数检测记录，显现零件每道工序形成的质量特性；

- 对不合格品进行审理管理，以确定是否返修、让步接收或者报废。支持科研产品关重件检验数据的全数记录，记录一般件不合格品超差数据。

- 质量追溯可按批次、单件进行；

- 批次管理：根据质量分析结果，可针对问题批次件进行反向查询，比如某批次的零件都应用到了哪些产品上等等，方便质量召回；

- 单件管理：根据产品单件号和装配关系，可追踪到各组成件的单件号、批次号，可追溯某零部件的生产过程信息，包括操作者、操作过程、质量信息等；

- 对产品质量进行多维度分析与展现，发现规律及趋势性问题，有利于提升产品质量，并提供打印、输出（EXCEL）等功能。

决策支持

对 MES 中计划、执行、物料、设备、质量等数据进行全方位、多维度地查询、分析与展示，为公司管理人员、相关使用人员提供各种统计分析报告。

查询功能

可以通过各种条件进行查询并有效指导生产，常见的查询有：

- 生产进度查询：包括该订单处是否已经投产，交货期能否准时，是延误还是提前，具体差异多长时间。以产品、部件、零件、工序等多级别展现，结构清楚，一目了然。

- 生产盘点：可按车间、零件代号、产品代号、时间对装配计划进行查询。可详细查看装配计划的投产数量、装配数量、废品数量（包括工废、料废），及期末结存数量（包括毛坯、材料、在制品、待处理等）。

- 生产月报：按月显示所有计划任务，包括已完成计划和在制任务。可按车间、零件代号、产品代号、时间节点对本月计划进行查询，数据包括本期生产情况汇总、工时、交库、期末结存等。

- 完成情况汇总表：显示完成的计划任务，如本期投入、计划完成数量、实际完成数量、完工工时统计等信息。

- 交检表：可按不同分类统计车间工序交检及工序质量情况汇总。

- 产品不合格品统计表：统计已完工和在制计划零件生产过程中出现的返工、返修等信息。

- 关键工序一次交验合格率：可查看已完工和在制计划生产过程中关键工序检验合格率，直接反映车间加工技术及质量管控水平。

通过与MDC系统进行集成，可查看设备开机率、运行效率、空闲等待时间、任务正点完工、延迟完工等信息，为合理制订生产计划提供准确依据。

分析功能

通过对相关数据进行全方位的挖掘与分析，及时发现问题，优化生产过程，提升生产效率与产品质量，并有效降低生产成本。请见图10-15。

支持生产管理、技术、设备、质量等部门对生产过程进行监督、分析与优化。比如，生产进度实时报表可供管理决策者及时掌握生产整体计划与进度，对生产计划执行情况、工段作业情况以及物料、质量、成本、设备等进行多维度的综合分析，隐形问题显性化，有助于为生产效率、产品质量提升以及生产成本降低提供决策依据。

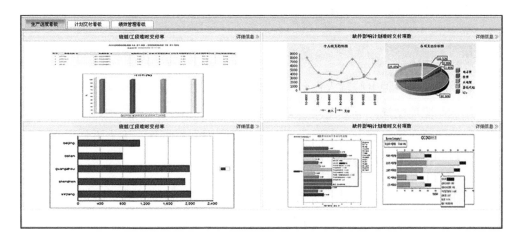

图 10-15　决策支持报表

输出功能

可按权限导出各类报表，支持管理层及车间各类人员从计划准时率、物料库存、设备利用率、工序质量等不同视角，对制造过程进行输出与展现。还可在计算机、移动终端、大屏等各种显示终端上展现所需信息。

输 入 输 出

MES 还可通过条码扫描技术、触摸屏终端、手持终端、LED 大屏幕等自动化数据采集与展示手段，实时获取或展示生产过程中各类信息。

MES 中常用的输入输出设备有以下几种：

条码扫描仪

条码自动识别技术具有输入速度快、准确度高、成本低和易操作等特点。在 MES 中，使用条码扫描工件流转卡上的条码，可实现对生产数据的采集。每个产品的每个工序都会有一个唯一的条码，不管产品发往何处，都会留有记录，如果发生问题，只需读取产品上的条码，就可以从数据库中调出该产品相关数据，方便产品的质量跟踪和售后服务。

触摸屏

触摸屏作为一种电脑输入设备，是较为简单、方便的人机交互方式，具有坚固耐用、反应速度快、节省空间、交互性好等优点。利用这种技术，用户只需用手指轻轻地单击显示屏上的图标或文字就能实现对主机操作，大大方便了那些不熟悉电脑操作的 MES 用户。

在生产现场，工人可通过触摸屏登录 MES，进行任务接收、浏览、生产数据查询、工艺文件查阅，以及完工反馈、设备报修等操作。

手持终端

根据现场管理需要，工段长、工人可以使用手持终端完成以下工作：

▶ 任务查询、任务接收；

▶ 加工程序、刀具清单、加工注意事项等方面的查询；

▶ 生产任务的信息反馈；

▶ 工人工时统计查询；

▶ 工具借入、借出等操作。

LED 大屏

生产过程目视化是精益生产管理的重要思想，通过 LED 或大电视，将生产过程中数据在现场进行看板化展示，有助于及时暴露或发现生产过程中存在的问题。请见图 10-16。

图 10-16　LED 大屏看板

系 统 集 成

MES 是位于计划层与控制层之间的信息化管理系统，为了实现设计、制造和管理三位一体，需要将 MES 与 ERP、PLM、DNC/MDC 等系统之间进行集成，实现数据在不同系统之间的共享和有序流动。在企业中，常见的以 MES 为中心的集成关系如图 10-17 所示。

主要集成的数据流有：

- ERP 从 PDM/PLM 获得产品数据中的零件属性及物料清单 (BOM)。

- CAPP 将工艺路线、材料、工时等信息传递给 ERP 系统及 MES，将工艺路线及相关信息下发 DNC 系统。

- PDM/PLM 与 MES 单向集成。PDM/PLM 系统将工艺 BOM、零件属性等信息通过接口传递给 MES。

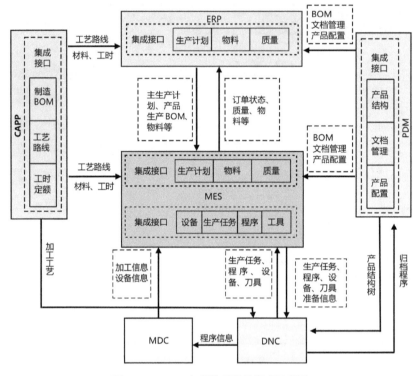

图 10-17 MES 与其他系统的集成示意图

- ERP 系统与 MES 双向集成。ERP 系统将生产任务和物料信息通过接口传送给 MES，MES 将任务完工和设备状况反馈给 ERP 系统。

- DNC 系统与 PDM/PLM 系统双向集成。PDM/PLM 系统将工艺 BOM、零件属性等信息传递给 DNC 系统，DNC 系统将定型后的 NC 程序提交到 PDM/PLM 系统归档管理。

- MES 将生产任务等准备信息发给 DNC 系统，DNC 生成的刀具清单传递给 MES 的库房管理模块进行刀具准备，并通过 MDC 将加工进度等信息回传给 MES。

- 一般情况下，DNC/MDC 是一体化的系统，DNC 中的程序等信息从内部传递给 MDC 模块，MDC 进行程序信息与采集信息关联，形成更丰富的展示内容。如果 DNC 与 MDC 是两个独立的系统，则需要进行以上的集成。

因越来越多的 PLM 已经包含 CAPP 的功能，在这种情况下，集成工作更为简单，MES/DNC 所需要的工艺路线等信息可直接从 PLM 中读取。

理念需要与时俱进

MES 呼唤新理念

随着智能制造的进一步深入推进，越来越多的制造企业开始实施 MES，MES 市场呈现出火爆而混乱的局面。这种局面的出现一方面是由于各 MES 厂家的品牌尚未完全建立起来，市场良莠不齐，还处于群雄逐鹿的初级阶段；另一个重要原因就是 MES 现有定义与标准过于陈旧，在工业 4.0、云计算、物联网、大数据、智能制造等新概念日新月异的今天，MES 的定义，特别是 MESA（制造执行系统协会）的定义已经不能适应市场快速发展需要，也为今天市场的混乱埋下了隐患。

理念过时

孟子说："尽信书，则不如无书。"推进智能制造，不能拘泥于固有的理论与模型，过于迷信国外已有定义，MES 就是代表。

作者认为，传统的 MES 理念已经过时，在智能制造时代需要 MES 理念的与时俱进与不断发展。实际上，持这种观点的专家也并非只有作者一人。

1）国内专家：功能及范围有局限性。PLCopen 中国组织名誉主席、著名 MES 专家彭瑜教授认为："MESA 的 MES 功能模型是基于 MES 供应商的需求，而不是基于 MES 用户的需求，该模型规定的功能不够明晰，边界不够清晰，模块之间的连接也不够清晰。"并指出："ERP-MES-PCS 三层架构具有鲜明的工业 3.0 的特征，在工业 4.0 智能工厂/智能制造系统的大环境下，传统 MES 所涉及的功能和范围远未概括企业生产制造管理的许多环节。"

2）国外专家：要与工业4.0结合。2013年11月，美国罗克韦尔副总裁鲍勃·奥纳（Bob Honor）就说："MES已经有几十年的历史了，可以确信的是，今天的MES不再是上一代的MES。"知名智能制造专家弗朗西斯科·奥玛德·劳波（Francisco Almada Lobo）更是在2016年4月26日撰文指出："MES已经死去，MES4.0才是永恒！""我们知道，MES已经死了，谁的过错？您可能猜到了，是工业4.0，但是不用恐慌，工业4.0正在温柔地干掉它。"尽管中外专家的表述不同，但不可否认，一些具有前瞻性、有自己思考的专家，已经不约而同地对当前MES的标准提出了质疑。

3）新的标准已见端倪。在MESA协会对MES定义与标准迟迟没有更新之际，一些组织已经对MES的相关定义与功能进行了发展。比如，美国仪器、系统和自动化协会（Instrumentation, System, and Automation Society，简称ISA）于2000年发布ISA-SP95标准，首次确立了MOM（Manufacturing Operations Management，中文为制造运营管理），MOM将生产运营、维护运行、质量运行和库存运行并列起来，并极大地拓展了MES的传统定义。请见图10-18。

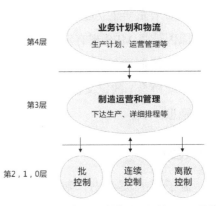

图10-18　ISA95中MES的位置已经被MOM取代

无独有偶，美国国家标准与技术研究院（National Institute of Standards and Technology，简称NIST）在智能制造生态系统模型中用MOM替换了MES。请见图10-19。

在工业4.0、智能制造等浪潮推动及ISA、NIST等影响下，作为MES的对口组织，MESA也加大了对智能制造等新理念的研究，于2016年1月发布了MESA智能制造52号白皮书，白皮书中对物联网、机器人、个性化定制等智能制造相关理念进行了详细的阐述。但遗憾的是，迄今为止，作者并未见到MESA对智能制造时代下的MES新标准。

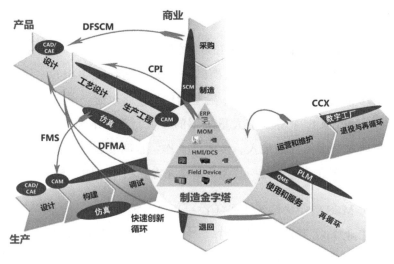

图 10-19　美国 NIST 智能制造生态系统模型

过时原因

1）定义时间久远

1990 年美国 AMR 提出概念，离现在近三十年了，当时是为了弥补 ERP 不能对设备层直接进行管控而衍生出的一个新概念。1997 年 MESA 进行了进一步定义，2004 年又稍加完善。即便是 2004 年，离现在也有十多年了，近些年来，MESA 在 MES 定义及概念、目标等方面并没有实质性的改变。

2）定义不严谨

MESA 规定只要具备 11 个功能模块中的某一个或几个，就属于 MES 系列的单一功能产品。这个定义对当时界定哪些模块属于 MES 范畴有很好的促进作用，但该定义过于宽泛。一个模块就属于 MES，做条码的公司开发个软件模块就可以叫 MES，做物料的开发一个库存模块也可以叫 MES，这都不能说人家不对，的的确确是符合 MESA 定义的，但是现在市场上功能强大些的 MES 动辄就十多个模块，甚至更多，都统一叫 MES，功能却相差十万八千里。定义不严谨，造成了今天 MES 市场的混乱。

3）没有与时俱进

前文提到 MESA 对企业实施 MES 后的效果指标，比如"减少数据录入时间，通常达到 75% 或更高；减少文档间的传递，达到平均 61%；减少纸面文档，达到平均 56%"等。作者认为，这些指标也严重过时。试问，在当今 CAD/CAM/DNC/OA/PLM/ERP 等系统大量应用的今天，很多纸面的工作已经早已被取代，哪里有这么多纸面的录入、传递等工作？很明显，这些指标已是 20 世纪 90 年代的指标，现在还经常被一些公司甚至是专家引用，明显是不妥的。

MESA 对 MES 的定义已经十多年没更新了，但近年来，全球兴起了智能制造的浪潮，工业 4.0、物联网、云计算、大数据、CPS 等理念层出不穷，这些理念必将对制造业产生重大影响。但作为承上启下，处于智能制造核心的 MES，其定义没有体现出来这些理念。以前的 MES 定义属于典型工业 3.0 以前的概念，如果软件公司按照这些理念研发，或者制造业引进这些理念指导下的 MES，如何体现智能制造的理念？又如何促进企业智能制造的转型升级？

一些探索

早在 2009 年，作者就提出 MES 不是一套简单的信息化系统，MES 是有灵魂的，精益生产就是 MES 的灵魂，MES 是精益生产落地的有效载体。

2014 年，作者发表《离散行业 MES 选型"三忌"》一文，"第二忌"就是切忌将 MES 平庸化，将一两个模块就叫 MES，这种过低的要求会误导制造企业，会影响 MES 市场的健康发展。

2015 年，作者提出"六维智能理论"，从六个方面打造以 MES 为核心的智巧工厂，该文被新华网、网易等众多媒体转载，成为很多制造企业进行智能制造建设的重要参考。

在智能制造的大潮中，无论是制造企业，还是 MES 软件公司，都应该具有一定的前瞻性，要打造一套基于工业 3.0，面向工业 4.0 的 MES，而不仅仅满足于一套传统的信息化系统。

MES 发展新方向

在 MES 定义不严谨，理念不能与时俱进的情况下，在智能制造浪潮一浪高过一浪的今天，在制造企业亟待智能化转型升级的期盼中，中国的 MES 市场应该如何发展？应该如何在摸索中前行？如何才能更好地支撑制造业的智能制造的落地和发展呢？

作者认为，除了在平台化、云计算、大数据、移动互联等计算机技术领域进行拓展应用以外，作为 MES 方案的供应商，应该站在制造业使用者角度，以中国制造 2025 为宗旨，以精益生产为主线，以两化深度融合为突破口，参考德国工业 4.0 等先进理念，结合企业实际情况，建设基于工业 3.0，面向工业 4.0、体现 CPS 特点的智能 MES，构建"设备自动化＋管理数字化＋生产精益化＋人员高效化"的"新四化"数字化车间，为制造企业智能化转型升级奠定坚实的基础。

回归本质

MES 之所以叫制造执行系统，非常强调"执行"二字。一方面，MES 根据车间实际情况，将 ERP 生产计划的每一工序分解到每一设备、每一分钟精细执行，并实现透明化的精确管理；另一方面，在车间内部，形成计划排产、作业执行、数据采集、在制品管理、库存管理、质量管理、决策管理等一个全闭环管理，环环紧扣，而非简单的一个数据库管理系统。

精细化、精准化、协同化是 MES 的重要特点，否则生产无法高效、高质地运行。那种通过凭经验、靠感觉进行计划制订、现场管理的传统 MES，并不能深刻地体现出 MES 精髓。

贯穿精益

在第四章及第八章我们讲过，在迈向工业 4.0 过程中，经常提到："2.0 补课，3.0 普及，4.0 示范"，那么 2.0 到底是要补什么，3.0 到底是要普及什么？除了实现自动化、数字化、网络化等这些大家能看到的软硬件装备以外，更重要的是补上、普及我们欠缺的工业文明，比如员工的技能、素养，企业文化及管理模式，以及社会层面的契约精神、工匠精神、合作精神、尊重知识产权等。作为工业 3.0 精华的精益生产，是制造业所必须补上、必须普及的重要部分。

在 MES 中，一定要充分体现精益生产的理念，通过 MES 这个信息化手段与工具，促进精益生产在企业中的进一步落地，比如：

- 准确分析非增值劳动，提高生产效率，进行有效质量管理，降低生产库房、工具等辅助成本。

- 科学准确地自动排产、合理解决紧急插单等问题，确保生产计划最优。

- 实现目视化管理，信息最大程度透明化。

- 生产过程精确控制，实现产品"流"的生产。

- 实现生产数据及时、准确反馈，提供科学决策的基础。

体现 CPS

德国工业 4.0 是以智能制造为主导的第四次工业革命，通过 CPS 等先进手段，将制造业向智能化转型。《中国制造 2025》也强调"以提质增效为中心，以加快新一代信息技术与制造业深度融合为主线，以推进智能制造为主攻方向"。我们从这些表述中可以看到，无论是德国工业 4.0 还是中国制造 2025，均是以智能制造为主攻方向，以 CPS 技术为使能技术手段。作为智能制造核心的 MES，必须要体现出 CPS 的特点。

德国人认为："在制造业领域，CPS 包括智能机器、存储系统和生产设施，能够相互独立地自动交换信息、触发动作和控制。CPS 将推动生产对象直接或借助互联网通过 M2M（Machine to Machine，机器对机器）通信自主实现信息交换、运转和互相操控。"从以上内容可知，对车间中的机床、机器人等各类数字化设备进行互联互通，这是德国人认为的 CPS 在车间的具体应用。

在 2017 年工信部发布的《信息物理系统白皮书（2017）》中，信息化百人会执委安筱鹏博士在其序言《关于 CPS 的几点思考——CPS 是什么？如何看？怎么干？》中明确指出："由传感器、控制终端、组态软件、工业网络等构成的分布式控制系统（DCS）和数据采集与监控系统（SCADA）是系统级 CPS，由数控机床、机器人、AGV 小车、传送带等构成的智能生产线是系统级 CPS，通过制造执行系统（MES）对人、机、物、料、环等生产要素进行生产调度、设备管理、物料配送、计划排产和质量监控而构成的智能车间也是系统级 CPS。"由此可知，在数字化车间里，CPS 并不神秘，具有互联互通功能的数字化生产线就是一种 CPS，智能化的 MES 也是一种 CPS，两者结合在一起，以数字化设备、设备互联互通系统、MES 组成的整个数字化车间就是一个更高层级的 CPS。

因此，在 MES 中要体现 CPS 特点，车间中设备的互联互通是基础，而不能把 MES 做成一个飘在空中的纯信息化系统。

智能是趋势

第四次工业革命的核心就是智能制造，打造数字化车间就需要在生产设备等物理实体、MES 等赛博虚体中充分发挥自动化、数字化、网络化、智能化的优势，打造出虚实融合、具有 CPS 特色的智能化 MES。

基于这些年的研究与思考，作者于 2015 年提出了智能制造下的"六维智能"理论，并用"六维智能"指导兰光 MES 研发与实施，取得了很好的应用效果。"六维智能"是分别从计划源头、过程协同、设备底层、资源优化、质量控制、决策支持等六个方面智能着手，实现生产过程的自动化、数字化、网络化、智能化管理与控制。第八章已经对"六维智能"进行了详细的阐述，在此就不再赘述。

成功应用是关键

企业实施 MES，即便是理论再先进，软件再智能，如果不能得到成功应用，对企业而言，结果就是零，甚至是负数，因为这不但浪费了企业大量的人力、财力，而且会影响了企业的正常生产，还会严重打击企业对信息化的热情与信心，这些损失对企业而言都是难以估量的。现实中，MES 实施成功率是比较低的，这里面的因素很多，限于篇幅，在此就不一一展开。要保证 MES 的成功落地，以下三点值得重视。

专案化

在 2016 年 9 月 2 日 "首届工业软件与制造业融合发展高峰论坛"上，时任工信部副部长怀进鹏院士发表主题演讲时强调："未来的软件行业将向网络化、平台化、生态化、专案化四个方向转型。"作为工业软件的代表，MES 是高度浓缩工业知识的工业软件，具有明显的行业特征，无论是 MES 供应商还是制造企业选择 MES，专案化是必须要考虑的重要因素。MES 供应商不要贪多，企图占领很多不同行业，制造企业也不要听信一些供应商的夸大宣传，认为国外大品牌就能适合很多行业。纵观国内外，MES 产品都具有很强的行业特点，除了流程、离散两大行业外，即便是离散行业，也存在机械、电子、服装、汽车等不同行业，行业与行业的特点不同，对软件的差异化要求也很大，不可能像 CAD、ERP、PLM 一样，一款软件通吃天下。而这也恰恰是中国 MES 软件公司的机会，在自己擅长的领域深耕细作，将行业知识浓缩到软件中，为行业客户提供专业的服务，这样就不畏惧所谓"国际巨头"的竞争。事实证明，在 MES 行业，国外品牌并不占据优势，它们的项目的失败概率也并不低。

专案化将是 MES 软件公司成功的第一因素，也是企业成功实施 MES 风险最小的选择。

以人为本

在 MES 行业，只有真正理解并做到"以人为本"，MES 项目才有可能成功，否则企业可能都不知道项目是怎么失败的。

MES 不同于 CAD、ERP、PLM 等系统，使用对象不是工程师等技术人员，大部分是车间工人，这些 MES 使用者在计算机水平方面就具有很大的困难，很多人甚至不会使用计算机。如何让这些一线工人能把系统用好，首要的考虑因素就是站在他们的角度，把系统设计得简单实用，不增加他们太多工作量，在他们面前，软件"炫、酷"不是必需品，傻瓜式操作最受欢迎。比如，如何减少菜单的点击量，如何让他们少移动鼠标，哪怕是 1 厘米的距离，这对每天操作很多遍软件的一线工人来说都是福音。

很多软件公司经常宣称"我们的 MES 具有非常强大的透明化管理，让管理者对车间现场进行完全的透明化、精细化管控。"没错，MES 应该能做到透明化、精细化的管理，这是基本的功能，但一定不要为了"管理而管理"。MES 不只是为管理者使用的，还包括很多的班组长、库房管理员、一线工人等，如果让这些直接使用者认为"上 MES 会让领导管控我们更方便。"这套系统的结局基本就是失败的，在连续不断的负面报告中，比如："这系统不好用""我不会用""我要的功能没有"等等，众口铄金，领导就会逐渐丧失信心，项目必然会以失败告终。

任何系统不可能满足全部要求，任何系统不可能让所有人满意，上述所谓的问题往往是表象，是借口，其深层次的原因往往是系统增加了他们的工作量，透明了他们的过程，甚至是影响了他们的"权益"。

这些问题如何解决？答案还是以人为本。

对一线工人，在不明显增加他们工作量的情况下，能明显提升他们收入的 MES 是最受欢迎的。比如兰光 MES 通过协同生产管理，生产过程中做到了并行准备，减少了操作工的等待时间，使设备利用率显著提升，操作工的收入明显增加，很多单位的工人都抢着用这些系统。

在 MES 中，只要用心挖掘，这种以人为本，以价值驱动为导向的例子就举不胜举，随处可见。只有这样，才能将使用者由被动的"要我用"转变到主动的"我要用"，才能保证系统得以成功应用。很多 MES 项目的失败，往往不是技术问题，而是因为忽视了"以人为本"的思想。

务实性

MES 实施的成功与否，往往与企业的务实性也有很大关系。有些企业在听到或者看到一些所谓"专家"的"最新理念"后，要求在软件中体现人工智能、大数据、微服务等这些自己都搞不明白的概念；有些企业希望 MES 能解决车间所有的问题；有些企业希望成本最低，功能最强，服务最好……

针对以上客户，软件公司一定要派出资深顾问对客户进行"调研号脉"，找出它们的主要问题，制订出有针对性的解决方案。务实性是项目成功的第一因素，解决企业的主要问题是项目成功的基础。要让客户认识到很多问题不能完全靠软件自身来解决，需要借助制度、管理的配合，只有这样才能确保系统应用起来，才能为客户创造更大的价值。

第十一章

Machine Intelligence

大数据赋智,车间走向新时代

有之以为利,无之以为用。

——老子

不同于设备、物料等有形的物理实体,无形的数据是企业的一种新资产、新资源和新生产要素,是企业正常生产的基础,是企业进行智能化管理的关键。对这些数据进一步挖掘,以量化、可视化等方式,定位生产中存在的问题并进行优化,这对提升企业竞争力有非常重要的意义。

数字化车间不只是智能制造的主战场,也是工业大数据的富矿,是新一代智能制造的测试床。采集、存储、挖掘、使用好这些工业大数据,可为企业智能制造提供源源不断的新动能。

本章以工业大数据为主线,首先阐述了工业大数据与商业大数据区别、车间中大数据常见分类及应用,然后从APS(排产算法,大运算量)、3D可视(VR/AR等技术应用,3D模型大数据的应用),以及人工智能在智能制造应用(机器学习方面的大数据应用)等三个工业大数据应用场景进行了介绍。

工业大数据,车间的无形资产

同为大数据,工业商业各不同

大数据方面的经典著作,当属牛津大学维克托·迈尔·舍恩伯格教授的《大数据时代》。该书作者重点强调了大数据时代最大的转变,就是放弃对因果关系的追求,取而代之的是关注相关性。也就是说只要知道"是什么",而不需要知道"为什么"。

但作者认为,很多人讲的都是商业大数据范畴的理念,这些理念除了对制造企业市场营销等部分业务有所帮助外,对制造过程本身的价值实际并不大,制造业更应该关注自己最擅长、自己最有优势的工业大数据。

工业大数据与商业大数据到底有什么区别呢?作者做了一些研究,并专门请教过美国辛辛那提大学李杰教授。李杰教授是工业大数据方面著名专家,也是《工业大数据》一书的作者。李杰教授指出:"商业大数据具有发散性,工业大数据具有收敛性,同为大数据,表象相同,本质不同。工业大数据具有更强的专业性、关联性、流程性、时序性和解析性等特点。"

工业大数据同商业大数据相比,除了都具有数据量大的相同点外,还有如下明显的不同点。

具有更高的价值密度

为讲清楚商业大数据与工业大数据的区别,我们先看一下著名的DIKW体系模型,请见图11-1。

图 11-1　DIKW 体系模型

从上图可以看出,最底层是数据层(原始数据),然后是信息层(有逻辑的数据),再上面是知识层(模型化的信息),最上面是智慧层。

举个例子。比如我们对工件进行热处理时,假定要求炉温500℃,保持半小时。如果某一时刻采集上来的数据是600,我们就知道,这个600实际上是指有量纲的600℃的温度,这已经突破数据层面,升级到信息了。600℃高温,监控系统会知道要出废品,就马上报警,这就是知识层面。采取相关措施去干预,这是智慧(或叫智能)层面了。

宝钢中央研究院原首席研究员、清华大学访问学者郭朝晖教授指出，"工业大数据的本质是以数据形式呈现的'信息'或者'知识'，而不是没有关联的数据。"

由此可见，工业大数据不是简单的数据，在相关系统支撑下，可以很轻松地加载上信息属性，甚至是知识属性。

具有强关联性

商业大数据具有发散性。比如，商场中啤酒的销量高低也许与跑步机销量有相关性，也许与花生米的销量有相关性。而工业大数据具有强关联性。比如，在工厂里出现废品，无非就是人、机、料、法、环、测等几个方面的因素，有经验的师傅或技术人员可以很快进行定位，这就是强关联性，而不会考虑是否与雾霾有关，也不会考虑是否与窗外驶过的汽车有关。

工业大数据具有很强的行业知识特征，具有相对"精准"的判断方向，这些都是商业大数据所不具备的。

具有因果性

制造业具有很强的因果关系，3D模型设计错了，制造出来就是废品；材料用错了，制造出来的产品就不能算为合格品；机床精度不够，零件就容易超差。这些都具有比较强的因果性。

而商业大数据强调的是相关性，比如发现两个批次产品废品率在某一时间内具有相关性，相关性对发现问题也许有指导价值，但如果靠这个相关性去指导生产，很可能就荒谬了。

德国强调智巧数据（Smart Data）

德国人比较强调从大数据中提炼出来的 Smart Data，认为在智巧制造过程中，Smart Data 比大数据更有用，这是因为 Smart Data 意味着实际上有意义的信息，它是通过智能算法从大数据中提取了信号和模式的数据，算法将看似无意的数字转化为可操作的模式或洞察。由此而让数据升级为信息。Smart Data 虽然是以"数据"之名，但实际上就是前面郭朝晖教授讲到的"呈现出'信息'或者'知识'"属性的信息。图 11-2 所示为 Smart Data 与 CPS 的关系图。

图 11-2　德国人使用 Smart Data 描述 CPS

西门子前研发中心总监 Wolfgang Heuring 博士曾说："数据只是'大'并没有太大意义，关键是如何最佳地挖掘高价值的数据，使这些数据成为 Smart Data，在未来，Smart Data 可以帮助我们了解一个智能系统每时每刻发生了什么，更能够告诉我们为什么会发生，甚至还可以告诉我们接下来会发生什么，以及我们应该如何应对。"

此处德国人所讲的 Smart Data 可以理解为具有一定知识属性的工业信息。

工业大数据在车间中的应用

车间是工业大数据的富矿

工业大数据不只是价值大，而且在制造企业中蕴藏量也巨大。2017 年，IBM 商业价值研究院联合牛津经济研究院对来自 112 个国家 12 854 位高管进行了问卷调查。本次调查统计结果表明，这些高管认为企业的数据只有 20% 是来自互联网，80% 是企业自身拥有的生产经营等环节数据，这些数据被人工智能等新技术处理后，可使传统企业具有超过互联网公司的优势。

而车间则是制造企业使用与产生工业大数据的重要场所，这些数据既包括 MES 等信息化系统里运行与产生的数据，也包括生产设备产生的各种状态与制造参数等数据。这些数据是确保企业正常生产的基础，通过对这些数据的进一步挖掘，以量化、可视化等方式，定位生产中存在的问题并进行优化，可有效地提升企业竞争力。

数据的来源及种类

从数据来源上分，车间的工业大数据有以下三类：

- ▶ 生产类数据：包括 MES 中的工艺、计划、调度、库存、质量等生产过程中使用、产生的各类数据，也包括与 ERP、PLM 等上游信息化系统经过集成而来的数据，这是车间生产的主线。

- ▶ 设备类数据：各类数字化设备的状态信息及制造参数等，通过设备物联网或 SCADA 等系统采集而来，这类数据具有密度大、实时性强等特征，是保证设备正常生产与产品质量的基础。

- ▶ 外围数据：包括能耗数据、废水废气排放数据等，对这些数据进行深入挖掘，也将会对降本提质增效有很大的促进作用。

从数据类型上分，车间的工业大数据可分为结构化数据、半结构化数据和非结构化数据。

结构化数据即存储在数据库里的关系型数据，可以用二维表来表达实体及其联系。比如 MES 中的计划、库存、质量、设备运行参数等信息，都可以用数据库格式存储。这类工业大数据是分析与挖掘的重点，是车间内可挖潜力最大的数据种类。

非结构化数据是不能用二维表来表达的数据，包括 OFFICE 文件、工艺卡片、图片、视频等。这类文件一般采用关联文件的管理模式，具有流程处理人、所属产品名称、时间、版本等基本属性。由于这类数据一般采用私有格式，开放性差，尽管具有数据量大等特点，但在工业大数据挖掘方面价值有限。

还有一类是半结构化数据，比如用 XML 等格式表达的 3D 模型文件、CAM 软件里的加工知识库、刀具参数等。这类数据文件可以通过与 MES 集成等方式，将一些数据变为结构化的形式进行数据的管理与挖掘，具有一定的可挖潜力。

六个应用层面

尽管车间里拥有大量的生产数据、设备数据、质量数据等工业大数据，但传统的管理模式没有充分发挥出这些数据的价值，造成了数据价值的很大浪费。具体表现如下：

- ▶ 数据采集。数据采集工作由人工完成，存在采集数据种类与数量均有限、采集效率低、易出错、不客观、信息传递缓慢等缺点。

- ▶ 数据挖掘。即便是对已有数据，统计与管理人员也只是做些常规的数据统计工作，不能够对数据进行深入的挖掘与分析，没有充分发挥出数据的更大价值。

- ▶ 数据使用。由于数据采集不全面、数据挖掘与分析停留在表面，企业各级管理者不能够从深层次发现问题，导致生产管理只能停留在初级、表面、传统的粗放型模式上，不利于企业的发展。

在数字化车间中，通过 MES 及设备物联网等信息化系统对数据进行全面而实时的采集，结合生产与产品特点进行深入的数据挖掘与分析，可以快速地发现生产中存在的问题并能精准地进行优化与提升。

图 11-3　工业大数据在车间的应用

车间中工业大数据的应用可体现在以下六个层面，请见图 11-3。

- 过程监控。可随时监控生产设备状态、制造参数，以及车间产品计划、进度、库存、质量等信息。比如，该订单是否已经投产，交货期能否准时，库存是否积压，质量是否异常、设备状态及制造参数等。图 11-4 是对机床 F/S（进给速度/主轴转速）与功率的实时监控。

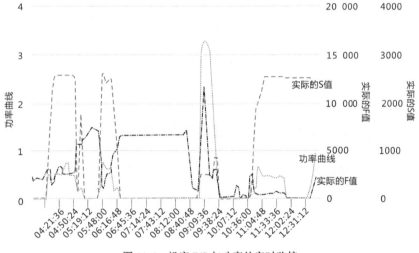

图 11-4　机床 F/S 与功率的实时监控

- 协同管理。以数据为介质，通过信息的传递、共享等方式，实现车间各工种、各任务、各设备的协同生产，可有效降低由于信息传递不及时、不准确造成的等待或错误，能够明显提升整个车间的运营效率。

- 数据可视化。通过对数据的分析与处理，可形成计划、执行、库房、质量、设备等多维度的报表，通过分布图、趋势图等不同展现形式，在电脑、看板等介质上直观、形象地展示，有助于及时而清晰地发现问题，从而进行科学地生产管理。

- 历史追溯。出现问题后，可通过历史数据，查询出当时的物料、设备、人员、制造参数、质量数值等各种信息，再现当时的生产状况，便于找出原因，界定责任，制订整改措施，避免问题再次发生。

▶ 预测性分析。通过 APS、设备预测性维护、工业大数据分析等模块，实现计划、生产、设备、质量等要素的预测性分析，未雨绸缪，确保生产更高效率、更优质量与更低成本，提升企业的竞争力。

▶ 优化提升。通过人、机、料、法、环、测等多维度数据，分析出进度、质量等与之相关因素，比如质量与设备、人员、物料等不同的相关性，从而采取最佳生产组合方案。在对历史数据分析的基础上，制订出更优的生产计划、库存、制造参数等，进一步优化相关工作。

车间不仅运行、产生着大量的工业大数据，而且车间也有自己不同的应用场景。

APS，MES 智能化的源头

APS 系统管理着众多的生产设备、成千上万的订单与工序，交货期不同，优先级不同，排产约束条件不同，排产寻优计算量巨大，是一种典型的大数据应用场景。

生产精准执行源于计划科学化，只有计划与排产做到智能化，整个生产过程才可能做到智能化、最优化，可以说，APS 是 MES 智能化的源头。

APS 基本知识

APS 基本概念

APS 系统是 Advanced Planning and Scheduling 的缩写，中文翻译为高级计划与排程。APS 又可根据侧重点不同，分为 AP(Advance Planning，高级计划)与 AS（Advance Scheduling，高级排程或高级排产）。AP 一般是与 ERP 配合使用，是从生产计划层面确定需要生产数量、物料采购数量及交货期等，它侧重于宏观，主要是面向客户。AS 是偏重车间执行层，是基于车间有限资源而制订的详细排产，是与 MES 配合使用或者单独使用的排产系统。

本书所讲 APS，准确讲是偏重 AS 的，即车间级的详细排产，很多人习惯称之为高级排产系统。APS 是在对生产过程知识高度抽象的基础上，基于各种优化算法，在车间生产资源与能力约束的基础上，比如原材料、加工能力、交付期、工装等各种约束条件下，通过先进的算法（如神经网络算法、遗传算法、模拟退火算法等）以及优化、模拟技术，从各种可行方案中选出一套最优方案生成详细生产计划，从而帮助车间对生产任务进行精细且科学的计划、执行、分析、优化和决策管理。

有了 MES，还需要 APS 吗

由于市场竞争激烈，产品种类多，交货期时间紧，在典型的离散行业，月计划动辄上千上万，生产设备资源众多，插单、撤单频繁，有些企业尽管实施了 MES，但因为没有 APS 功能，生产排产还是处于凭经验的原始模式，生产计划不能做到最优，制约了车间生产高效地运转。主要表现如下：

- 计划编制不科学。生产部门下达年度、月度或者周滚动计划后，车间计划人员根据车间以往的生产能力及自身经验进行手动排产、派工。这种传统的计划模式存在计划不科学、可执行性差、执行过程中调整不灵活等缺点。

- 管理不够精细。目前，企业计划管理的基本流程是 ERP 生成主生产计划，然后在 MES 的车间作业模块通过人工方式编制工序级计划，再由班组长进行人工派工。在车间层面，这实际上只是把原来的纸质作业改为计算机操作，并没有带来效率的明显提升，管理不够精细化。

- 生产负荷不均衡。由于计划编制主要靠经验进行人工排产，经常发生计划员对车间设备能力估计不足或者全局性考虑不周到，造成设备与人员闲忙不均，很多设备处于大段的等待状态，影响了整体生产效率。

- 计划预测性差。企业生产任务繁重，不可避免地出现紧急插单的情况，往往无法预知生产中将会遇到的情况，比如插进这个任务后，对哪些生产有影响，影响到什么程度？是否可以确保整个产品能在预定的交货期内完成？经常因为一个产品而影响另外很多产品的正常生产。

从企业的实用角度上看，APS 是 MES 向精细化、智能化方向发展的一个重要提升，否则，计划排产只能停留在凭借经验进行手工排产的阶段，造成了计划不科学、大量等待时间、设备生产负荷不均衡、计划透明性差、交货期不能保证等问题，不能满足智能制造高效灵活、快速响应的要求，影响了企业的竞争力。

从 MESA 协会定义上看，APS 是 MES 的一个重要组成部分。MESA 协会认为 MES 中的一个重要的模块就是"工序级详细生产计划：通过基于有限资源能力的作业排序和调度来优化车间性能。"这实际上就是 APS 最擅长的地方，基于设备、工具、人员等车间有限资源，按照不同的排产算法，将工序分解到每一设备、每一分钟上精确执行。对于离散企业来说，如果只凭经验、凭感觉，是很难满足 MESA 本条定义的。

MES 是以生产计划为主线的一个执行系统，如果没有精确、精细、最优的计划，系统执行什么？计划的源头都不准确、不及时，生产过程如何得到精细、及时、准确地管理？

一套成熟的 APS 系统中，蕴含着大量的制造业与算法技术等隐性知识，可以很好地帮助制造企业进行科学化、智能化地计划排产，是实现车间生产计划精细化、准确化的有效手段，是实现整个生产过程智能化的前提。

在离散制造业，APS 不仅是 MES 的一个重要模块，而且是 MES 的核心模块，只有通过 APS 才能使得 MES 中的计划精确、科学，才能使 MES 流畅地运行起来。

APS/MES 协同，计划管理更精准

功能完善的 MES 应该包含 APS 模块，但由于 APS 模块的研发难度非常大，很多 MES 没有此功能，这种情况下，可通过与第三方 APS 系统进行集成的方式，实现 APS 与 MES 的完美结合。

图 11-5 表明了 APS 系统与 MES 之间的数据流动情况。MES 中的计划来源

于 ERP 基于无限能力的排产，主要解决企业订单物料需求的运算及生产主计划的分解，输出为物资采购计划、车间生产计划等。

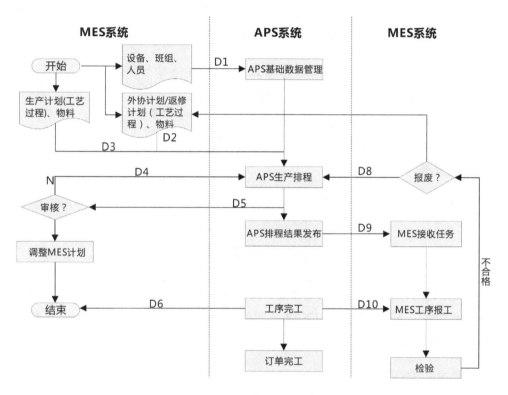

图 11-5　APS 与 MES 集成应用的业务数据流

APS 根据 MES 的计划，基于车间现有设备有限能力进行工序级任务排产，可很好地解决在多品种、小批量生产模式多约束条件下的复杂生产计划排产问题，便于进一步优化生产安排，实现负荷均衡化生产。

通过 APS 与 MES 的集成使用，可助力 MES 实现：

▶ 高效化。APS 排产充分考虑到全局最优，可按交货期最短、生产最均衡等各种条件进行自动排产，使设备利用率最高，生产周期最短，实现了排产过程与生产过程的高效化。

- 协同化。实现车间生产任务的派工管理、生产准备管理、任务执行的全流程协同管理,达到快速响应、协同制造的目的。

- 精细化。排产结果可准确到每一工序、每一设备、每一分钟,实现生产计划与过程管控的精细化。

- 透明化。APS 以甘特图等形式,直观地显示出各订单、各工序的计划能否按期完成情况,如按期、延期、提前等,一目了然,生产计划预测性强,生产状况透明程度高。

APS 对 MES 的四个价值,请见图 11-6。

图 11-6　APS 对 MES 的四个价值

APS 的主要功能

由于针对行业不同,产品成熟度不同,应该说不同厂家的 APS 系统有不同的特点和功能,下面以德国 FAUSER 公司的 JobDISPO 为例,简要说明一下 APS 的一些典型功能。

德国 FAUSER 公司专注 APS 研发二十余年,其旗舰产品——JobDISPO 高级排产系统,是针对复杂离散制造业需求而开发的一套图形化自动排产系统,具有功能强大、算法科学、界面友好、实施快捷、可集成性强等特点。

JobDISPO APS 的主要功能如下:

基础数据管理

1)人员管理。支持对用户、用户组等进行精细化管理,可以方便设置各人员基本信息、人工成本、工作时间、排班计划、可操作设备等相关信息。

2)设备管理。包括设备基本信息、单位时间生产成本、工作时间、排班计划、对应操作人员等。可对设备进行分组、分工段管理,并能随时查看每台设备所承担任务及任务进展情况,包括任务名称、开始日期、计划完工日期、生产数量、实际开工、实际完工等信息。

3）工作日历管理。通过设置工厂日历、周工作计划等工作时间，对每台机床、每个工人进行映射设定，符合企业生产管理模式。工作时间可准确到分钟，实现对计划的精确管理。

4）客户信息管理。可对客户各类信息进行详细管理，例如分类管理，将客户分为订单客户、供应商、外协厂家等。

排产功能

1）订单管理。包括项目的创建、分解、浏览、修改、激活、暂停、停止、统计等各种项目管理。采用"红绿灯系统"颜色机制，能够直观地查看每个订单和工序的状态，包括是否投产、计划数量、计划交货期、所用时间、提前（或延迟）时间、已完成数量等，所有信息一目了然。请见图11-7。

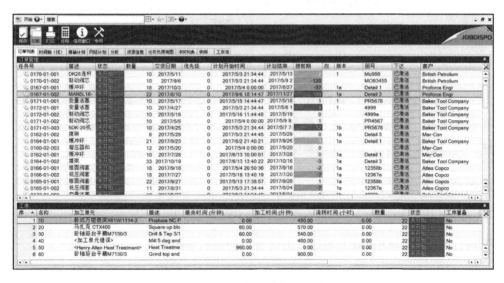

图 11-7　订单管理

2）精确计划。这是 APS 的核心排产模块，主要提供各种自动、手动的高级图形化排产功能，具有按交货期、计划优先级、生产周期、生产状态优先等多种排产方式，方便进行插单、拆单、合单等操作，轻松应对各种复杂生产情况。所有产品、部件、零件、工序以形象直观的图形表现，并以不同的颜色来区分，当产品或工序开始生产后，颜色条的长度将实时减少，直到最终完成。在不同设备之间通过简单地拖放，就可方便地重新安排该工序，所有因此而受到影响的工序将被重新排产，支持用户进行各种可能的排产尝试。请见图 11-8。

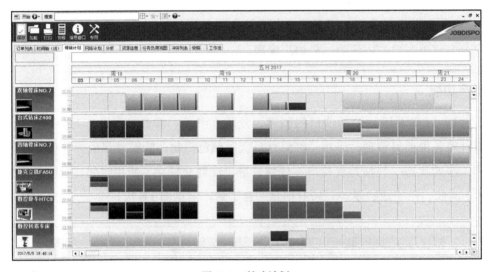

图 11-8　精确计划

3）甘特操控板。以甘特图的方式显示订单计划分布及生产加工周期，可查看每台设备、每项任务的进展情况。通过显示工序的先后顺序，方便定位瓶颈工序，可根据实际情况进行动态调整。请见图 11-9。

异常管理

俗话讲，计划不如变化快。实际的生产计划不可避免地需要根据现场具体情况进行调整，JobDISPO 具有丰富的异常预防与处理机制。

1）预警机制。排产完成后可对所有订单进行分析，可通过不同颜色展示订单按期或拖期等状况。如深绿色表示能提前多日完成的订单，浅绿色表示在容许范围内提前完成订单，黄色表示按期完成的订单，深黄色表示容许范围延期完成的订单，红色表示严重拖期完成的订单。用户可自定义按照订单交期容许范围不同的显示颜色。

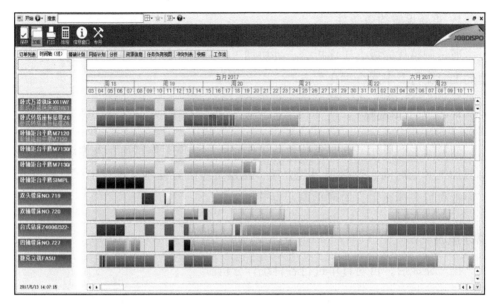

图 11-9　甘特操控板

2）任务异常管理。通过任务异常管理功能，可查看任务冲突列表及具体原因，比如：刀具未准备到位、原材料未准备到位等。单击任务，直接切换到该任务的计划看板。

3）设备负荷及瓶颈定位。通过图形、数字等方式，可以查看每台设备负荷以及承担的任务。选择相关时间段后，能够看到该时间段内哪些设备负荷过重，哪些设备未充分利用，这种可视化的形式可帮助计调人员判断是通过组织加班工作来解决，还是通过在不同设备间进行二次调整，以便优化生产和平衡设备负荷。

用数字的形式显示出每个资源的可用能力和计划利用率，较大的时间间隙用黄色进行标记。单击时间间隙，窗口将自动跳转到作业计划板。这种方式可以非常容易地回答下面的问题，比如："下周我们有空闲的加工能力吗？""这个急活能挤进去吗？"等。

4）订单延期解决措施。对于不能满足交货期的排产结果，可以进行人为调整，解决办法主要有两大类：重新设置约束条件与人为干预。

▶ 重新设置约束条件

通过调整优先级、工序拆分、外协加工、调整设备等多种处理措施，保证订单的准时交付及车间合理化生产。

▶ 人为干预调整

如增加生产单元、临时延长设备工作时间、调整工作日历、人为设定关键订单的加工开始时间、改变项目优先级、瓶颈工序委外处理、进行工序重叠设置、工序批次拆分等操作，均可实现人为干预。

统计报表

排产完成后，可对订单进行各种统计分析。

- ▶ 可统计一段时间内计划的按期生产情况，包括按时完成、提前完成、超期完成，以柱状图进行展示分析结果，方便查找原因。

- ▶ 统计每台设备在任意时间段的任务负荷、任务正点完工、延迟完工、设备利用率等信息，便于进行能力平衡调整。

- ▶ 可以指定月、季度、半年、整年或任意时间段，按照产品、部件、零件、机床等进行输出，支持 Project、Excel 等输出格式。

- ▶ 支持用户自定义数据格式。

实施 APS，数据是基础

APS 是基于各种基础数据及约束条件进行优化排产的系统，用户在导入 APS 系统时，规范、完整的数据是系统能正常使用的基础。这些数据可分为基础数据、工艺数据、计划数据等三大类别。

基础数据要规范

这类数据主要包括：

- 工厂日历信息：主要包括假期、休息日定义、班次定义。

- 制造单元信息：主要包括设备及设备组的定义，如设备型号、设备名称、设备效率等。

- 制造单元班次：主要包括制造单元的工作班次信息。

工艺路线要完整

工艺是排产的主要依据，工艺路线划分要科学，并具有完整性。

- 工序与制造单元关系：已设置好工序所使用的制造单元（具体指定到同一类型设备或指定到具体设备）。

- 工序与工时的关系：工艺中必须要有相对比较准确的工时（包含加工工时、准备工时）。

- 排产颗粒度：需要明确排到具体班组或者具体设备，由设备再关联到具体的人员。

- 特殊工艺或特殊的加工流程：如外协、工段间穿插、拆批合批等，如有此类内容，也需要在工艺中明确说明。

计划数据要细化

若要得到精细化的排产结果，输入条件也要相对精细。

- 主计划这一层的分解要细化到零件级，并要有大的时间节点。

- 任务信息要包括项目、部件、零件、工序任务（工时，设备等）、零件交付期等信息。

APS 的各种排产算法凝聚着工业知识的精华，可从大数据运算中获得最优排产方案，这是工业大数据在车间的一种典型应用场景，也是数字化车间走向智能化的源头。

3D 可视化，制造新境界

哈佛大学迈克尔·波特教授说："人类已掌握极为丰富的数据，然而数字世界与应用这些数据的物理世界之间，横亘着一道天然断层。人类生存的现实世界是 3D 状态，但指引我们做出决策的数据却囿于 2D 的页面和显示屏上。今天，全球已拥有数十亿台智能互联产品，它们带来了极为丰富的信息和数据，然而，这道断层却大大限制了我们运用这些数据的能力。"

随着计算机技术的发展，除了零部件模型的 3D 可视化，越来越多的 3D 可视化技术在数字化车间中得到应用。

利用最新的增强现实与虚拟现实等技术，在设备与车间三维模型基础上，结合 MDC/MES 等信息化系统采集的设备与生产数据，通过各种人机界面把人与设备进行联接，让数据流动起来，同步展示车间现场的生产与设备信息，实现物理空间与赛博空间的虚实映射，正是解决迈克尔·波特教授所说的"智能互联产品信息与数据的断层"，也是数字孪生与工业大数据在车间的具体应用。

3D 可视化，让车间立体起来

目前大部分 MDC/MES 等系统采用 2D 布局图的展现形式，虽然可以反映出大部分设备信息和生产情况，但存在着厂房和设备没有立体真实感、不够直观、体验感差等缺点。

通过 3D 可视化技术，管理者不用到现场，就能进行 3D 视角切换与虚拟漫游等功能，可掌握生产设备实时状态、生产加工产品和零件完成情况，有身临其境之感，并具有人机交互性强等特点。

正如三维 CAD 技术得到广泛应用并逐渐取代二维 CAD 一样，3D 可视化车间也必将逐渐取代以往枯燥、抽象的文字、表格、图片等 2D 展示手段，在企业智能制造过程中得到广泛应用。请见图 11-10。

基本功能如下：

- 支持真实直观的 3D 设备及车间模型。
- 可对车间 3D 模型进行不同角度的观测及放大/缩小等操作。
- 与设备物联网能够很好地集成，可实时显示所采集设备的各类信息。
- 通过与 MES 集成，可实时显示 MES 中各设备的计划工作任务、任务完工信息等。
- 设备处于不同状态时能以不同颜色显示区别，如红色代表故障，绿色代表运行，黄色代表待机，灰色代表关机等。
- 单击设备时，能实时显示各设备的机床状态、计划任务、完工情况等信息。
- 具有场景渲染功能，可逼真地显示企业厂房、道路、绿地以及车间内部的设备、过道等真实场景。
- 支持鼠标与键盘操控功能，用户可进行方便地操作。
- 具有人体模型功能，支持人体行走等功能。
- 可结合企业内网实现异地协同的可视化生产管理。

通过工业大数据展示的方式，3D 可视化车间可有效地提高智能制造可视化程度，实现虚实映射的数字孪生生产管理模式。

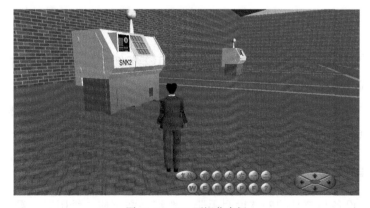

图 11-10　3D 可视化车间

VR/AR，可触摸的虚拟世界

近些年来，VR/AR 技术得到快速发展，已经成为智能制造的重要应用手段。

VR 是 Vitual Reality（虚拟现实）的简称，是一种可以创建和体验虚拟世界的计算机仿真系统，它利用计算机生成一种模拟环境，是一种多源信息融合的交互式三维动态视景和实体行为的系统仿真。

AR 是 Augmented Reality（增强现实）的简称，通过计算机技术，将虚拟的信息应用到真实世界，真实环境和虚拟物体实时地叠加到了同一个画面或空间并同时存在。

混合现实（Mixed Reality，简称 MR），包括增强现实和虚拟现实，通过合并现实和虚拟世界而产生新的可视化环境。在新的可视化环境里物理和数字对象共存，并实时互动。

2017 年 12 月，迈克尔·波特教授与 PTC 公司总裁詹姆斯·赫普曼在《哈佛商业评论》杂志上发表了《管理者的 AR 指南》一文，对 AR/VR 在制造业中应用做了比较全面、前瞻的分析。

他们一致认为，"在未来几年，AR 将改变我们学习、决策和与物理世界进行互动的方式。客户服务、员工培训、产品设计制造、供应管理，甚至企业的竞争方式都将因 AR 发生巨变。"并指出了 AR/VR 在制造业中的四种用途。

视觉化

AR 能提供类似于 X 光的透视功能，不用于拆卸产品或设备，就能直观、准确地了解到其内部零部件结构及它们之间的装配关系，有利于了解其工作原理以及维修维护等工作的开展。图 11-11 是微软和沃尔沃联合开发的 AR 样品间，工作人员可以 X 光透视的效果查看汽车部件。

指示和引导

现在，设备与产品的安装说明手册一般都是文字或二维图形，看起来比较费时费力，且很难表达清楚。即便是视频文件，也只能是单向地观看，不能交互，并且只能展示视频之内的信息，其他信息无从获知。实物培训又存在成本高，不能随时学习，受众人数少等缺点。

图 11-11　AR 在视觉化方面的应用（图片来源：微软）

利用 AR 可以用立体、实时、交互的方式完美地解决这些问题。将生产设备、生产设施、产品等以 3D 的形式动态呈现，通过详细的拆装、维修说明等指导用户完成相应工作，可明显提升工作效率与工作质量。请见图 11-12。

图 11-12　指示和引导（图片来源：Shutterstock）

波音公司曾在 2015 年进行了 AR 应用对照试验，将 45 名学生分成三组进行了 50 个工步的装配任务，第一组使用传统的纸质操作手册，第二组读取平板电脑上的 PDF 电子手册，第三组使用具有 AR 功能的触屏式平板电脑。第一次试验中，三组学生的错误次数分别是 8 次、1 次与 0.5 次，第二次试验的结果分别是 4 次、1 次与 0 次。通过这个试验，波音验证了 AR 技术可以帮助公司在减少培训时间，加快制造速度，提升产品质量方面的重要意义。

互动

AR 提供了一个逼真且互动性强的环境，用户可以通过头戴装置将虚拟控制面板投射到产品上，不必触摸设备，用户可以使用手势或者声音进行控操控。请见图 11-13。

图 11-13　AR/VR 互动应用场景（图片来源：Demo Market）

模拟

通过 AR 与 VR 的结合，用户就可以消除物理空间之间以及物理世界与虚拟世界的界限，用户可以在虚拟世界里不受限制地去模拟物理世界的活动，可在不同团队之间进行远程协作，提升协同工作效率。

福特公司建有虚拟制造实验室，这也是福特公司目前最前沿的研发项目。该实验室在虚拟环境中对生产环节进行优化，工程师戴上这套设备后，就可以围着车辆全方位观察车辆上所有的细节，可用手中的遥控器进行零部件拆装等各种虚拟操作，可以模拟工人动作幅度、手工装配难度和新车零部件模拟安装，尽早排除可能会影响生产的因素，比如工艺设计、人机工程等方面的不合理，请见图 11-14。在虚拟环境中发现这些问题及隐患，只需修改和优化设计参数就可进行快速优化，可明显提升制造效率与质量，并减少工伤等情况的发生。据 TestDrivenTV 统计，福特公司已经成功地将员工受伤率降低了 70%。

图 11-14　AR/VR 模拟应用场景（来源：福特汽车）

人工智能，智能制造新引擎

人工智能迎来第三次发展

人工智能并不是一个新概念，从诞生之日开始计算，已经超过六十年了。在 20 世纪 50 年代末和 80 年代初先后步入两次发展高峰，但因为技术瓶颈、应用成本等局限性而均落入低谷。

近些年来，随着移动互联、大数据、云计算、物联网等技术的突飞猛进，以及数据快速积累，运算能力大幅提升，算法模型持续演进和行业应用快速兴起，人工智能第三次站在了科技发展的前沿，推动着经济社会各领域从数字化、网络化向智能化快速转变。

2017 年 7 月 8 日，国务院发布《新一代人工智能发展规划》指出："人工智能作为新一轮产业变革的核心驱动力，将进一步释放历次科技革命和产业变革积蓄的巨大能量，并创造新的强大引擎，重构生产、分配、交换、消费等经济活动各环节，形成从宏观到微观各领域的智能化新需求，催生新技术、新产品、新产业、新业态、新模式，引发经济结构重大变革，深刻改变人类生产生活方式和思维模式，实现社会生产力的整体跃升。"

2017 年 9 月，对来自全球范围诸多行业 3000 多位高管、管理者和分析人员进行调查后，《麻省–斯隆管理评论》与波士顿咨询公司联合发布题目为《人工智能重塑商业》的报告。调查结果显示，各行各业、各种规模、各个地区的公司都对人工智能抱有很高的期待，15% 的受访者表示人工智能已经对当前的流程产生了较大影响，3/4 的高管认为，人工智能可以让公司开拓新的业务，近 85% 的受访者认为人工智能能让公司获得或保持竞争优势。

全球领先的信息技术研究与顾问公司 Gartner 也认为："鉴于其在计算能力、体量、速度、数据多样性以及深度神经网络技术领域的超乎寻常的进步，未来 10 年人工智能将成为最具颠覆性的技术。"并预测："相比今年（2018 年，作者注）的 4%，到 2022 年，25% 的企业将投资与部署人工智能项目。到 2020 年，未能在企业业务中有效利用人工智能的数据中心，30% 的企业将不具备运营与经济效益。2022 年，人工智能衍生的商业价值将达到 3.9 万亿美元。"

人工智能正在成为影响和改变我们工作、学习和生活的重要力量。

新一代数控机床自带"心电图"

人工智能，特别是新一代人工智能已经成为推进智能制造的新动力。

2018 年 2 月，中国工程院时任院长周济院士撰文指出："新一代人工智能技术与先进制造技术深度融合，形成了新一代智能制造技术，成为新一轮工业革命的核心技术，正在引发制造业中发展理念、制造模式等方面重大而深刻的变革，正在重塑制造业的发展路径、技术体系以及产业业态，从而推动全球制造业发展步入新阶段。"

周济院长强调："新一代人工智能和新一代智能制造将给产品与制造装备创新带来无限空间，使产品与制造装备产生革命性变化，从'数字一代'整体跃升至'智能一代'。从技术机理看，'智能一代'产品和制造装备也就是具有新一代 HCPS 特征的、高度智能化、宜人化、高质量、高性价比的产品与制造装备。"

除了本书第九章讲的预测性维护是新一代人工智能的典型应用以外，新一代人工智能在数字化车间中的智巧生产、智能装备等很多方面都可以得到很好的应用。

在欧洲，为了提升空客 A350 的产能，空中客车公司充分利用大数据技术，通过模糊匹配与自主学习等新一代人工智能的方式，将有些领域 70% 的问题得到及时的、智能化解决，应对问题时间缩短 1/3 以上，大大提升了企业的生产产能与工作效率。

在国内，武汉华中数控股份有限公司（以下简称华中数控）利用新一代人工智能技术在智能装备方面也取得了可喜的进展。

2018 年 4 月，在上海举办的第十届中国数控机床展览会上，华中数控和宝鸡机床集团联合推出了 iNC 智能数控系统和搭载该系统的 iNC-MT 智能数控机床，这是我国机床行业首次推出基于新一代人工智能的智能机床。通过大数据智能技术的应用，该机床在产品加工质量提升、工艺优化、健康保障、生产管理等智能化方面取得了很多突破。

从智能角度看，iNC-MT 智能机床符合《三体智能革命》提出"二十字箴言"，即状态感知、实时分析、自主决策、精准执行与学习提升，也符合中国工程院提出的"新一代智能制造"范式：

1）状态感知：改变传统思想，将伺服驱动系统看作不仅是"执行器"，更是"感知器"，实现了数控加工过程物理状态信息和工况信息的状态感知，建立了数控机床的全生命周期"数字孪生体"和"人－信息－物理系统（HCPS）"。请见图 11-15。

比如，通过直线光栅尺、旋转光栅尺、电阻尺、温度热电偶、振动（加速度）、力传感器、声发射传感器等手段，和独创的"指令域"大数据汇聚方法，按毫秒级采样周期汇集数控系统内部电控数据、插补数据（如 G 代码文件中的指令行号、指令段、刀具、主轴转速、进给速度、插补数据等工艺参数信息)、控制信息(如主轴功率、扭矩、振动等电控数据),以及温度、视觉等外部传感器数据,形成数控加工指令域"心电图"和"色谱图"。

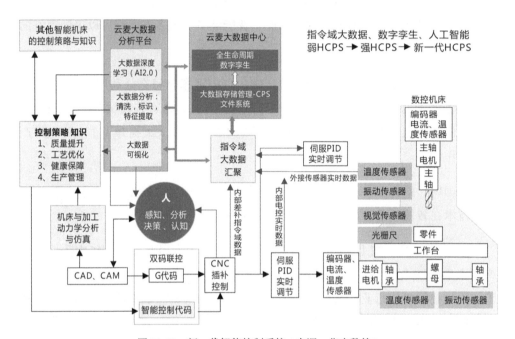

图 11-15　新一代智能控制系统(来源:华中数控)

在图 11-16 中,曲线是机床切削工件三个台阶时主轴电流的波形图,下面对应的是当时执行的 G 代码语句。

2)实时分析:系统基于以上指令域电控数据进行实时分析,根据运行状态数据判断切削异常和优劣,找到工作任务中相对应的指令序号和指令内容。

3)自主决策:基于专家知识库与多目标优化加工算法,形成智能控制策略和知识。

4)精准执行:通过智能优化技术,对程序进给速度、主轴转速等进行动态调整。比如,对功率大、电流大或出现振动的程序段,降低切削进给速度与主轴转速,对功率及电流都偏低的程序段,提高切削进给速度与主轴转速,提升切削效率。

通过这种实时调整的方式，切削负荷均衡，加工效率高，实现了智能化的自适应加工，达到了数控加工优质、高效、可靠、安全和低耗的目的。

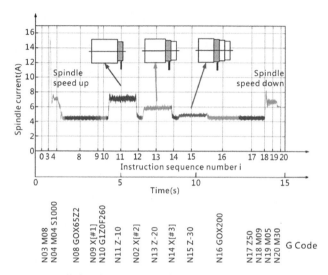

图11-16　指令域与数控加工主轴电流波形图（来源：华中数控）

5）学习提升：系统在大数据、云计算和新一代人工智能技术的基础上，建立了可视化、大数据分析和深度学习的大数据智能开放式技术平台，可以从隐含的"关联关系"中，应用大数据智能技术，进行机器学习，获得数控加工智能化控制知识，通过开放的技术平台，实现智能控制策略、知识的积累和共享。

经实际加工验证，iNC智能数控系统可提升5%～30%的加工效率，并实现了对机床状态的全面评估、追溯与有效保障。

通过云计算和云服务的平台，还可以实现基于云架构的智能管理、智能调试、智能加工、调试保障等形成云服务生态。现在，该平台上已经管理着数千台机床，可以远程查看车间及机床界面，随时展现机床状态、故障内容及使用效率统计等各类信息，形成了云管家、云维护、云智能三位一体的新一代智能制造新范式。

Part
实证篇

知行合一，智能制造重在落地

纸上得来终觉浅，绝知此事要躬行。

——南宋·陆游

2015年11月19日，习近平总书记在亚太经合组织第二十三次领导人非正式会议上指出："我们要采取行动，把共识转化为成果。'见之不若知之，知之不若行之。'"

这段话同样适合今天的智能制造。尽管智能制造是一个很复杂的进程，数字化车间也是一个不断摸索的过程，但我们不能只停留在理论学习与理论探讨阶段，要积极地行动起来，将"共识转化为成果"。只要方向正确，从小处做起，从企业痛点做起，解决企业主要问题，循序渐进，坚持不懈，不断完善，就一定能取得成效。

——作者

Machine
Intelligence

第十二章

Machine Intelligence

各具特色，数字化车间案例集锦

事莫明于有效，论莫定于有证。

——东汉·王充

古人说，知易行难。

实践是检验真理的唯一标准。智能制造一定要产生有效的经济与社会价值，一定要能切实推动传统企业的智能化转型升级。

2016年2月2日，李克强总理视察宁夏共享集团，将该企业比喻为"傻大黑粗"转型升级成为"窈窕淑女"，称赞是"展示了'中国制造2025+互联网'的融合，是新旧动能转换的生动体现。"

为让读者对数字化车间乃至智能制造有一个更直观的认识，本书精选四个典型案例与大家分享。

青岛海尔模具有限公司是单件生产企业。本案例代表了以设备互联互通为基础，以协同制造为中心的生产管理模式。

中信戴卡股份有限公司是汽车轮毂生产企业，是典型的大批量生产模式。案例二展示了该企业如何以数字化、网络化、智能化为手段，助力企业精益生产进一步落地。

宁夏共享集团是典型的多品种、小批量生产模式，身处边远的宁夏，从事的是铸造、机加等传统行业，但通过智能制造完成了企业的华丽转型，被李克强总理高度赞赏，已经成业内智能制造的典范。案例三解读宁夏共享集团在智能制造方面的一些探索。

本书一直强调人的价值，人才是成功实施智能制造的基础与保证。最后的一个案例，介绍了西安交通大学通过打造理念领先，建设"教、学、用"一体化智能制造示范平台，为国家培养复合型人才的经验。

海尔模具：设备互联 效益明显

项目背景

青岛海尔模具有限公司（以下简称海尔模具）隶属海尔集团，是中国最大的模具及检具制造商，是海尔集团九座互联工厂示范单位之一。海尔模具专业提供汽车类、家用电器、电子类、精密类产品模具，拥有世界先进的加工中心，同时拥有火花机、线切割等专业设备250余套。

为响应国家号召，顺应智能化转型升级的发展趋势，打造绿色节能工厂，保证企业可持续性发展，海尔模具从新一轮产业变革的全局出发，基于多年两化融合实践经验，综合集成硬件、软件、网络、工业云等一系列信息化和自动控制技术，结合企业实际，向"数字化""知识化"战略转型，逐步实现自动化、少人化工厂目标，从而支持集团白电产品全球第一竞争力的战略目标。

实施内容及步骤

为实现以上目标，兰光创新为海尔模具打造了国内领先的 CPS 协同生产管理系统，分两期实施。

2013 年，以设备为中心，实现生产设备的互联互通与生产过程的协同管理。

该系统以提高设备利用率为目的，以少人化为关键指标，在设备互联互通的基础上，以人—人、人—机协同为特色，实现了信息化系统与生产设备物理系统的深度融合，通过数控设备的网络化传输、远程实时状态采集、工业大数据分析与可视化展现等功能，以及对计划、编程、物料、夹具等相关人员进行数字化、网络化、智能化管理，设备、物料、质量等出现问题时，系统自动通知相关人员，从而消除了各种等待时间。基于数据有序流动，构建了一套赛博空间与物理空间之间的状态感知、实时分析、科学决策、精准执行的协同生产管理体系，保证了一个"流"的生产。系统建成后，实现了企业生产数字化、网络化、高效化、少人化的目标，明显地提升了企业生产效率与市场竞争力，取得了良好的经济与社会效益。

2017年年底，在第一期项目基础上，又进一步实施了国内首套"数控机床预测性维护系统"，对三十台关键数控机床实现了主动、精准、智能化的维护，为企业构建一个无忧的生产环境。

实施效果

设备互联，数据自由流动

对130多台数控设备进行了联网、采集、分析与展现。兼容企业Fanuc、Siemens等十多种控制系统，实现了加工程序、刀具数据、机床状态、生产进度等数据在计算机、机床、对刀仪等之间的自由流动，包括加工程序从信息化系统到生产设备，以及设备状态、故障信息、加工件数等数据到信息化系统之间的双向流动，实现了设备物理世界与赛博世界的深度融合，如图12-1所示。

信息共享，高效协同制造

通过本系统的建设，将产品加工由传统的串行作业优化为并行作业，生产管理、CAD/CAM、工艺、计划、班组、质量、设备各部门紧紧围绕产品制造这一核心目标，全面实现了数字化的并行管理，最大限度地减少了时间浪费，显著提升了生产效率。系统支持手机短信、邮件自动发送、客户端登录提示等功能，班组长、操作工、设备维修组、电极准备室、刀具室等相关人员的响应时间大大降低，见图12-2。

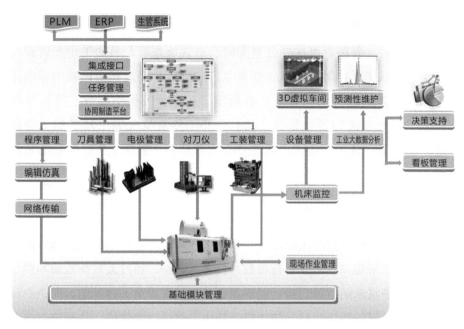

图 12-1　CPS 业务流程图

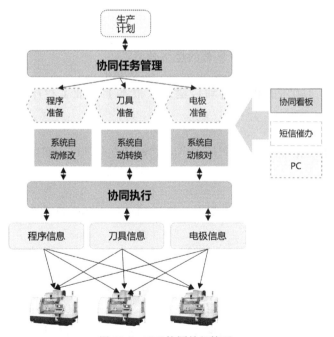

图 12-2　CPS 协同并行管理

工业大数据，科学化管理

系统实施后，管理者可在办公室实时、直观地查看产品加工生产资源的准备情况、工序状态、在制品信息、任务生产进度、生产过程中设备的详细运行参数等信息，并通过工业大数据分析功能，从海量数据中提取、分析各种图形与报表，包括设备的各种数据、运行趋势、异常情况等一目了然。管理者决策建立在真实、量化、透明、智能分析的基础上，实现了生产过程的科学化管理。

预测性维护，预知设备未来

对数控机床进行全过程实时监测，重点关注对生产有影响的关键部件磨损及衰退状态，基于采集到的机床运行参数、振动等数据，通过大数据推演和模型运算，可预测设备将来的故障趋势，能够在设备临近发生重大故障前，向企业设备维护部门发出及时的提醒信息，防止设备发生突然性重大故障，从而减少企业运维成本和生产延误成本。

成功应用，效益明显

系统实施后，企业取得了显著的经济效益：

- 实现了 100% 的程序自动传输，从根本上保证了程序传输效率与传输质量；

- 模具加工准备平均时间从 1 小时缩短到 0.5 小时，缩短了 50% 的生产准备时间；

- 编程部、计划科、各个线体实现了 90% 以上的信息共享，缩短了 50% 的沟通时间；

- 一名操作工可以操作多台设备，用工数量减少 25% 以上；

- 设备综合效率 (OEE) 平均达到 75%，远超国内 30% 多的平均水平，也高于欧美发达国家 71% 的标准，逼近日本企业 80% 的最高水准。

中信戴卡：精益为魂 智造典范

项目背景

随着工业 4.0 与智能制造的快速推进，制造企业希望借助这些先进理念促进企业的智能化转型升级。汽车行业作为我国制造业的支柱产业，属于典型的工业 2.0、3.0 并存的情况，如何结合工业 4.0 等先进理念，打造适合自身特点的智能工厂，成为很多汽车企业关注的问题。

中信戴卡集团作为全球最大的铝制轮毂和铝制底盘零部件供应商，在自动化、数字化、智能化建设方面一直走在行业的前列。凯斯曼秦皇岛汽车零部件制造有限公司（以下简称为凯斯曼），是中信戴卡公司并购德国凯斯曼铸造集团后，将凯斯曼领先的铸造技术与工艺在中国实现本土化的企业，产品包括动力总成相关零部件、底盘模块化零件及车身零部件等。

凯斯曼自生产线设计之初，就着眼于将传统制造向现代化"智造"的转变，希望通过数字化车间信息化项目的建设，充分发挥自动化设备的优势，做到生产准备过程中透明化的协同管理、网络化的设备互联互通、精益化的生产资源管理、智能化的决策支持，从而实现智能化的生产过程管理与控制，提升企业竞争力。

实施内容及步骤

2015 年，兰光创新通过公开竞标，在与德国、美国等众多国际公司竞争中脱颖而出，最终赢得了该项目的承建任务。

建设理念

针对企业现状与要求不仅要解决企业的实际问题，更要体现企业先进的管理理念，要建设"有灵魂的"信息化系统。在汽车制造行业，精益生产就是生产管理的灵魂，信息化系统应该很好地体现精益生产思想，成为帮助企业实现精益生产的软件载体。

兰光创新基于自身十多年的数字化车间建设经验，以精益生产为主线，以两化深度融合为突破口，参考德国工业 4.0 等先进理念，结合企业实际情况，在兰光 MES 基础上，为企业量身打造了一套 LPS 系统。

LPS 是精益生产管理系统（Lean Production System）的简称。系统针对大批量生产的特点，强调的是生产过程管控，包括生产线（含数控机床、热处理炉等设备）的数据自动采集，关注生产过程的节拍控制及加工数量自动统计、质量分析等功能，重点解决如何保证生产"流"的正常有序流动，出现问题后如何及时获知与快速处理，并实现透明化管理、看板化管理等。LPS 系统能为企业在提高生产效率、产品质量，缩短产品交货期，降低生产成本，促进精益生产推进以及问题产品追溯等诸多方面带来显著的效果。

实施内容

LPS 系统在实现设备数据自动采集、基于工业大数据分析基础上，实现智巧化的生产过程管理与控制，从六个方面打造国内领先的数字化车间系统。

- ▶ 智能计划排产：从计划源头基于上游 ERP 主计划，进行精细化的排产。

- ▶ 智能生产协同：从生产资源准备过程上，实现物料、刀具、工装、模具、工艺的并行协同准备。

- ▶ 智能的设备互联互通：是 CPS 在工厂的具体应用，实现数字化生产设备的分布式网络化通信、程序集中管理、设备状态的实时采集等功能。

- ▶ 智能资源管理：包括对物料、设备、刀具、量具、模具、夹具等生产资源进行精益化管理、库存智能预警等。

- ▶ 智能质量过程管控：对影响产品质量的生产工艺参数、过程质量数据进行实时采集、优化和控制，确保产品质量。

- ▶ 智能决策支持：基于大数据分析的决策支持，形成管理的闭环，以实现数字化、网络化、智能化的高效生产模式。

实施步骤

第一步，解决"哑设备"问题。

尽管企业的生产设备非常先进，但由于没有联网、没有数据的自动采集，这些设备与外界是没有信息交互的，相关人员不能及时获知出现的问题，易造成更大的损失，这类设备被一些企业形象地称为"哑设备"。

通过智能化的互联互通，将这些数控机床、热处理设备、机器人等数字化设备联入网络，实现设备的网络化程序传输、数据远程采集、程序集中管理、大数据分析、可视化展现、智能化决策支持。通过网络系统，可实时采集设备的实时状态、异常情况，通过 LED 等技术手段对设备状态进行可视化展现，对设备故障停机、关键工艺参数超差等重要事件通过短信等形式送达相关人员，便于及时地采取相关措施。

设备由以前单机工作的模式，变为数字化、网络化、智能化的管理，实现了设备由"哑"到"智"的转变。

第二步，解决"哑岗位""哑企业"的问题。

在解决了设备"智能化"后，还需要对生产中所涉及的相关人员、岗位进行"智能化改造"，将以前那些没有入网、不能自动汇报、不能透明化管理的人员与岗位，通过信息化手段实现数字化、网络化、智能化。

LPS 系统将生产中涉及的计划、排产、派工、物料、模具、质量、决策等相关人员、相关岗位都融于整个信息化系统，实现了车间层面精准的计划、精益的库存、精细的管理，企业做到了"眼观六路，耳听八方"，领导者基于实时的、智能化的信息化系统，实现了生产过程的智巧化管控。

第三步，大数据分析，"智上加智"。

生产管理是个不断优化提升的过程，智能制造也是一个不断深入挖掘系统价值的过程。

在系统运行一段时间后，企业积累了大量的生产、设备等工业大数据，这些数据是企业进行深挖潜力的金矿。基于深厚的行业知识，对这些数据进行深入的挖掘与分析，反过来再优化生产过程，全面打造"设备自动化＋管理数字化＋生产精益化＋人员高效化"的新一代数字化车间。

实施效果

通过实施 LPS 系统，凯斯曼实现了汽车轮毂制造过程中的数字化管理与控制，包括生产计划、作业派工、库存、质量等管理，以及设备联网、数据自动实时采集、工业大数据分析、决策支持和现场看板化展示等功能。在生产过程中，从熔炼、铸造、热处理、机加工等方面实现了自动化、数字化、网络化、智能化。一名操作者只需站在"信息化"面板前轻点触屏，就能轻松管理整条生产线几十台生产设备，所有的生产工序都由 LPS 系统管控，并由数控设备和机器人精确执行。现场生产过程做到了每个设备状态可知，每个环节进度可控，每个生产异常可查，每个零件质量可追溯。

2015 年 8 月 12 日，国家发改委副主任林念修一行莅临凯斯曼参观考察。林念修副主任对该企业的智能制造建设给予了很高的评价，称赞道："生产方式堪称智能制造的典范，走出了'中国制造 2025'的路，这是中国竞争力、软实力的所在和象征，值得业内学习和推广。"

由于良好的应用效果，该系统陆续被秦皇岛戴卡、宁波戴卡、滨州戴卡等中信戴卡集团的多家工厂成员推广应用。

宁夏共享：数据流动 新旧转换

项目背景

宁夏共享集团有限责任公司（以下简称为共享集团）始建于 1966 年，主导产业为铸造、机械加工与装配、模具制造等。虽然地处偏远，又是典型的传统制造业，但共享集团敢于打破传统思维，凭借现代化的管理、高新技术的研发、优良的产品质量赢得了广阔的世界市场，产品市场覆盖欧洲、美洲等十余个发达国家和地区，主要客户有美国通用电气、德国西门子、日本日立、三菱重工等国际知名公司。

共享集团研制的三峡机组大型水轮机叶片，实现了从"1"到"100"的跨越，改变了中国大型铸锻件受制于人的状况，为振兴国家重大装备制造业做出了突出的贡献。企业连续三年被评为中国机械工业企业"核心竞争力100强企业"、中国机械工业首批"现代化管理企业"、被国家科技部认定为"国家级高新技术企业"，铸件产品连续11届（20年）在中国国际铸造、锻压及工业炉展览会上获得金奖。

一直以来，共享集团非常重视先进技术在企业中的应用。多年前，企业就投入大量资金引进了先进的加工中心等数字化设备和PLM等信息化系统，实现了产品研发、工艺设计、企业生产运营等方面的数字化，明显地缩短了产品的研发周期，提高了企业运营效率。2009年以后，由于全球经济危机原因，市场需求萎缩、生产原材料及人力成本的上升，制造业普遍面临着严峻的考验。

在这种情况下，共享集团没有怨天尤人，没有把原因简单归结为外部因素，除了积极开拓市场以外，企业把更多的精力放在了内部管理模式、技术手段等方面提升与优化上，在内部挖潜力，向内部要效益。

通过对整体业务的梳理，企业发现虽然引进了大量先进的设备，也实施了很多信息化系统，但由于信息化系统与生产设备之间的断层，这些贵重生产设备还处于单机孤立的生产状态，没有发挥出柔性化、集群化生产的特点，无法发挥出应有的效能。同时，在生产车间还存在管理手段落后等问题，生产效率整体不高，制约了企业在市场的竞争力。

针对这种情况，共享集团决定从车间数字化建设方面进行突破。

实施内容及步骤

实施内容

2012年，兰光创新为共享集团实施了MES（制造执行系统）、APS（高级排产系统)、DNC/MDC（设备联网与数据采集）系统，并通过与 ERP、PLM 等系统的集成，实现了数据在信息化系统之间的有序流动。

实施步骤

首先，通过生产设备的互联互通，实现设备的网络化生产。通过车间数控机床的互联互通，将设备由以前单机工作的模式，变为数字化、网络化管理模式。

其次，实施 MES 与 APS，实现车间精细化、精准化的管理。通过 MES 中计划、排产、派工、决策等模块，以信息化为手段，实现了信息的共享与协同，做到了车间层面精准化的计划、精细化的管理、可视化的展现。

最后，通过与 ERP/PLM 等系统的集成，打通上下游的数据流动。

产品在 PLM 中使用 CAD 进行三维设计，在 ERP 做出主生产计划，计划被 MES 接收后，经 APS（高级排产系统）自动生成最优的作业计划，可以具体到每一工序、每一设备、每一分钟，机床需要的加工程序直接通过 DNC 系统传输到机床，通过 MDC 系统实时采集机床状态、加工进度，在这些数据基础上形成智能化的决策分析与可视化展现，并通过 MES 反馈到 ERP 系统，实现企业闭环的管理，见图 12-3。

实施效果

助力转型升级

共享集团务实而又超前的信息化建设，与今天"工业 4.0"的一些理念"异曲同工"：实现信息化系统之间的深度集成，生产设备之间的深度集成，生产设备等物理世界与信息化等赛博世界的深度集成，实现了数据在生产设备、信息化系统之间的有序流动，为企业智能化转型升级奠定了坚实的基础。

提升企业竞争力

利用数字化管理手段，实现计划的快速排产，通过透明化、图形化的技术管理手段，为车间生产提供科学、可靠的生产计划；通过系统的能力平衡，完成对设备资源合理的调配，提高了生产计划的准确性和可执行性。将生产过程中的人员、设备、物料、工序等基础信息，通过 MES 进行准确、协同的精益管理，并通过数据自动采集等技术实现了生产过程的精确控制，提高了产品的生产质量，降低了生产成本，明显提升了企业的市场竞争力。

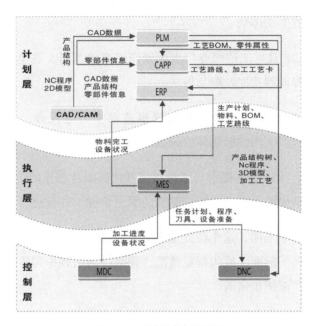

图 12-3　系统间数据流动图

赢得社会认同

共享集团通过智能制造项目的建设，不仅管理水平得到了极大提升，在经济上获得了丰厚的回报，而且也赢得了广泛的社会认同。

在刚实施 MES 不久，共享集团就接到了美国 GE 公司的一个紧急订单，后者担心交货期不能保证。当共享集团将 APS 系统排产结果展示给 GE 看时，GE 一下子就折服了，并满怀信心地将订单交给了共享集团。因为在图形化的界面里，整个产品是如何生产的，每个工序在什么设备上生产，什么时候完成，瓶颈工序在哪里，是怎么解决的，都清清楚楚，一目了然。通过过硬的管理能力、生产能力，共享集团靠自身实力被 GE 公司评为"全球最佳供应商"。

2015年，共享集团成为工信部首批46个智能制造试点示范项目之一，以及国内唯一的铸造行业智能制造试点示范企业。

2016年2月2日，李克强总理视察共享集团，将该企业比喻为"傻大黑粗"转型升级成为"窈窕淑女"，称赞是"展示了'中国制造2025+互联网'的融合，是新旧动能转换的生动体现。"

2016年2月18日，工信部专门组成调研组实地调研，在全国总结推广共享集团转型升级和智能制造的经验与做法。

2016年3月22日，共享集团的先进事迹被中央电视台、人民日报、新华社、光明日报等众多国内顶级媒体纷纷报道。

2018年3月，由中央电视台与工业和信息化部联合制作的纪录片《大国重器第二季》中，共享集团再次成为智能制造的明星企业，并被进行了深入的报道。

现在，宁夏共享集团，这个位处偏远、身处传统行业的企业，在智能化转型升级的道路上走在了前面，成为行业典范，并继续为引领中国铸造由'铸造大国'迈向"铸造强国"而阔步向前。

西安交大：虚实融合 教学创新

项目背景

西安交通大学机械工程学院是学校历史最悠久、实力最雄厚的学院之一，汇集了众多机械工程领域知名专家教授，在国内外具有很高的声誉。作为机械工程学科高层次人才培养基地，机械工程学院多年来为我国机械工业培养了大批优秀人才。

随着我国制造业的迅速发展，国家对高层次智能制造人才需求量巨大。工业和信息化部部长苗圩曾指出，我国制造业的机床数控化率每增加一个百分点就需要近4万台数控机床，如果要实现国家提出的数控化率达到50%以上的目标，需要增加大量数控机床及其配套的软硬件；同时需要一大批懂数控技术、信息化技术、数控机床的操作、编程及维修方面的专门人才。

《中国制造2025》中强调指出，"强化职业教育和技能培训，引导一批普通本科高等学校向应用技术类高等学校转型，建立一批实训基地，形成一支门类齐全、技艺精湛的技术技能人才队伍。"

通过推行先进的智能化"教、学、用"教学模式，学生在学校中就可以真实地体验到企业智能制造的真实环节，促进学生知识、技能、职业素养协调发展，实现从"学校人"到"准企业人"的过渡，对现代化职业教育具有非常重要的意义。

正是在此背景下，西安交通大学希望打造能体现智能制造最新理念的智能制造实训系统，为国家培养更多理念先进、技艺精湛的综合型人才。

实施内容及步骤

2016年，兰光创新联合华中数控承建该系统的建设。该系统目的是将智能制造引入学校实训教学中，模拟现代企业的生产模式，为学校培养符合现代制造业需要的高级技能型技术人才。系统由自动化设备层、设备物联网层、MES管理层三个层级组成。

自动化设备层由数控机床、机器人、AGV、立体仓库等设备组成自动化生产线，为系统提供物理层面的制造执行，所有的硬件设备均由总控系统控制。

设备物联网层是本项目的重要组成部分，起到承上启下及互联互通的作用。用一台服务器实现对所有数控设备的网络化传输、程序数据库管理、数据自动采集、大数据分析与决策支持等功能。

MES包括计划、现场管理、物料、质量等众多模块，实现生产过程的数字化、网络化、智能化管控，为学生提供企业真实的管理流程，便于学生了解、学习企业的管理模式与相关专业知识。

以上三层架构，实现了信息化系统与物理设备之间的深度融合，是典型的车间级 CPS（Cyber-Physical Systems）赛博物理系统，共同组成了国内领先的智能制造实训系统。请见图 12-4。

图 12-4　智能制造实训系统应用场景

实 施 效 果

通过设备物联网系统的建设，在数控设备互联互通的基础上，实现了工业大数据的自动采集、分析与可视化展现，数控机床、机器人等物理设备的实时状态、利用率等各类信息得到实时呈现。

通过 MES 将生产过程中的计划、派工、设备、物料、质量等进行了全流程的智巧化管控，并实现了数控机床等物理生产设备与信息化系统的深度集成。物料准备指令、计划指令等都可直接下发到总控系统中，整套系统体现了"自动化＋信息化"的完美结合，也是 CPS 在智能制造环境中具体应用，被称为"国内首个工业 4.0 大学版——智能制造平台"，受到业界的高度认可。

通过该项目的成功建设，为学校构建了先进的智能制造实训环境，有助于学校培养更多具有智能制造理念与技能的综合型人才，同时，对推动高校进行智能制造教学示范系统的建设，也发挥了积极的引领与示范效应。

后　　记

书稿终于完成，可谓不易。

经营公司，事情繁杂，挤出时间学习和写作，本身就不易。

撰写一本智能制造的书籍，更是不易。近些年，德国"工业4.0"美国"工业互联网""中国制造2025"等一大批战略性规划陆续推出，智能制造、CPS、物联网、大数据、人工智能等新概念层出不穷，CPS、工业大数据、工业互联网平台等白皮书密集发布，新理念、新举措、新观点，日新月异，令人目不暇接……。仅仅将这些资料收集齐全并做出适当梳理，就是一项有相当难度的工作，对其做出一定程度的研究与辨析，则更是耗时费力的探索过程。

"道可道，非常道；名可名，非常名。"智能制造是一个大话题，不同的人有不同的理解，不同时期有不同的理念。因此，凝聚共识，结合国情，促进落地，成了业界目前亟待突破的关口，也成了作者的研究与践行目标。

本书是国内第一本从智能制造视角阐述数字化车间的书籍，在数字化车间建设方面并无太多参考资料。立足于为中国智能制造发展做出自己的些许贡献，希望为企业智能制造与数字化车间建设奉献自己的所学、所知、所悟与所做，但面对庞大的知识量，面对不断迭代的新概念、新知识，诚惶诚恐、倍感压力，唯恐因为自己的知识面不全，理解不深而误导了读者。于是，利用各种时间去学习，利用各种机会去请教，利用各种空闲去思考，唯一的目的就是希望本书能带给读者更多一点的知识，更准确一些的理念，更有价值一些的参考。

历时五年多的学习与思考，一年半的写作，本书得以出版，这其中得到了很多专家、朋友、同事的帮助。

后记

首先，要感谢走向智能研究院执行院长赵敏老师。作为国内著名创新与智能制造专家，赵敏老师在百忙之中指导、审阅了全书，提出了很多宝贵的建议，亲自撰写了第二、三、六、七章中部分内容并修订和润色了目录结构，使本书提升到一个新的层面。

其次，要感谢对智能制造进行研究的专家、学者们。作者是从业内专家的书籍、讲座、文章与交流中汲取了知识与智慧，促进了本书的提升，工信部原副部长杨学山教授、中国工程院李伯虎院士、中国信息通信研究院余晓辉总工等几位专家还为本书撰写了序言与推荐语。感谢《三体智能革命》一书的其他七位作者，正是这四年多的共同切磋，我的知识与认知才得以不断提高。感谢参加我智能制造讲座、阅读我文章的朋友们，正是在这些讲座与交流中，形成了自己较为系统的理论体系，逐渐丰富了本书的内容。

另外，还要感谢兰光创新的六百多家客户，是他们的信任与帮助，给予了兰光创新及我本人成长的机会，给我提供了理论结合实践的机会，本书中也以部分客户为例进行了阐述。

最后，感谢智能制造专家彭瑜教授、宁振波研究员、郭朝晖研究员以及精益专家俞世洋先生提出了很多宝贵的意见，没有你们的帮助与付出，就没有本书的出版。

欢迎各位读者进一步交流，可通过 reader@lgcx.com 与作者联系。

再次，向大家致以诚挚的感谢！

参考文献

[1] 胡虎，宁振波，赵敏. 三体智能革命 [M]. 北京：机械工业出版，2016.

[2] 胡虎，朱铎先. 工业互联网：制造巨头的"苹果"梦 [N]. 人民邮电报，2015-06-29.

[3] 朱铎先. 军工特色数字化车间系统六讲 [J]. 新技术新工艺，2011(7):5-9.

[4] 北京兰光创新科技有限公司. 离散型制造企业数字化车间白皮书 [R]. 2015:10-25.

[5] 北京兰光创新科技有限公司. 离散制造企业智能 MES 解决方案 [R]. 2017:5-8.

[6] 工业互联网产业联盟. 中国工业大数据技术与应用白皮书 [R]. 2017.

[7] 中国信息物理系统发展论坛. 信息物理系统白皮书 (2017)[R]. 2017.

[8] 工业互联网产业联盟. 工业互联网平台白皮书 [R]. 2017.

[9] WEF，埃森哲. 工业互联网：释放互联产品和服务的潜力 [J]. 2014.

[10] 赵敏. 工业互联网平台的六个支撑要素——解读"工业互联网白皮书"[R]. 中国机械工程，2018，29(08): 1000-1007.

[11] 林汉川，汤临佳. 新一轮产业革命的全局战略分析——各国智能制造发展动向概览 [J]. 人民论坛·学术前沿，2015(6):62-66.

[12] 周济. 走向新一代智能制造 [J]. 工程，2018-02.

[13] 德国联邦教育研究部工业 4.0 工作组. 德国工业 4.0 战略计划实施建议 [J]. MT 机械工程导报，2013(7):23-55.

[14] 关于印发"中国制造 2025"的通知（国发〔2015〕28 号）[Z]. 2015-05-09.

[15] 深化"互联网 + 先进制造业"发展工业互联网的指导意见 [Z]. 2017-11-19.

[16] 安筱鹏. 工业 4.0——为什么？是什么？如何看？怎么干？[J]. 中国信息化，2015(2):7-11.

[17] 奥拓·布劳克曼. 智能制造：未来工业模式和业态的颠覆与重构 [M]. 张潇，译. 北京：机械工业出版社，2015.

[18] 乌尔里希·森德勒. 工业 4.0——即将来袭的第四次工业革命 [M]. 邓敏，李现民，译. 北京：机械工业出版社，2014.

[19] 克劳斯·施瓦布. 第四次工业革命转型的力量 [M]. 魏薇,龙志勇,译. 北京:中信出版集团,2016.

[20] 阿尔冯斯·波特霍夫,恩斯特·安德雷亚斯·哈特曼. 工业4.0(实践版):开启未来工业的新模式、新策略和新思维 [M]. 刘欣,译. 北京:机械工业出版社,2015.

[21] 托马斯·保尔汉森,等. 实施工业4.0 智能工厂的生产、自动化、物流及其关键技术、应用迁移和实战案例 [M]. 工业和信息化部电子科学技术情报研究所,译. 北京:电子工业出版社,2015.

[22] 汉斯·库尔. 智慧工厂:大规模定制带给制造者的机遇、方法和挑战 [M]. 潘苏悦,译. 北京:机械工业出版社,2015.

[23] 马丁·林斯特龙. 痛点:挖掘小数据满足用户需求 [M]. 陈亚萍,译. 北京:中信出版集团,2017.

[24] 拉吉夫·阿卢尔. 信息物理融合系统(CPS)原理 [M]. 董云卫,译. 北京:机械工业出版社,2017.

[25] 通用电气公司(GE). 工业互联网:打破智慧与机器的边界 [M]. 北京:机械工业出版社,2015.

[26] 李杰,邱伯华,刘宗长,等. CPS:新一代工业智能 [M]. 上海交通大学出版社,2017.

[27] 李杰. 工业大数据:工业4.0时代的工业转型与价值创造 [M]. 邱伯华,等译. 北京:机械工业出版社,2015.

[28] 德勤. 改写数字化时代的规则:2017德勤全球人力资本趋势报告 [J]. 德勤大学出版社,2017.

[29] 詹姆斯·沃麦克,丹尼尔·琼斯,丹尼尔·鲁斯. 改变世界的机器 [M]. 余锋,张冬,陶建刚,译. 北京:机械工业出版社,2015.

[30] 维克托·迈尔·舍恩伯格,肯尼斯·库克耶. 大数据时代 生活、工作与思维的大变革 [M]. 盛杨燕,周涛,译. 杭州:浙江人民出版社,2013.

[31] 陈明,梁乃明,等. 智能制造之路 数字化工厂 [M]. 北京:机械工业出版社,2016.

[32] 蒋明炜. 机械制造业智能工厂规划设计 [M]. 北京:机械工业出版社,2017.

[33] 马克·拉斯金诺,格雷厄姆·沃勒. 商业的未来:重布行业,重构企业,重塑自我 [M]. 张帅,李丹,译. 北京:电子工业出版社,2017.

[34] 彼得·德鲁克. 21世纪的管理挑战 [M]. 朱雁斌,译. 北京:机械工业出版社,2009.

[35] 彼得·德鲁克. 工业人的未来 [M]. 徐向华，张珺，译. 北京：机械工业出版社，2009.

[36] 赫尔曼·西蒙. 隐形冠军——未来全球化的先锋 [M]. 张帆，等译. 北京：机械工业出版社，2015.

[37] 孟钟捷. 德国简史 [M]. 北京：北京大学出版社，2014.

[38] 吕宁. 工业革命的科技奇迹 [M]. 北京：北京工业大学出版社，2014.

[39] 杰克·特劳特. 定位 [M]. 北京：机械工业出版社，2013.

[40] 董磊. 战后经济发展之路（美国篇）[M]. 北京：经济科学出版社，2012.

[41] 迈克尔·波特. 竞争战略 [M]. 北京：中信出版社，2014.

[42] 野口悠纪雄. 日本的反省：制造业毁灭日本 [M]. 杨雅虹，译. 北京：东方出版社，2014.

[43] 榊原英资. 日本的反省：走向没落的经济大国 [M]. 周维宏，管秀兰，译. 北京：东方出版社，2013.

[44] 池田信夫. 失去的二十年：日本经济长期停滞的真正原因 [M]. 胡文静，译. 北京：机械工业出版社，2013.

[45] 工业软实力编写组. 工业软实力 [M]. 北京：电子工业出版社，2017.

[46] 托马斯·瑞德. 机器的崛起——遗失的控制论历史 [M]. 王晓，郑心湖，王飞跃，译. 北京：机械工业出版社，2017.

[47] 奥利弗·索姆，伊娃·柯娜尔. 德国制造业创新之谜 [M]. 工业4.0研究院译. 北京：人民邮电出版社，2016.

[48] 贾森林·艾博年，布莱恩·曼宁. 商业新模式——企业数字化转型之路 [M]. 邵真，译. 北京：中国人民大学出版社，2017.

[49] 杨义先. 安全简史 [M]. 北京：电子工业出版社，2017.

[50] 麦肯锡全球研究院. 中国数字经济如何引领全球新趋势 [R]. 2017.

[51] 黄卫伟，等. 以奋斗者为本：华为公司人力资源管理纲要 [M]. 北京：中信出版社，2014.

[52] 迈克尔·波特，詹姆斯·贺普曼. 物联网时代企业竞争战略. 哈佛商业评论 [J]. 2014-10-23.

[53] 中国国家标准化管理委员会. 数字化车间：通用技术要求 [S]. 2017-06.

[54] 王慧中. 企业文化地图——未来商战决胜之道 [M]. 北京：机械工业出版社，2011.

[55] 吉姆·柯林斯，杰里·波勒斯. 基业长青：企业永续经营的准则 [M]. 真如，译. 北京：中信出版社，2009.

[56] 吉姆·柯林斯,莫滕·T汉森.选择卓越[M].陈召强,译.北京:中信出版社,2012.

[57] 约拉姆·科伦.全球化制造革命[M].倪军,等译.北京:机械工业出版社,2014.

[58] 数字经济:迈向从量变到质变的历史性拐点[R].中国信息化百人会,2018-03.

[59] 中国国务院发展研究中心课题组.借鉴德国工业4.0推动中国制造业转型升级[M].北京:机械工业出版社,2018.

[60] 王建伟.大化无痕(两化融合强国战略)[M].北京:人民邮电出版社,2017.

[61] 周济,李培根,等.走向新一代智能制造[J].工程,2018 (4):11-20.

[62] 新一代人工智能发展规划(国发〔2017〕35号)[N].2017-07-20.

[63] 中国信息通信研究院.中国数字经济发展白皮书(2017)[R].2017-07.

[64] 杰里米·里夫金.零边际成本社会[M].赛迪研究院专家组,译.北京:中信出版社,2014.

[65] 杰里米·里夫金.第三次工业革命–新经济模式如何改变世界[M].张体伟,孙豫宁,译.北京:中信出版社,2012.

[66] 埃里克·布莱恩约弗森,安德鲁·麦卡菲.第二次机器革命-数字技术将如何改变我们的经济与社会[M].蒋永军,译.北京:中信出版社,2014.

[67] 金碚.中国制造2025[M].北京:中信出版社,2016.

[68] 中国电子学会.新一代人工智能发展白皮书(2017年)[R].2017.

[69] 王春喜,王成城.智能制造流派:全球模型大盘点[J].知识自动化,2017.

[70] 林雪萍.智能制造术语解读[M].北京:电子工业出版社,2018.

[71] 许正.工业互联网·互联网+时代的产业转型[M].北京:机械工业出版社,2015.

[72] 迈克尔·波特,詹姆斯·赫普曼.管理者的AR指南[J].哈佛商业评论,2017,(12):47-49.

[73] 埃里克·施密特,等.[M].靳婷婷,译.北京:中信出版集团,2015.

[74] 威廉·拉佐尼克.车间的竞争优势[M].徐华,黄虹,译.北京:中国人民大学出版社,2007.

[75] 克里斯·弗里曼,弗朗西斯科·卢桑.光阴似箭 从工业革命到信息革命[M].沈宏亮,译.北京:中国人民大学出版社,2007.

[76] 小奥尔弗雷德·D钱德勒.看得见的手——美国企业的管理革命[M].重武,译.上海:商务印书馆,2013.

[77]　陈吉红，杨建中，等. 基于指令域电控数据分析的数控机床工作过程 CPS 建模及应用 [J]. 工程，2015(1):247–260.

[78]　日本政府内阁. 第 5 期科学技術基本計画 [R]. 2016-01-22.

[79]　Prith Banerjee.Industrial Internet of Things:Unleashing the Potential of Connected Products and Services[C]. Accenture，2015.

[80]　Yoram Koren.The Global Manufacturing Revolution:Product-Process-Business Integration and Reconfigurable Systems[M]. New York :John Wiley & Sons Inc,2010.

[81]　Pratik Desai1,Milind Darade,Pranay Khare.Overall Equipment Effectiveness in Construction Equipments[J].International Research Journal of Engineering and Technology, 2017(4).

参考资料

本书还参考了一些来自微信公众号和互联网上的资料，列出如下。

1. 微信公众号

1）朱铎先《工业 4.0 系列六讲》《刍议智能制造"三范式"中的名称与图示》《传统 MES 已经过时，智能制造呼唤新理念》，微信公众号：兰光创新。

2）朱铎先和王志伟《智能制造，"傻大黑粗"转型升级"窈窕淑女"》，微信公众号：兰光创新。

3）周济《对智能制造基本原理与中国发展战略的思考》，微信公众号：走向智能论坛。

4）闫德利和高晓雨《数字经济是一种新的经济形态》，微信公众号：腾讯研究院。

5）鲁春丛《＜中国数字经济发展和就业白皮书（2018年）＞解读》，微信公众号：兰光创新。

6）郭朝晖《对工业大数据的几个原则性认识》，微信公众号：蝈蝈创新随笔。

7）赵敏《工业软件：工业的大脑和经络》《软件不软 实力五器》《再谈"数字孪生"——似是而非"数字双胞胎"》《三谈"数字孪生"——更深入的研究与应用》，微信公众号：英诺维盛公司。

8）IBM《全球万名最高管理层调研揭示：下一步颠覆性创新将由传统企业引领》，微信公众号：造奇智能。

9）林诗万《工业互联重塑企业能力》，微信公众号：优也。

10）陈吉红《从工业4.0看数控技术智能化转型升级》，微信公众号：兰光创新。

11）林诗万《美、德、日、中工业互联网架构发展》，微信公众号：知识自动化。

12）王绪斌《为什么制造业必须成为国家战略》，微信公众号：知识自动化。

2. 互联网资料

1）华中数控《"大国重器"—华中数控 iNC 智能数控系统和 iNC-MT 智能机床将隆重亮相2018年上海中国数控机床展览会》：http://www.huazhongcnc.com/news/company/1736.aspx。

2）华中数控《华中数控和宝鸡机床将携智能数控系统和智能机床参展 CCMT 2018》，http://www.jc35.com/news/detail/70144.html。

3）学习中国《习近平用一个字描述中国数字经济》：http://www.china.com.cn/news/2017-12/06/content_41970103.htm。

4）任泽平《解码"德国制造"的七大基因：以高质量之名》：hattp://finance.sina.com.cn/stock/stockptd/2018-03-03/doc.ifwnpcnt5083188.shtml。

5）孙建恒《任正非：为什么华为要聚焦主航道？》：http://mt.sohu.com/20180320/n532861074.shtml。

6）潇纵《波音才是 AR 之父 | 谷歌眼镜造飞机还有多远》：http://gongkong.ofweek.com/2017-07/ART-310000-8500-30150808.html。

7）汪淼《每天上班玩 VR？探秘福特虚拟实验室》：https://www.autohome.com.cn/tech/201604/886932.html。

8）中国信息化百人会《波士顿咨询联手 MIT 发布人工智能报告，详解企业如何跨越"AI 应用鸿沟"》：http://smart.blogchina.com/658527787.html。

9）吴丽萍《人工智能融入制造业，形成新一代智能制造》：http://articles.e-works.net.cn/viewpoint/article140851.htm。

10）GE《Industrial Internet:Pushing the Boundaries of Minds and Machines》：https://www.ge.com/docs/chapters/Industrial_Internet.pdf。

11）Francisco Almada Lobo《The MES is dead,long live the MES 4.0!》：

http://www.criticalmanufacturing.com/en/newsroom/blog/posts/blog/the-mes-is-dead-long-live-the-mes-4-0#.W3fsfOgzaHs。

12）Doug Bartholomew《New Generation MES Platform》: https://www.rockwellautomation.com.cn/rockwellsoftware/news/new-generation-mes-platform.page。

13）Industrial Value Chain Initiative《Inductrial Value Chain Reference Architecture》: https://iv-i.org/docs/doc_161208_Industrial_Value_Chain_Reference_Architecture.pdf。

14）Vorna《OEE (Overall Equipment Effectiveness)》: https://www.leanproduction.com/oee.html。

15）MESA International and LNS Research《2013-2014 Manufacturing Metrics That Really Matter Report》: http://www.infinityqs.com/sites/infinityqs.com/files/files/Research/2013-2014_Metrics_that_Matter_Summary_Report_--_Final.pdf。

16）Nataliya Hora《German Standardization Roadmap on Industry 4.0》: https://www.din.de/en/innovation-and-research/industry-4-0/german-standardization-roadmap-on-industry-4-0-77392。

17）Kevin Deal《Commercial aviation MRO using augmented reality, virtual reality to bridge skills shortage gap》: https://www.intelligent-aerospace.com/articles/2017/02/commercial-aviation-mro-using-augmented-reality-to-bridge-skills-shortage-gap.html。

18）Asavin Wattanajantra《How the HoloLens can help build the buildings of tomorrow》: https://blogs.technet.microsoft.com/uktechnet/2017/11/17/how-the-hololens-can-help-build-the-buildings-of-tomorrow/。

19）Jonathan Nafarrete《How Ford Used Virtual Reality to Design the GT Supercar》: https://vrscout.com/news/ford-virtual-reality-design-gt/。

20）IBM《Big Data, Fast Data, Smart Data》: https://www.wired.com/insights/2013/04/big-data-fast-data-smart-data/。